本书获得如下项目支持：

国家自然科学基金青年项目"ESG信息披露、劳动力市场效应与企业核心技术突破"（项目编号：72402033）。

上海市哲学社会科学基金青年项目"社会责任信息披露对企业长期竞争力的影响效应研究：基于创新投融资的视角"（项目编号：2022EGL008）。

中央高校基本科研业务费专项资金项目"企业节能减碳信息披露的影响因素研究"（项目编号：2232023E-01）。

RESEARCH ON THE IMPACT
OF CORPORATE SOCIAL RESPONSIBILITY DISCLOSURE
ON THE LONG-TERM COMPETITIVENESS OF ENTERPRISES

社会责任信息披露与企业长期竞争力研究

薛南枝 著

图书在版编目（CIP）数据

社会责任信息披露与企业长期竞争力研究 / 薛南枝著. -- 厦门：厦门大学出版社，2024.11. --（管理新视野）. -- ISBN 978-7-5615-9565-7

Ⅰ. F279.2

中国国家版本馆 CIP 数据核字第 2024DT3414 号

责任编辑　李瑞晶

美术编辑　李嘉彬

技术编辑　朱　楷

出版发行　厦门大学出版社

社　　址　厦门市软件园二期望海路 39 号

邮政编码　361008

总　　机　0592-2181111　0592-2181406(传真)

营销中心　0592-2184458　0592-2181365

网　　址　http://www.xmupress.com

邮　　箱　xmup@xmupress.com

印　　刷　厦门市明亮彩印有限公司

开本　720 mm×1 020 mm　1/16

印张　21.25

插页　2

字数　370 千字

版次　2024 年 11 月第 1 版

印次　2024 年 11 月第 1 次印刷

定价　72.00 元

本书如有印装质量问题请直接寄承印厂调换

厦门大学出版社
微信二维码

厦门大学出版社
微博二维码

前　言

随着世界各国对经济和环境可持续发展的关注,越来越多的国家要求企业披露社会责任信息。社会责任信息披露对于监管层、投资者和利益相关者都至关重要。对于中国这样一个高经济增长的发展中大国来说,社会责任信息披露的社会政治效益可能更加突出,深入分析社会责任信息披露如何影响经济发展,以及通过何种渠道影响经济发展具有十分重要的意义。基于此,为了解在中国的制度环境下积极响应社会责任信息披露政策并承担社会责任的上市公司是否能够获取优势,以及能否利用这一优势创造企业价值和提高企业长期竞争力,从而推动经济发展,本书基于资本、劳动力、技术这三大驱动经济长期增长的要素,遵循"融资—投资—人力资本积累—产出绩效"这一研究路线,系统研究中国制度背景下的社会责任信息披露对企业投融资行为、劳动力资源配置以及技术创新实力的影响。具体而言,本书以中国上市公司为研究样本,利用不同企业在不同的时点被强制披露社会责任报告的外生场景,采用双重差分模型,实证检验了社会责任信息强制披露对企业融资能力、投资战略、员工增长、创新绩效以及核心技术突破的作用效果,得到的主要结论如下。

首先,本书检验社会责任信息强制披露对企业融资能力的作用效果。本书发现:第一,社会责任信息强制披露能够降低企业的融资成本,提高企业的融资增量和融资存量。第二,社会责任信息强制披露能够提升被强制披露企业的社会责任表现,进而通过减少代理问题、降低企业风险、提高信息透明度、增强企业合法性,对企业融资能力产生影响效应。第三,社会责任信息强制披露对于融资能力的提升作用主要在非国有企业,具有实质性社会责任履行成效的企业,资本密集程度较高、客户集中度较低、所处制度环境较好的企业中有所体现。

其次,本书检验社会责任信息强制披露对企业投资战略的影响。本书发现:第一,社会责任信息强制披露会降低企业的总投资规模,使企业更注重内部拓展式的投资战略(研发投资),并减少外部投资动机。第二,社会责任信息强制披露通过减少管理层道德风险与信息不对称、提高投资者关注度,进而对企业的投资战略产生影响。第三,社会责任信息强制披露对企业投资战略的影响会在企业面临现金压力以及较高的政策外部性时体现。第四,社会责任信息强制披露下企业主导的投资战略能够提高企业的投资效率,并提升企业的财务绩效。

再次,本书检验了社会责任信息强制披露对企业员工增长的影响。本书发现:第一,社会责任信息强制披露能够促进企业的员工增长。第二,社会责任信息强制披露对员工增长的影响主要集中在人力资本密集型企业、高科技行业企业和国有企业中。第三,社会责任信息强制披露对同侪企业的员工规模产生了挤出效应,这意味着社会责任信息强制披露有助于实现劳动力资源的再分配。

复次,本书选择企业创新产出作为投资绩效的衡量指标,检验社会责任信息强制披露对企业创新绩效的作用效果和影响机制。本书发现:第一,社会责任信息强制披露能够提升企业的创新产出数量和质量。第二,社会责任信息强制披露通过降低企业股权资本成本、吸引更多研发人员、提升研发人员创新效率、获得更多政府科研补贴、提高环保创新水平来提升企业的创新水平。

最后,本书检验社会责任信息强制披露对企业核心技术突破的影响,发现社会责任信息强制披露能够提升企业的"卡脖子"技术突破水平。本书探讨了三种影响机制:其一,社会责任信息强制披露显著降低了企业的融资成本,通过提升企业的融资能力,提高了企业的"卡脖子"技术突破水平;其二,社会责任信息强制披露能够为企业吸引研发人才,从而提高企业的"卡脖子"技术突破水平;其三,社会责任信息强制披露提升了公司治理水平,通过改善企业的内外部治理问题提升了企业的"卡脖子"技术突破水平。本书还进一步揭示了社会责任信息强制披露的创新效应的核心在于其提高了企业的自主创新能力。

与现有文献相比,本书的主要创新与贡献如下。

第一,研究视角方面,本书从两个维度丰富和拓展了企业社会责任经济后果的研究文献。首先,本书区分了社会责任与社会责任信息披露的效应。现有文献存在采用同类指标造成上述两个概念混淆的情况。本书关注企业社会责任信息的披露行为,并在机制检验中进一步验证社会责任信息披露对企业社会责任履行的促进作用,从而区分企业社会责任与社会责任信息披露的效应。其次,本书区分了社会责任信息自愿披露和社会责任信息强制披露。本书的研究以强制披露社会责任报告这一错列式的外生变动作为研究场景,剔除了自愿披露的样本,着重探讨被强制披露社会责任报告的企业的财务活动,从而进一步区分社会责任信息的自愿披露和强制披露的真实效应。

第二,研究内容方面,本书通过跨学科交叉研究,丰富了财务学与劳动经济学、公司财务与企业创新两个前沿领域的研究。近年来,财务学研究出现了如"财务与劳动力""财务与企业创新"等跨学科研究思潮。针对财务与劳动力这一领域,本书第六章的研究从劳动力数量投入的视角出发,考察企业信息披露行为如何影响企业的劳动力规模增长,从而拓展财务学与劳动经济学领域的研究;针对财务与企业创新这一领域,本书的研究不仅关注了传统的创新绩效(见第七章),还突破了传统的创新绩效定义,即关注到企业的核心技术创新,考察了企业信息披露行为如何影响企业对"卡脖子"技术的突破(见第八章),从而拓展了公司财务与企业创新领域的研究。此外,目前针对核心技术创新的研究十分匮乏,本书基于对企业在各个技术领域被"卡脖子"的程度的刻画,通过大样本的实证研究,从企业信息披露视角探讨如何促进企业核心技术突破,从而进一步拓展企业创新领域研究的外延。

第三,研究方法方面,本书采用的错列式双重差分模型丰富了社会责任披露实证研究的度量方法。由于中国上海证券交易所和深圳证券交易所强制要求"上证公司治理板块"样本公司和被纳入"深证100指数"的上市公司公开披露企业社会责任报告,且上交所和深交所每年分别对"上证公司治理板块"公司与"深证100指数"公司进行至少一次的动态调整,每年都有一小部分企业进入或退出板块(或指数),造成不同企业被强制披露的年份不统一,从而形成时间错列的事件冲击。本书利用不同企业首次进入板块(或指数)、被强制披露社会责任报告这一系列外生事件,采用错列式的双重差分模型,有效地避免了内生性问题,从而真实反映出变量之间的因果关系,在一定程度上丰富了该领域实证研究的度量方法,识别了社会责任信息披露对企业财务活动的因果效应,完成了识别策略的创新。

薛南枝

2024 年 9 月

目 录

第一章 绪论 ··· 1
第一节 研究背景 ··· 1
第二节 研究思路、主要内容和研究框架 ··· 7
第三节 研究创新与贡献 ··· 12

第二章 文献回顾 ··· 16
第一节 社会责任信息披露的理论基础 ··· 16
第二节 企业社会责任及其披露行为与公司财务问题研究 ··· 19
第三节 公司财务视角下的劳动力问题研究 ··· 30
第四节 企业技术创新管理的影响因素研究 ··· 34
第五节 文献述评 ··· 45

第二章 制度背景分析 ··· 48
第一节 企业社会责任及其披露的发展现状 ··· 48
第二节 企业社会责任报告强制披露的政策背景 ··· 60

第四章 社会责任信息强制披露与企业融资能力 ··· 66
第一节 问题提出 ··· 66

I

第二节　理论分析与假设提出 …………………………… 72
第三节　研究设计 …………………………………………… 75
第四节　实证结果分析 ……………………………………… 83
第五节　影响机制分析 ……………………………………… 96
第六节　异质性分析 ……………………………………… 106
第七节　本章小结 ………………………………………… 120

第五章　社会责任信息强制披露与企业投资战略 …………… 122
第一节　问题提出 ………………………………………… 122
第二节　理论分析与假设提出 …………………………… 124
第三节　研究设计 ………………………………………… 129
第四节　实证结果分析 …………………………………… 134
第五节　影响机制分析 …………………………………… 149
第六节　异质性分析 ……………………………………… 155
第七节　进一步分析 ……………………………………… 160
第八节　本章小结 ………………………………………… 163

第六章　社会责任信息强制披露与企业员工增长 … 165
第一节　问题提出 ………………………………………… 165
第二节　理论分析与假设提出 …………………………… 167
第三节　研究设计 ………………………………………… 169
第四节　实证结果分析 …………………………………… 174
第五节　影响机制分析 …………………………………… 183
第六节　异质性分析 ……………………………………… 186
第七节　进一步分析 ……………………………………… 190

第八节　本章小结 …………………………………………… 192

第七章　社会责任信息强制披露与企业创新绩效 …………… 194
　　第一节　问题提出 …………………………………………… 194
　　第二节　理论分析与假设提出 ……………………………… 196
　　第三节　研究设计 …………………………………………… 198
　　第四节　实证结果分析 ……………………………………… 206
　　第五节　影响机制分析 ……………………………………… 220
　　第六节　本章小结 …………………………………………… 238

第八章　社会责任信息强制披露与企业核心技术突破 ……… 240
　　第一节　问题提出 …………………………………………… 240
　　第二节　理论分析与假设提出 ……………………………… 244
　　第三节　研究设计 …………………………………………… 247
　　第四节　实证结果分析 ……………………………………… 255
　　第五节　影响机制分析 ……………………………………… 266
　　第六节　进一步分析 ………………………………………… 275
　　第七节　本章小结 …………………………………………… 279

第九章　研究结论、启示与展望 ……………………………… 281
　　第一节　研究结论 …………………………………………… 281
　　第二节　研究启示 …………………………………………… 284
　　第三节　研究展望 …………………………………………… 285

参考文献 ………………………………………………………… 287

第一章 绪 论

第一节 研究背景

自20世纪80年代企业社会责任活动在发达国家兴起以来,许多欧美企业制定了社会责任履行守则。20世纪90年代中期,在国际商户的推动下,中国也逐步开始重视企业社会责任问题。到2006年,社会责任概念在中国已经得到广泛的关注。近些年来,中国将企业社会责任问题融入战略部署,对中国企业履行社会责任提出了更全面、严格的要求,如《中共中央关于全面深化改革若干重大问题的决定》指出"国有企业必须适应市场化、国际化新形势,以……公平参与竞争、提高企业效率、增强企业活力、承担社会责任为重点",党的十九大报告强调"推进诚信建设和志愿服务制度化,强化社会责任意识、规则意识、奉献意识"。

中国许多大型企业早已主动将社会责任概念融入企业的发展目标中,积极地承担着时代赋予的社会责任使命。在抗击新冠疫情的过程中,许多中国企业不仅在本国充分履行了社会责任,更体现出了"全球担当",积极向其他国家和地区提供支援。同时,全球各国的企业在资源供应、疫情控制和疫苗研发等多个方面也保持着紧密的合作。可以看出,履行社会责任已为全球企业所公认,是社会发展的大势所趋。将可持续发展理念融入经济发展中,实现业绩增长与企业社会责任并行,成为现代企业发展的重要课题。

在企业社会责任呼声高涨的大背景下,许多企业由传统的以利润最大化为目标导向逐步转变为以履行社会责任和实现可持续发展为目标导向,逐渐意识到出色的社会责任业绩也能够提升企业的综合竞争力。由于企业履行社会责任的行为和结果需要通过社会责任信息披露来体现,因此许多企业也开始披露企业社会责任行为这一非财务信息。根据中国经济金融研究数据库(CSMAR)的统计结果,2006—2023年单独发布企业社会责任报告的中国上市公司数量逐年增加(见图1-1),说明社会责任信息披露已经成为上市公司信息披露的主流趋势,是非财务信息的重要载体。

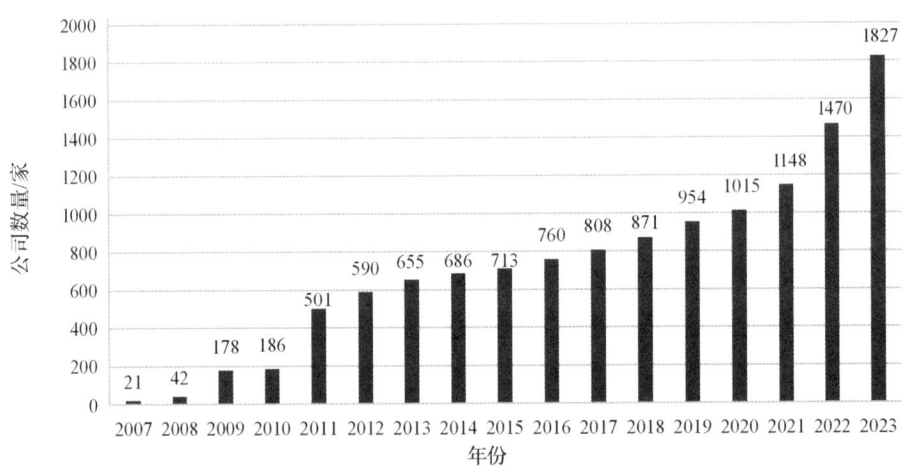

图1-1　2007—2023年单独发布社会责任报告的中国上市公司数量

资料来源:CSMAR数据库。

第一章 绪论

从监管的角度来看,在全球大力推崇企业社会责任的趋势下,社会责任信息披露也已经成为世界各国促进经济和环境可持续发展的一种重要举措。据统计,2020年全球社会、环境、治理问题相关的强制性报告法规大约有350条(Van der Lugt et al., 2020)。大众对企业履行社会责任的监督手段之一就是督促企业进行社会责任信息披露,中国政府也在不断努力完善企业社会责任披露制度。2002年,由中国证券监督管理委员会和中华人民共和国国家经济贸易委员会联合发布的《上市公司治理准则》首次对"公司社会责任"的概念进行了清晰的界定,明确提出了企业应重视社会责任的要求,并规定上市公司应关注所在社区的福利、环境保护、公益事业等问题,重视履行社会责任。2006年,2005年修订通过的《中华人民共和国公司法》施行,深圳证券交易所发布《深圳证券交易所上市公司社会责任指引》,确定了当时国内最规范的企业社会责任信息披露格式,为公司尤其是上市公司履行社会责任并自愿披露相关信息提供了规范性的指导。2008年,上海证券交易所发布的《上海证券交易所上市公司环境信息披露指引》鼓励企业及时披露在承担社会责任方面的特色做法及成绩,以及年度社会责任报告。

由于中国的现有法规并未要求企业社会责任报告需要引入第三方认证,只有少数企业会聘请第三方机构对社会责任报告信息披露的可靠性进行审验。[①] 虽然相关机构提出了对企业社会责任报告的指引,但是企业在社会责任报告中夸大、误导性披露的行为并不会得到监管机构和资本市场的实质性处罚,这意味着监管部门和投资者尚无法对企业在社会责任报告中的误导和夸大行为产生实际的监督和约束。

[①] 根据2019年南方周末中国企业社会责任研究中心对811份中国上市公司社会责任报告的统计,仅有3.21%(27份)的报告进行了第三方审验。根据《金蜜蜂中国企业社会责任报告研究(2020)》的统计,2020年经过专业机构审验的社会责任报告占比仅为4.91%,95.09%的社会责任报告未经专业机构审验,报告审验的市场反应度不高。

现实中,有不少企业的社会责任报告就存在误导性宣传、报喜不报忧的特点。例如,2007年,德兴铜矿废水处理不当导致乐安河、大坞河重金属污染,其对应的上市公司江西铜业股份有限公司却在2011年的企业社会责任报告中写道:"德兴铜矿利用HDS技术处理废水,有效消除了重金属的污染,使矿区周边污染了20多年的大坞河彻底变清,大大改善了人居环境及下游的生态环境。"再如2019年,上海振华重工集团长兴基地因废气排放、排污超标等环境违规问题被举报,但振华集团在2017年的企业社会责任报告中写道:"振华重工格外重视环境保护议题……不断加强环保管理,践行可持续发展,为打造绿色中国贡献力量。"由此可见,中国制度环境下社会责任信息披露政策真实经济后果的进一步评估尤为迫切。

理论界中,企业社会责任(corporate social responsibility,CSR)这一概念受到国内外学者的广泛关注。企业社会责任与公司财务的交叉领域研究成为近10年来企业社会责任经济后果相关研究的新趋势之一,例如Jiang和Kim(2020)就将企业社会责任纳入公司治理研究领域的范畴。国内外学者对企业社会责任承担经济后果的研究关注点由企业价值、财务业绩等逐渐延伸至企业的投融资行为和信息披露活动等更广泛的领域,为研究企业履行社会责任的经济后果提供了更加丰富和全面的视角。而关于社会责任报告实际效应的研究相对匮乏,但正在逐步增多(Christensen et al.,2021)。

企业社会责任与企业社会责任信息披露是两个概念,但又极其相关。如同企业的经营业绩需要通过财务报表呈现,企业履行社会责任这一行为和结果也需要通过企业社会责任报告来体现。所不同的是,企业的财务报表需要通过独立的第三方审计验证,但现有法规并未强制要求企业社会责任报告引入第三方认证。基于经济学和社会政治的披露理论,企业社会责任信息披露具有经济效益和社会政治效益(Clarkson et al.,2008)。由于社会责任信息披露暂时缺少严格、统一的披露标准,社会责任信息披露具有自身的独特性,这就使得企业社会责任信息披露的社会政治效益在中国的制度背景下可能更加突出,其真实经济后果需要实证上的检验。对于中国这样一个高经济增长的发展中大国来说,深入分析社会责任信息披露如何影响经济发展,以及通过何种路径影响经济发展具有十分重要的意义。基于此,为了解在中国的制度环境下,积极响应社会责任披露政策并承担社会责任的上市公司是否能够获得资本市场的融资优势,以及能否利用这一优势进行有效投资并创造企业价值、提升竞争力,从而推动经济发展,本书选取企业的投融资行为作为研究视角,系统研究中国制度背景下的企业社会责任信息披露行为,如何通过影响企业的融资能力、投资战略、劳动力资源配置,进而影响微观企业的创新投资绩效和技术突破实力,有助于学术界更好地理解中国制度背景下社会责任披露政策的真实效益,从而为制定契合中国制度背景的社会责任履行及披露政策提供有效的经验依据。

本书梳理了当前在企业层面上对上述问题的相关研究成果(详见第二章第二节中社会责任信息披露的相关文献回顾)。从整体上看,关于社会责任信息披露的经济后果的研究,现有文献主要关注其与公司绩效、资本成本、市场反应等微观层面问题之间的关系;关于企业投融资行为以及技术创新管理的影响因素,现有文献已从公司层面因素(高管特征、公司治理、员工等)以及企业外部环境(市场特征、宏观政策、法律与文化等)多个维度开展研究;关于公司财务视角下的劳动力问题研究也有诸多显著的进展,这为本书研究的开展奠定了良好的理论基础。然而,现有研究还存在以下有待厘清的重要问题:首先,关于社会责任信息披露的经验证据目前基本上聚焦于社会责任的单个或部分维度，未能反映社会责任信息披露的全貌，其对劳动力市场的影响及其机理更是"黑匣子"。其次，尽管关于企业技术创新的讨论如火如荼，但大多停留在一般意义上的创新，未能挖掘不同技术创新之间的丰富差异，特别是对"卡脖子"技术突破的关注甚少。再次，我们需要结合中国的制度因素进一步探究社会责任信息披露的社会政治效益。中国制度背景下的社会责任披露政策具有独特性，中国的企业披露社会责任信息可能不仅仅是对规定的遵守，还可能是为了合法化、利益相关者印象管理或是声誉管理。因此，在中国经济以及企业转型升级的过程中，对于中国制度背景下的社会责任信息披露政策能否真正促进企业承担社会责任、提高企业的长期经济绩效、产生社会效益这些问题进行研究显得尤为重要。

基于上述现实背景与理论背景，本书结合财务学相关理论，基于"资本—劳动力—技术"驱动经济长期增长的三大要素（Smith,1776;Solow,1956;Romer,1990），遵循"融资—投资—人力资本积累—产出绩效"这一研究路线，系统研究中国制度背景下的社会责任信息披露对融资、投资、劳动力、创新绩效以及技术突破的影响，主要研究问题如下：第一，从投融资活动的起点出发，社会责任信息强制披露如何影响企业的融资能力；第二，获得融资后，社会责任信息强制披露如何影响企业的投资决策；第三，人力资本投资是重要的价值投资内容之一，那么社会责任信息强制披露如何影响企业的员工增长；第四，从投资绩效来看，社会责任信息强制披露如何影响企业创新这一长期绩效；第五，资本、劳动力与技术是驱动企业长期增长的要素，资本获取会影响劳动力雇佣，劳动力要素的变化又会改变企业的技术创新激励与能力，结合当前我国企业面临关键核心技术攻关的形势，社会责任信息强制披露如何影响企业的核心技术突破能力。

第二节 研究思路、主要内容和研究框架

一、研究思路

针对上一节提出的问题,本书按照如下思路展开研究。

首先,本书研究社会责任信息强制披露对企业融资能力的影响。企业融资是投资活动最根本的来源,因为投资活动需要大量的资金投入,如果具备融资优势,那么企业投资活动将会获得有力的资金支持,因此融资能力的提高是企业提升投资绩效的关键。企业信息披露对融资成本的影响是资本市场研究的重要课题,然而,现有文献对于二者关系的探讨大多基于财务信息,而作为重要的非财务信息之一,社会责任信息披露是否会影响企业的融资能力,以及在中国的制度背景下,强制的企业社会责任信息披露究竟是为了迎合监管要求(迎合效应)还是真正将社会责任理念付诸实践(倒逼效应),这是本书试图解答的第一个方面的研究问题。尽管已有文献对社会责任信息披露与资本成本展开诸多探讨(例如:Dhaliwal et al.,2011,2012,2014;李姝 等,2013;肖翔 等,2019),但这些研究还需要进一步佐证及发展。

为了有效地解决遗漏变量和反向因果带来的内生性问题,本书利用不同企业进入或退出板块(或指数)进而被强制披露社会责任报告这一错列式的外生事件,研究社会责任信息披露如何影响企业的融资能力,以便更好地识别社会责任信息披露对企业融资能力产生的因果效应,并探究其潜在的影响机制。

其次,企业获得融资后的投资决策决定了企业为利益相关者价值创造的方向,这就引发了如下问题:社会责任信息强制披露如何影响企业的总体投资规模?在中国社会责任信息强制披露的政策背景下,哪一种投资战略占主导地位(即投资结构)?社会责任信息强制披露如何具体地影响企业的投资特征(研发投资、并购行为)?上述问题将是本书希望探究的第二个方面的问题,即社会责任信息强制披露对企业投资战略的影响。

第一,本书仍然利用不同企业进入板块(或指数)进而被强制披露社会责任报告这一错列式的外生事件,来研究社会责任信息强制披露如何影响企业的投资决策,以便更好地识别二者的因果效应。所不同的是,由于这一部分样本数据最初就通过了平衡性检验,因此本书直接采用多期双重差分方法,检验社会责任信息强制披露对企业投资战略的影响。根据 Richardson(2006)的定义,①本书将企业投资战略区分为内部拓展式投资战略(内部投资)和外部扩张式投资战略(并购)。第二,本书围绕高管道德风险、信息传递以及投资者关注检验社会责任信息强制披露影响企业投资战略的作用机制。第三,由于社会责任信息强制披露会带来资金的"挤出"效应,且强制披露政策具有外部性效应,因此本书推测现金流水平和政策外部性是社会责任信息强制披露影响投资战略的制约因素,然后从现金流和政策外部性两个维度进行分样本检验。第四,本书还考察社会责任信息强制披露下主导的投资战略能否对投资效率和财务业绩产生影响。

再次,企业价值投资的重要内容之一是对人力资本的投资,因为人才资源是第一资源,且人力资本的积累对经济发展具有巨大的推动作

---

① Richardson(2006)认为企业的总投资规模应分为两个重要部分:一是维持现有资产状态的投资支出;二是新项目的投资支出。

用。现有研究考察了社会责任信息强制披露的经济后果,但是较少关注企业社会责任信息强制披露是否影响企业员工增长。理论上,社会责任信息强制披露对企业员工增长的影响既有可能是正面的,也有可能是负面的,原因在于:强制披露的"倒逼效应"使得社会责任信息强制披露可能通过增加企业在员工权益方面的社会责任投资,进而促进员工增长。但是,社会责任信息强制披露会降低企业的利润,因而也可能导致企业对外部人才的吸引力下降。

基于此,第一,本书以时间错列的DID(difference in differences,双重差分)方法,考察实验组相比于对照组在被强制披露社会责任报告前后企业员工增长的变化。第二,讨论社会责任信息强制披露对员工增长的影响机制。第三,检验社会责任信息强制披露对员工增长的影响在不同行业和不同所有权性质的企业中是否存在差异。第四,检验社会责任信息强制披露是否存在挤出效应。

复次,本书考察社会责任信息强制披露对企业创新投资绩效的影响。由于企业履行社会责任是一个长期的过程,相较于短期的财务业绩,企业的长期绩效更能反映出社会责任信息强制披露带来的真实效应,因此,本书选择了企业创新这一长期竞争力指标作为投资绩效的衡量标准。

理论上,社会责任信息强制披露对企业创新可能产生正、反两方面的影响。本书推测企业被强制披露社会责任报告后,融资成本下降,能吸引到更多创新人才,获得更多政府科研补贴与环保专利,因此创新产出数量和质量会提高。然而,有研究表明社会责任信息强制披露会因牺牲股东的利益而产生积极的外部效应(Chen et al.,2018),也有可能降低企业创新水平。为检验这一问题,本书通过时间错列的DID方法来考察在被强制披露社会责任报告前后实验组企业相比于创新组企业在企业创新方面的变化。此外,本书还进一步检验了社会责任信息强制披露对企业创新的影响机制。

最后,考虑到当前我国面临关键核心技术攻关的形势,微观企业作为经济增长重要的贡献者,其技术突破能力对我国的技术攻关至关重要,因而考察社会责任信息强制披露对于企业"卡脖子"技术的自主创新能力兼具理论和现实意义。

本书仍利用社会责任报告强制披露这一准自然实验场景,基于"卡脖子"技术突破的视角,识别社会责任信息强制披露对企业自主创新能力的因果效应。本书还进一步考察社会责任信息强制披露的创新效应是否在其他类型的技术创新中存在。

二、主要内容与研究框架

基于上述研究思路,本书主要内容如下。

第一章为绪论,主要阐述本书的研究背景与动机、研究思路、主要内容和研究框架,以及研究的创新之处。

第二章为文献回顾,对国内外企业社会责任与公司财务问题研究、社会责任信息披露与公司财务问题研究、公司财务视角下的劳动力问题研究、企业技术创新管理影响因素研究的相关文献进行系统梳理,并总结社会责任信息强制披露影响企业财务活动的相关理论。然后在现有研究的基础上,归纳总结可拓展之处,为本书研究做好理论铺垫。

第三章为制度背景分析,主要介绍企业社会责任的发展现状、中国社会责任信息强制披露的政策背景以及"上证公司治理板块"和"深证100指数"的编制方案,并选取具有代表性的企业社会责任报告,直观地呈现社会责任报告的披露内容。

第四章考察社会责任信息强制披露对企业融资能力的影响,从融资成本、融资增量和融资存量三个维度入手,探究社会责任信息强制披露如何影响企业的融资能力,并进行影响机制分析、异质性检验和稳健性检验。

第五章考察社会责任信息强制披露对企业投资战略的影响,从投资规模和内、外投资决策入手,研究社会责任信息强制披露如何影响企业的投资战略,并进行影响机制分析、分样本讨论、稳健性检验以及投资效率和经营绩效的进一步研究。

第六章考察社会责任信息强制披露对企业员工增长的影响,从劳动力规模的变动入手,探究社会责任信息强制披露如何影响企业的员工增长,并进行影响路径分析与横截面分析。此外,本章还进一步探究了社会责任信息强制披露对同侪企业员工规模的挤出效应。

第七章考察社会责任信息强制披露对企业创新绩效的影响,以创新数量和创新质量为切入点,研究社会责任信息强制披露如何影响企业的投资绩效,以反映社会责任信息强制披露对企业长期业绩表现的作用效果,并进行具体的影响机制讨论和稳健性检验。

第八章考察社会责任信息强制披露对企业核心技术突破的影响,以企业的"卡脖子"技术创新为切入点,探究社会责任信息强制披露如何影响企业的技术突破实力,并进行具体的影响机制讨论。此外,本章还对比了社会责任信息强制披露对核心技术创新与一般技术创新影响的差异,从而揭示社会责任信息强制披露的创新效应的根源。

第九章为研究结论、启示与展望,对本书的研究结论进行归纳,在研究结论的基础上,提出相应的研究启示,并提出未来的研究方向。

本书的研究框架如图1-2所示。

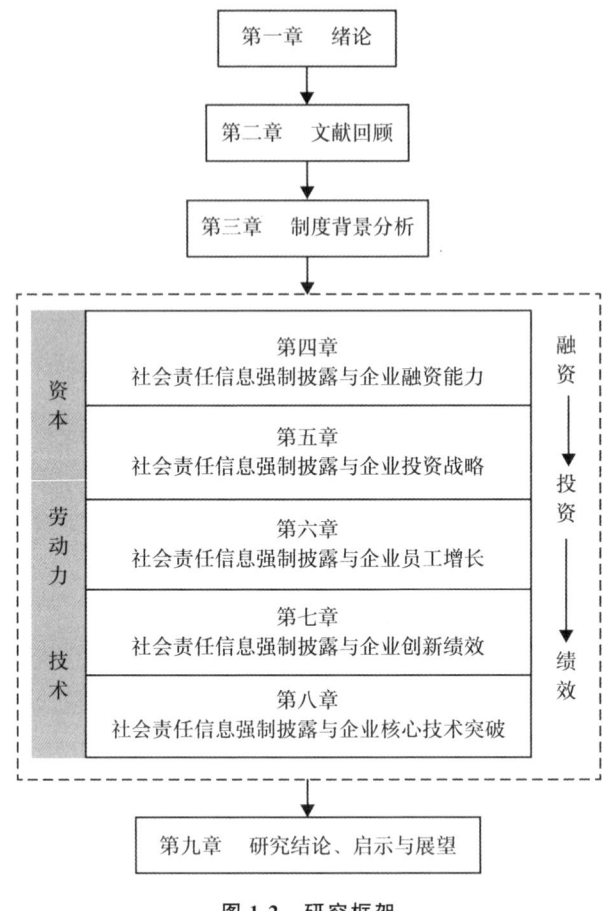

图 1-2 研究框架

第三节 研究创新与贡献

近 10 年,企业履行社会责任对公司财务活动的影响研究成为企业社会责任经济后果相关研究一个明显的新趋势。国内外学者对企业承担社会责任经济后果研究的关注点由企业价值、财务业绩等逐渐延伸至企业的投融资行为和信息披露活动等更广泛的领域,为企业履行社会责任的经济后果研究提供了更加丰富和全面的视角。

如今,社会责任信息披露已经成为世界各国促进经济和环境可持续发展的一项重要举措,为顺应履行社会责任这一趋势,我国资本市场监管部门自 2006 年来也陆续颁布并实施了多项社会责任披露法规。为了解在中国的制度环境下,积极响应社会责任披露政策并承担企业社会责任的上市公司是否能够获取资本市场的融资优势,以及能否利用这一优势进行有效投资并创造企业价值,本书选取企业投融资行为作为研究视角,系统研究了中国制度背景下的社会责任披露行为对企业投融资活动、劳动力资源配置以及技术创新绩效的影响,并深入探讨其中的潜在机制,丰富并拓展了关于社会责任信息披露经济后果的相关研究。本书的创新与贡献之处主要体现在以下四个方面。

第一,本书的研究从两个维度丰富和拓展了企业社会责任经济后果的研究文献。首先,本书的研究区分了社会责任与社会责任信息披露的效应。虽然企业社会责任的履行结果需要通过社会责任报告呈现,这使得二者高度相关,但社会责任信息披露和社会责任履行之间仍存在一定差异。现有文献存在因采用同类指标而混淆两者的情况,如采用社会责任信息披露指标(企业社会责任报告评分、ESG 披露评分等)度量社会责任披露行为和社会责任披露质量,以及标度量企业社会责任表现。本书所关注的是企业社会责任的披露行为,并在机制检验中进一步验证社会责任信息披露对企业社会责任履行的促进作用,从而将企业社会责任与社会责任信息披露的效应区分开来。其次,本书的研究区分了社会责任信息自愿披露和社会责任信息强制披露。在现有的讨论社会责任信息披露的经济后果的文献中,一部分探讨的是社会责任信息自愿披露的效应(例如：Dhaliwal et al.，2011；钱明 等，2017)；还有一部分通过研究企业是否披露社会责任报告来考察企业的社会责任披露行为，实则探讨的是所有类型的社会责任信息披露效应(例如：徐士伟 等，2019；李姝 等，2013；蔡亚勇 等，2012)。社会责任信息自愿披露与公司财务活动可能存在反向因果关系，例如融资成本越高的企业越可能主动披露社会责任活动(Dhaliwal et al.，2011；肖翔 等；2019)，在这一情况下，社会责任信息自愿披露行为可能是内生因素作用的结果，而非社会责任披露产生的直接效应，仅仅通过企业是否披露社会责任报告对社会责任信息披露行为进行衡量，可能产生内生性问题。本书的研究以强制披露社会责任报告这一错列式的外生变动作为研究场景，剔除了自愿披露的样本，着重探讨被强制披露社会责任报告的企业的财务活动，从而进一步区分社会责任信息的自愿披露和强制披露的真实效应。

第二，本书的研究通过跨学科交叉手段，丰富了财务学与劳动经济学、财务与企业创新两个前沿领域的研究。近年来，财务学研究领域出现了一系列跨学科研究动向和发展趋势，其中包括"财务与劳动力""财务与企业创新"等交叉研究思潮。针对财务与劳动力(即财务学与劳动经济学)这一领域，本书第六章的研究从劳动力数量投入的视角，考察企业信息披露行为如何影响企业的劳动力规模增长，从而拓展财务学与劳动经济学领域的研究；针对财务与企业创新这一领域，本书的研究不仅关注传统的创新绩效(第七章)，还突破传统的创新绩效定义，即关注企业关键核心技术创新，考察企业信息披露行为如何影响企业"卡脖子"技术的突破(第八章)，从而拓展财务与企业创新领域的研究。

第三，本书的研究突破传统的创新绩效定义，挖掘不同技术创新之间的丰富差异，从而丰富了企业创新领域的研究。关于公司财务与技术创新的研究方兴未艾,大量文献从微观层面探讨了企业技术创新的融资和激励问题。然而,针对核心技术创新的研究十分匮乏。有关这一方面的研究,对于逆全球化浪潮下关键核心技术受制于人的我国来说意义重大。现有为数不多的研究主要停留在规范研究和案例研究上,且大多是基于技术和创新生态的视角,较为缺乏大样本的实证研究。本书第八章的研究基于企业在各个技术领域被"卡脖子"程度的刻画,通过大样本的实证研究,从企业信息披露视角探讨如何促进关键核心技术突破,从而进一步拓宽企业创新领域研究的外延。

第四,从研究方法上看,本书采用错列式双重差分模型,丰富了社会责任披露实证研究的度量方法,是一次识别策略的创新。上海证券交易所和深圳证券交易所自2008年起强制要求"上证公司治理板块"样本公司和纳入"深证100指数"的上市公司公开披露企业社会责任报告,且由于上海证券交易所和深圳证券交易所每年分别对"上证公司治理板块"样本公司与"深证100指数"样本公司至少进行一次动态调整,使得每年都有一小部分企业进入或退出板块(或指数),造成不同企业被强制披露的年份不统一,从而形成时间错列的事件冲击。这为本书关于社会责任信息披露和公司财务活动的因果关系检验提供了合适的研究场景。本书的研究利用不同企业首次进入板块(或指数)进而被强制披露社会责任报告这一系列的外生事件,采用错列式的双重差分模型,有效地避免了内生性问题,从而真实地反映了变量之间的因果关系,在一定程度上丰富了该领域实证研究的度量方法,识别了社会责任信息披露对企业财务活动与绩效的因果效应,完成了识别策略的创新。

第二章　文献回顾

第一节　社会责任信息披露的理论基础

一、企业社会责任概念

企业社会责任这一概念起源于20世纪初的美国,彼时正处于工业化浪潮中的美国社会中出现了公司权力与责任相对等的呼声,进而掀起了社会责任思潮。Clark(1916)首次提出了社会责任概念,但并未对这一概念做详细的阐释。Bowen(1953)开启了关于企业社会责任的探讨,认为企业应遵循社会目标以迎合政策,并采取正确的行动。Carroll(1979)就企业社会责任的具体内容、表现形式做出了详细阐述,认为企业社会责任应包括经济责任、法律责任、道德责任和慈善责任四类,形成了社会责任研究的综合性理论框架。在近20年的研究中,学界对企业社会责任形成了较为一致的定义:在生产过程中创造利润的同时,企业还应承担对投资者(股东与债权人)、员工、政府、消费者、社区与资源环境可持续发展的责任。

二、社会责任信息披露影响公司财务活动的相关理论

自企业社会责任理念诞生以来，社会责任报告有了一系列代表性框架，主要包含企业经营活动产生的经济、环境、社会影响，气候风险、机遇及其财务影响，可持续发展，等等方面。参考黄世忠（2021）的研究，本书总结了以下六大支撑社会责任信息披露相关研究的理论。

第一，社会责任报告中关于社会和环境的信息披露，体现了可持续发展理论提倡人类与自然和谐共处的思想精髓；关于治理的信息披露要求将环境议题和社会议题纳入治理决策中，体现了可持续发展理论要求政府或机构重视制度安排的变革和创新，确保治理层通过适当的程序处理社会、经济和环境的可持续发展问题。

第二，社会责任报告中关于环境的信息披露反映了经济外部性理论（Pigou，1920）的思想。不论是政府管制，还是市场化干预，都离不开市场主体环境信息的充分披露，而社会责任报告能够为政府管制提供决策依据，也能够降低市场干预的交易成本，是促进企业充分披露环境信息的重要政策选择。

第三，企业社会责任理论（Carroll，1979；Elkington，2004）从股东至上主义转向利益相关者主义，强调企业应兼顾股东和其他利益相关者的需求，促使企业披露除财务报告以外的、以利益相关者为中心的社会责任信息，以满足利益相关者评价企业是否有效履行社会责任的信息需求。

第四，利益相关者理论（斯坦福研究中心，1963；Freeman et al.，1984）认为企业应积极主动承担社会责任，这将有助于协调各方利益关系，从而减少交易过程中的摩擦，以及企业的潜在经营风险，为企业创

造良好的经营环境。这也是社会责任报告应呈现的核心思想。

第五,信息不对称理论(Akerlof et al.,1970)认为,市场交易双方掌握的信息存在较大差异,进而影响交易双方决策。社会责任信息披露中的信息不对称问题则体现在公司内部与外部利益相关者在环境、社会和治理方面信息的不对称。这种不对称可能影响投资者、消费者、政策制定者和其他利益相关者的决策。

第六,企业声誉理论(Kreps,1990)认为企业的主要价值是声誉。企业通过社会责任信息披露彰显对社会责任的积极承担,这有助于企业树立良好的社会形象并赢得声誉。良好的声誉是企业重要的无形资产,能够为企业赢得利益相关者的支持,从而帮助其获取更多有利于发展的内外部资源,减少交易摩擦和相应的成本,进而提升企业价值。

上述社会责任信息披露相关理论见表2-1。

表2-1 社会责任信息披露相关理论

相关理论	首次提出者和年份	该理论对社会责任信息披露行为的阐释
可持续发展理论	联合国环境与发展委员会(1987)	社会责任信息披露体现了对制度安排的变革和创新,治理层通过适当的程序处理社会、经济和环境的可持续发展问题
经济外部性理论	Pigou(1920)	社会责任信息披露能减少信息不对称导致的市场失灵和社会监督失焦问题,提高对自然环境和社会资源的外部性侵占成本。
企业社会责任理论	Carroll(1979)	企业披露除财务报告以外的、以利益相关者为中心的社会责任信息,以满足利益相关者评价企业是否有效履行社会责任的信息需求
利益相关者理论	斯坦福研究中心(1963)	企业应对所有利益相关者履行社会责任,协调各方利益关系,最终达到双赢

续表

相关理论	首次提出者和年份	该理论对社会责任信息披露行为的阐释
信息不对称理论	Akerlof 等（1970）	社会责任信息披露中的信息不对称主要体现在公司内部与外部利益相关者在环境、社会和治理方面信息的不对称，这可能影响投资者、消费者、政策制定者和其他利益相关者的决策
企业声誉理论	Kreps（1990）	因社会责任信息披露而建立的良好声誉能够给企业带来正面的社会影响，从而帮助企业带来收益

第二节 企业社会责任及其披露行为与公司财务问题研究

本节总结了现有文献中关于企业社会责任对公司财务活动影响的研究内容，以及企业社会责任披露对公司财务活动影响的研究内容。

一、企业社会责任与公司财务

企业社会责任影响公司财务活动相关文献的研究内容包括企业社会责任对公司价值、企业风险、公司治理、投融资行为的影响，以及企业社会责任的声誉效应这五个方面。

1. 企业社会责任与公司价值

在企业社会责任经济后果的文献中，探讨得最多的是企业社会责任对公司价值的影响。

一些学者发现社会责任能为公司创造更多价值。例如 Jiao(2010)

发现，如果企业社会责任表现越好，公司价值（托宾 Q 值）越高。Gao 和 Zhang(2015)的研究表明，社会责任能够帮助企业减少盈余平滑，提高公司价值。王立彦和林小池(2006)发现公司通过 ISO 14000 环境管理认证后，股东权益有了显著的增长。Flammer(2015)发现社会责任提案能够提高会计业绩，创造价值。Ferrell 等(2016)也发现社会责任与企业价值存在正相关关系。Lins 等(2017)发现社会责任表现好的企业有更高的利润和成长性。朱乃平(2014)以高新技术企业为例，发现积极承担社会责任对企业短期的财务绩效没有显著影响，但能促进企业长期的财务绩效。

然而，也有一些学者发现社会责任会降低企业绩效。例如，Giuli 和 Kostovetsky(2014)发现社会责任评分与股票收益、ROA(return on assets，资产回报率)负相关，因为为了提高社会责任水平的企业会以牺牲企业价值为代价来满足利益相关者的利益。Hassel 等(2005)发现企业的环境绩效越高，市场价值却越低，认为这种现象印证了环保投入的成本观，即增加环保投入意味着企业的成本增加，会降低投资者的估值。Harjoto 和 Jo(2015)将社会责任分为合法性社会责任与规范性社会责任，发现合法性社会责任表现越好，企业价值越高，但规范性社会责任表现越好，企业价值越低。可见，虽然学者们对于社会责任能否提升企业价值及社会责任对企业绩效的提升作用进行了大量的实证检验，但企业社会责任的价值提升作用还与社会责任的具体内容有关，不同的情形下可能有不同的结论。

企业社会责任在并购活动中也扮演着重要角色，例如，Deng 等(2013)发现收购方的社会责任评分越高，并购绩效越高；Aktas 等(2011)发现在并购中，并购方所购买的目标公司的社会责任绩效越好，并购方的并购累计超额收益越高；Arouri 等(2019)发现企业社会责任能够降低并购的不确定性。

此外,企业社会责任还会带来一系列市场反应。现有文献对于市场反应的检验也有不同的结果。王立彦和袁颖(2004)发现通过 ISO 环境认证能够为企业的股票市场带来正向的超额收益。Edmans(2012)也发现社会责任能够提高公司股价。而 Dutordoir 等(2018)则发现企业社会责任表现与新股增发时的股价反应程度呈正相关,且社会责任评分越高的企业,增发的股票市场表现越差。Manchiraju 和 Rajgopal(2017)以印度企业研究对象,发现企业的社会责任支出会使股价下跌。社会责任对市场反应的影响还可能取决于社会责任的属性以及公司所属行业,例如:Krüger(2015)发现,投资者对于企业社会责任事件(无论是正面还是负面事件)均持有消极的态度,只不过对于正面社会责任事件的消极态度相对较弱,这一现象产生的原因在于存在代理问题。Hughes Ⅱ 和 Reynolds(2001)发现在环境不确定时,对于投资者而言,污染性行业的会计盈余市场反应会产生更多的噪声。朱松(2011)发现,企业履行社会责任会影响盈余持续性,即企业的社会责任表现越好,其市场评价越高,盈余的信息含量也越高。

2.企业社会责任与企业风险

企业履行社会责任能够降低各方面风险。Godfrey 等(2009)发现企业社会责任绩效越高,企业所面临的风险越低。Kim 等(2014)发现社会责任具有降低股价崩盘风险的作用。Koh 等(2014)发现良好的社会责任表现对于具有高诉讼风险的企业来说是有效的保障机制。Becchetti 等(2015)发现社会责任能够减少由利益相关者冲突引发的风险。Arouri 等(2019)发现并购方的社会责任表现与并购不确定性负相关。Ghoul 等(2011)发现企业对"罪恶"行业(烟草与核能行业)的投资会提高权益资本成本,而社会责任评分较高的公司,其权益融资成本更低,这也从反面证实了企业履行社会责任能够起到降低风险的作用。此外,社会责任还能降低系统性风险(Cheung,2016)与信用风险(Stellner et al.,2015)。

3.企业社会责任与公司治理

企业社会责任对公司治理的正面影响主要体现在代理问题的减少上。例如:Cheung(2016)发现企业社会责任能有效降低由现金持有决策引发的代理问题。Ferrell等(2016)发现,企业投入更多社会责任活动后,将面临更少的代理问题,具体表现为更少的现金冗余、更高的薪酬业绩敏感度、更强的小股东保护机制。Lanis和Richardson(2015)发现社会责任表现越好的企业越不会产生避税行为。从盈余管理的角度来看,Kim等(2012)认为社会责任表现好的公司,由于公司经理更诚实、更可信、更遵守伦理,因此会坚守高标准的行为准则,所以更不易参与盈余管理,公司的盈余管理程度更低;Gao等(2015)也发现企业社会责任能够减少盈余平滑;Chil等(2008)将盈余管理行为进行了细分,发现社会责任表现好的公司,盈余平滑的盈余管理程度更低,但盈余激进的盈余管理程度更高(应计项目的比例更高);Gao等(2014)发现具有社会责任意识的企业有更少的内幕交易行为。

但是,企业社会责任同样也可能增加代理问题,让社会责任活动成为管理者自利行为的工具。例如,Bhandari和Javakhadze(2017)的研究证实,由于管理者存在将社会责任作为自利工具这样的机会主义行为,社会责任恶化了企业资金配置效率。

此外,企业社会责任对公司治理的影响还表现在员工管理方面。例如,张倩等(2015)发现企业履行社会责任有利于提高员工的组织自豪感;Flammer和Luo(2017)发现企业会将社会责任作为员工管理的手段,通过增强员工归属感,防止员工有不忠行为。

4.企业社会责任与投融资行为

Benlemlih 和 Bitar(2018)、Cook 等(2019)均发现企业社会责任能够提高投资效率。段云和李菲(2014)发现企业在员工和政府方面的社会责任表现影响了境外投资者的选股偏好。Lins 等(2017)发现社会责任表现好的企业会增加债务融资。Ghoul 等(2011)发现社会责任评分较高的公司,其权益融资成本更低,因为"罪恶"行业(烟草与核能行业)的参与会提高权益资本成本。Goss 和 Roberts(2011)发现社会责任绩效差的企业,借款成本更高,且期限更短。Jiraporn 等(2014)、Ge 和 Liu(2015)都发现企业较好的社会责任表现会提高其信用等级。肖翔等(2013)发现,社会责任表现越好的企业,其融资约束越小,这与国外学者的结论一致,并进一步证明国有企业和非国有企业在面临的融资约束程度上存在差异。

还有一部分文献将投资行为研究延伸至企业创新这一新兴领域。Cook 等(2019)发现较好的企业社会责任表现会增加专利数。Chkir 等(2021)也找到了支持企业社会责任促进企业创新的证据,基于 20 个国家的数据研究,发现企业社会责任通过环境和社会两个维度对创新产生正向影响。Bocquet 等(2013)发现实行社会责任战略的企业更可能在产品和工艺上进行创新。Mishra(2017)发现企业在成功实现创新产出之后,其社会责任表现会有所提升。Hull 和 Rothenberg(2008)发现企业创新能力越高,社会责任水平越高,这意味着企业社会责任与创新之间可能存在正向因果关系,但有待进一步验证。在中国背景下,朱乃平(2014)以高新技术企业为例,发现企业技术创新投入会加强企业社会责任对企业长期财务绩效的正向影响,同时企业社会责任也对企业创新与企业长期绩效的正相关关系发挥着调节增强作用。Ji 等(2019)则是将社会责任区分为主动型社会责任(proactive CSR)和被动型社会责任(reactive CSR),发现主动型社会责任能够促进探索性创新(exploratory innovation),被动型社会责任能够促进开发性创新(exploitative innovation)。

5.企业社会责任的声誉效应

企业承担社会责任有助于树立良好的社会形象,这已经得到相关文献的证实。例如:Brammer 和 Millington(2005)发现企业的慈善行为与其声誉显著正相关。Cahen 等(2015)发现社会责任表现越好的企业,越会受到媒体的关注,越会获得更多有利的新闻报道,从而树立积极的媒体形象。然而,企业有可能利用社会责任掩盖恶行。例如,彭韶兵等(2013)发现我国企业社会责任履行情况中存在异象,一些社会责任报告中"表现较好"的企业,在现实中却存在不负责任的行为。这些企业将社会责任的履行作为对冲方式,通过战略性履行社会责任以及社会责任信息披露掩盖企业的不当行为。但投资者并未认识到这一异常现象,进而导致这些企业有更好的企业社会责任表现以及更高质量的社会责任信息披露,从而获得更多的市场正面评价,更少的市场的负面评价。高勇强等(2012)则研究了中国民营企业慈善捐赠动机,认为民营企业进行慈善捐赠活动更多的是一种"工具性"的战略行为;发现中国民营企业将慈善捐赠作为产品差异化战略,同时利用慈善捐赠来转移或掩饰公众对员工和环境不良问题的关注,并利用慈善捐赠来应对工会组织的压力。

企业社会责任的声誉效应还可能体现在分析师的关注度上。例如:Harjoto 和 Jo(2015)发现合法性社会责任表现越好,分析师预测分歧度越低,但规范性社会责任表现越好,分析师预测分歧度越高。Hong 和 Kacperczyk(2009)则从另一个角度分析,发现"罪恶"行业(酒、烟草、赌博行业)股票的分析师跟踪数较少。

二、社会责任信息披露与公司财务

企业社会责任信息披露影响公司财务活动相关文献的研究内容包括企业社会责任信息披露对公司绩效、投融资行为、市场反应、创新绩效的影响,以及企业社会责任信息披露的实际效益五个方面。

1.社会责任信息披露与公司绩效

社会责任信息披露对公司绩效的影响这一领域的研究有不同的研究结果。一些学者发现社会责任披露能为公司创造更多价值。Matsumura 等(2014)发现,披露了碳排放量企业的公司价值比未披露碳排放量企业高。Ioannou 和 Serafeim(2019)发现可持续报告的披露与以托宾 Q 值度量的企业价值正相关。Blacconiere 和 Patten(1994)以1984 年联合碳化物公司在印度博帕尔发生的化学品泄漏灾难作为冲击时间,发现在化学品泄漏之前,财务报告中披露了更多环境信息的公司经历的负面反应更少。这一结果表明,投资者会将社会责任类的披露信息解读为反映公司管理成本的积极信号。与之相反,Chen 等(2018)发现强制社会责任信息披露会降低会计业绩。Lu 等(2020)也发现强制社会责任信息披露对企业盈利、股东价值有负面的影响。当然,社会责任信息披露的价值效应还受行业影响,如陈玉清和马丽丽(2005)发现,虽然中国企业的社会责任信息与公司价值的相关性不强,但由于存在行业特色,不同行业间的价值相关性存在差异。

在经济绩效方面,Ren 等(2020)发现,在中国,强制性的环境信息披露对于企业的经济绩效有负向影响。Zhang 等(2021)发现,2014 年的中国环境信息披露对国家重点监测企业经济绩效的影响短期内显著为负,但长期内显著为正。

在环境绩效方面,大部分研究证实了社会责任信息披露的积极作用。Ren等(2020)发现,在中国,强制性的环境信息披露通过增加企业的环境管理活动对企业的环境绩效产生正向影响。Chen等(2018)发现受强制社会责任信息披露政策影响较大的城市,其工业废水和二氧化硫排放水平有所下降,这说明社会责任信息强制披露会以牺牲股东利益为代价产生正向的外部效应。Doshi等(2013)发现强制性信息披露监管计划的实施使企业减少了污染物排放,提高了企业的环境绩效。Clarkson等(2008)以美国污染最严重的五个行业中的企业为研究对象,发现企业的环境绩效和可自由选择的环境披露(discretionary environmental disclosures)水平呈正相关。该结果符合经济学披露的理论预测,不符合社会政治的理论预测,但社会政治理论能够解释环境信息披露的合法化,经济学披露理论却无法解释。Al-Tuwaijri等(2004)将环境披露、环境绩效和经济绩效三者之间的相互关系进行了综合分析,发现环境绩效与经济绩效显著相关,也与污染措施和事件的环境披露相关。Patten(2002)利用有毒物质释放数据研究了131家美国公司年度报告的环境披露与公司业绩之间的关系,发现样本公司的业绩与信息披露之间存在显著的负相关关系,以及非环境敏感行业企业的信息披露水平受有毒物质排放水平的影响要大于环境敏感行业企业。这一结果从侧面反映出公司绩效和环境绩效之间存在权衡问题。

2.社会责任信息披露与公司投融资行为

在融资成本方面,多数学者以信息不对称角度作为切入点,研究社会责任信息披露对资本成本的影响,且大多数研究专注于社会责任信息对权益资本成本的影响。Hung等(2013)发现被强制披露社会责任报告的企业信息不对称程度降低,且这种效果在面临更高的政治、社会风险和分析师跟踪数量更少的企业中更显著。Holm和Rikhardsson

(2008)发现,相对于不披露或披露较少环境信息的公司而言,投资者更青睐环境信息披露更多的公司,会给予更多的投资。进一步地,Déjean和Martinez(2009)、沈洪涛等(2010)认为,环境信息披露作为一种自愿性的信息披露,降低了信息不对称程度,提高了信息披露质量,因此好的环境信息披露可以降低企业的权益资本成本。Dhaliwal等(2014)通过跨国数据研究发现社会责任信息披露与权益资本成本呈负相关,且在利益相关者导向(stakeholder-oriented)的国家中更为显著。与之相反的是,Richardson和Welker(2001)发现社会责任信息披露与股权资本成本之间存在显著正相关关系,并且这种关系在财务业绩较好的公司中较弱。Dhaliwal等(2011)从自愿披露的角度分析,发现权益资本成本越高的企业越可能自愿披露企业社会责任信息,这类企业在披露之后如果社会责任表现好,将有利于其权益资本成本降低。这也暗示着企业社会责任与资本成本之间可能存在反向因果关系,有待进一步验证。

从资本成本进一步延伸到企业的外部融资行为,Dhaliwal等(2011)的研究发现,披露社会责任信息的企业比未披露社会责任信息的企业更有可能在披露后募集到股权资本。而在募集股权资本的企业中,披露的企业所募集的资金远多于未披露的企业。

企业融资状况会进一步影响企业的投资行为,例如Liu和Tian(2021)发现企业在被强制披露社会责任信息后减少了低效率投资,特别是在过度投资的情况下。Makosa等(2020)也基于同样的事件冲击,发现社会责任信息被强制披露的企业投资水平下降,但投资效率提高。上述两篇文献对于社会责任信息强制披露与企业投资水平的研究,采用的度量指标只捕捉了企业的内部投资水平,而关于社会责任信息强制披露对企业外部投资行为的影响还有待验证。

3.社会责任信息披露、市场参与者与市场反应

Griffin 和 Sun(2013)发现管理者关于企业温室气体排放量的披露能够为股东创造正向收益,由此可知,社会责任信息披露会引发一系列市场反应,且投资者也会对企业社会责任信息的披露作出反应。Martin 和 Moser(2016)发现,虽然企业管理者的绿色投资不能影响未来的现金流,但能够得到投资者的积极响应。同样地,Lu 和 Abeysekera(2021)也发现市场对企业社会责任信息披露的反应是积极的,但市场不确定这种披露是否可信。Arya 和 Zhang(2009)也发现投资者对企业社会责任公告的反应是积极的,且企业社会责任公告能够使股东回报显著提高。Cheng 等(2015)的实验研究发现,如果环境、社会、公司治理信息具有战略相关性,投资者就会认为此类信息更为重要,且当此类信息得到鉴证时,能增强投资者的投资意愿,这意味着环境、社会、公司治理信息的鉴证具有优化信号的作用。Blacconiere 和 Northcut(1997)发现,披露更多环境信息的化工公司在超级基金修正案(Superfund Amendments and Reauthorization Act)颁布时的累计超额收益更低。Blacconiere 和 Patten(1994)发现,财报中环境信息的披露往往伴随着负面的市场反应。Grewal 等(2018)发现非财务信息的强制披露会造成负面市场反应。

社会责任披露还会对机构投资者和分析师预测行为产生影响。Dhaliwal 等(2011)发现社会责任表现较好的初创企业能够吸引专注的机构投资者和分析师的预测,且分析师的预测误差更小。Lu 和 Abeysekera(2021)发现企业的分析师跟踪数量与企业的社会责任战略披露呈正相关关系,但对于可信度较低的企业而言,社会责任战略披露与分析师跟踪数量的正相关关系并不显著。Dhaliwal 等(2012)认为社会责任信息作为重要的非财务信息披露内容,降低了信息不对称程度,可以

提高分析师预测的准确性。

4.社会责任信息披露的实际效益

社会责任信息披露不完全等同于履行社会责任,因此存在一个问题:社会责任信息披露究竟能否带来真实的效益,即企业披露了社会责任活动,是否意味着其真正履行了企业社会责任,对社会产生了效益?学者对社会责任信息披露的具体效应进行了实证检验。Lu 等(2020)发现,社会责任信息强制披露会使非国有企业和国有持股比例较低的国有企业增加社会责任支出。Christensen 等(2017)发现强制企业在财报中披露矿山安全信息后,虽然企业的员工生产安全性有所提升,但却降低了劳动生产率,由此可见企业社会责任的履行面临着安全性与生产率之间的权衡问题。Chen 等(2018)发现,虽然强制披露企业社会责任报告会降低企业的业绩,但同时也使得企业的工业废水和二氧化硫排放量减少。这一结论同样揭示了企业在承担社会责任的过程中面临着社会外部性与股东价值的权衡问题。

关于社会责任信息披露能否真正促进企业履行社会责任这一问题,本书也将在第四章的机制探讨中做相应检验。

5.社会责任信息披露与创新绩效

目前,关于社会责任信息披露与企业创新绩效关系的讨论并不多。现有研究的研究背景可以分为全球背景和中国背景。

基于全球背景的研究中,Gibbons(2020)基于交错引入的 87 个国家强制企业披露环境、社会、公司治理信息的相关数据,证明非财务信息披露对公司的投资和融资决策有重大影响。特别地,对于在要求环境与安全透明的国家注册的公司而言,披露信息后会增加研发支出和专利活动,而对信息摩擦不那么敏感的固定资本投资,在披露信息后不会发生变化。此外,透明的非财务信息披露减少了融资摩擦,使得股权依赖型公司有了更多创新产出,并增强了对外部股权的依赖。此外,这一规定提高了股东的监督能力,激励了管理者的投资创新。

基于中国背景的研究中,He 等(2021)发现环境规制的严格性会抑制企业的研发投入,导致企业创新水平降低,这一研究反映了环境规制的挤出效应。Lu 和 Abeysekera(2021)发现社会责任战略披露通过创新的补充中介作用对企业绩效具有正向影响。Hu 等(2020)发现社会责任信息披露与创新可持续性显著正相关;认为信息效应在这一关系中起主导作用,社会责任信息披露可以缓解管理者与投资者、控股股东和中小股东之间的信息不对称情况,减少融资约束问题,从而增强创新的可持续性。Hong 等(2020)发现社会责任信息强制披露会提升企业绿色创新水平。Yin 和 Wang(2018)发现企业环境信息披露对环境创新具有积极的促进作用。Chen(2016)发现,社会责任信息披露通过向公众传递更多信息,可以改善企业的社会形象,增强投资者的信心,为研发活动融资创造条件,从而促进企业的研发投资。

第三节 公司财务视角下的劳动力问题研究

研究者们在传统的公司财务分析框架下研究企业行为决策时,对资本市场的摩擦给予了充分关注,但大多忽略了实践中广泛存在的劳动力市场摩擦问题。因此,诸多近期的研究将劳动力因素(如员工增长、劳动力成本、员工流动)纳入考量范围内。结合本书的研究内容,下面将主要梳理公司财务视角下的劳动力规模问题研究。

一、信息披露与劳动力规模

一部分学者从企业的视角,即劳动力需求的角度展开研究。Pinnuck 和 Lillis(2007)认为报告亏损是一个重要的约束事件,发现小额亏损公司的预期劳动力规模配置效率更高。Jung 等(2014)的研究表明,高质量财务报告通过减少管理者和外部资本提供者由于信息不对称引起的市场摩擦,提高劳动力规模配置效率。Ben-Nasr 和 Alshwel(2016)发现较高的股票价格信息含量与较低的劳动力规模偏离水平相关。

由于薪酬、工作质量和外部工作前景的信息披露会使得员工重新评估自己的职位,进而导致人员流失(Stigler,1962;Jovanovic,1979;Mortensen,1978;Rogerson et al.,2005),另一部分研究从劳动力供给视角展开。Hann 等(2021)的研究发现,企业总收入的信息披露能够帮助预测未来的劳动力规模。DeHaan 等(2023)也考察了财务报告如何影响企业当前员工求职决策,发现盈余公告发布期间,在职员工的求职数量显著增加,尤其是当员工流动性更强、员工与公司信息摩擦更大时,这一影响更显著。

二、政府干预与劳动力规模

政府通常利用企业来追求与经济效率不相容的政治目标(Shleifer et al.,1994),这一政府"掠夺之手"(grabbing hand)的观点在劳动力研究中体现为政府通过政治干预推动就业以实现政治目标。

该领域研究主要关注中国国有企业。现有研究主要考察国有产权、政治关联、党组织治理、无偿划转等政府干预形式对劳动力规模的影响。其中：国有产权方面的研究主要支持 Li 和 Tan(1997)、林毅夫和李志赟(2004)等提出的国有企业承担政策性负担(员工冗余、员工福利、维护社会稳定等)的观点,发现国有企业雇佣更多的员工,甚至造成员工冗余(曾庆生 等,2006;黄玲文 等,2007;薛云奎 等,2008;宋浩 等,2012;Gu et al.,2020)。在政治关联方面,Faccio 和 Hsu(2017)给出了直接证据,发现有政治关联的企业创造的就业机会更多。刘慧龙等(2010)发现存在政治关联的国有企业的员工冗余程度更高。梁莱歆和冯延超(2010)则发现存在政治关联的民营企业的雇员规模也显著高于不存在政治关联的民营企业。郭剑花和杜兴强(2011)也支持民营企业政治关联促使政府干预的观点。曾建光等(2017)发现发生了无偿划转且控制权发生转移的企业,未来两年的就业机会显著增加。李汇东等(2017)发现控股股东控制权越大的企业,政府干预越能使其劳动力规模显著增大。Kong 等(2018)和 Luo 等(2020)都研究了中国地方政府官员变更对企业劳动力规模的影响,发现当地方政府官员发生变更时,企业会过度雇佣员工。

三、企业投融资决策与劳动力规模

从企业融资的角度看,既有文献考察了债务融资、股权融资、内部融资、融资约束以及资本结构对劳动力规模的影响。

在外部融资方面,多数研究从债务融资的视角展开,主要考察银行信贷摩擦对劳动力规模的影响(Acemoglu,2001;Wasmer et al.,2004;Boustanifa1,2014;Chodorow-Reich,2014;Bentolila et al.,2018;Popov et al.,2018;Mondragon,2018;Bai et al.,2018;Greenstone et al.,2020;Benmelech et al.,2021;Glancy,2021;Murro et al.,2023;曾艺 等,

2023),并一致地揭示了企业的融资状况是雇佣决策的重要影响因素(Benmelech et al.,2016;Falato et al.,2016;Berg,2018;Acharya et al.,2018;Benmelech et al.,2019)。基于股权融资视角展开的研究则是发现企业上市后,员工人数显著增加,且这一现象在对于高技能劳动力和外部融资依赖程度更高的行业中更为明显(Borisov et al.,2021)。

内部融资角度的研究主要揭示现金持有对劳动力规模的影响(Bacchetta et al.,2019;Melcangi,2019;Alnahedh et al.,2019;Ring,2023)。也有研究考察企业的融资约束对劳动力规模的影响,发现存在融资约束或者融资成本较高的企业不容易吸引新员工(Garmaise,2008;Michaels et al.,2019;Caggese et al.,2019;Benmelech et al.,2021),且多个研究证实了全球金融危机导致存在融资约束的公司削减了雇员规模(Campello et al.,2010;Chodorow-Reich,2014;Duygan-Bump et al.,2015;Berton et al.,2018;Popov et al.,2018)。肖兴志等(2019)还发现"僵尸企业"对正常企业的就业增长产生明显的排挤效应。此外,一些研究关注资本结构对劳动力规模的影响,证实了高资产负债率、高负债会使企业减少员工雇佣(Hanka,1998;Boeri et al.,2012;Giroud et al.,2017;钱雪松 等,2023)。

在企业投资决策方面,Capasso 等(2015)发现研发投资增加会促使员工增长率提高。Lagaras(2019)发现并购导致员工人数显著下降,这主要是因为非自愿离职员工数量的增加和招聘人数的下降。与之相反,Ouimet 和 Zarutskie(2020)的研究发现一些公司并购的目的是获取和留住目标公司的员工。

四、公司治理与劳动力规模

这一领域研究主要从内外部监督的作用展开。具体而言,现有研究发现长期机构投资者加强监督会导致异常劳动力规模减小（Ghaly et al.，2020）；分析师跟踪数量越多的企业，劳动力的过度雇佣情况越少（Lee et al.，2020）；分析师预测越准确、分散度越小，企业劳动力员工规模的配置效率越高（Sualihu et al.，2021）；CEO与独立董事的关系越强，监督作用越弱，企业劳动力规模配置效率越低（Khedmati et al.，2020）。除此之外，CEO过度自信也会导致企业劳动力规模配置效率低下（Lai et al.，2021）。李小荣等（2021）则发现内部控制提高了企业的劳动力投资效率，提高信息透明度和降低代理成本是其中的影响路径。

第四节 企业技术创新管理的影响因素研究

企业创新是新兴研究领域之一，其影响因素在近些年来被学者们广泛讨论。在本节中，将着重从微观、中观、宏观层面总结企业技术创新管理影响因素的相关文献。

1.公司特征（微观因素）与企业技术创新

CEO是公司最重要的决策者，他们负责公司的资源分配、战略定制等。因此，CEO的管理风格、个人特质会对公司发展产生影响，其创新活动更是如此。

许多文献探讨了CEO特征与企业创新的关系。Malmendier和Tate（2005）、Galasso和Simcoe（2011）研究了CEO过度自信对创新的影响，认为过度自信的CEO容易低估失败程度，因此更可能投资有风险、不确定性较高的创新项目。研究发现，具有过度自信CEO的企业拥有更高的专利引用数,尤其是在竞争性行业中。同样地,Hirshleifer 等(2012)也发现这样的企业会投入更多资金在研发项目中,进而形成大量的专利,表现出更高的创新生产力,但这仅仅反映在创新行业中。

另一部分文献则探讨了 CEO 个人特质对企业创新的影响。Sunder 等(2017)研究了一个有趣的现象,发现具有飞行经历的 CEO 由于偏好寻求刺激,更可能参与企业的创新活动,他们经营的企业会有更高的创新效率。Custodio 等(2019)发现通才 CEO 能够促进企业创新,因为他们具有出色的管理能力和经验,对失败拥有较高的容忍度。进一步地,Faleye 等(2014)发现 CEO 关系网络也是影响企业创新的重要因素,社交广泛的 CEO 能够获得更多创新相关的信息,会参与更多的创新活动,使企业有更多的专利产出。

除了 CEO 个人特质与技能,CEO 薪酬体系与激励也是影响企业创新的一大因素,因为它决定着 CEO 的管理行为和战略计划。Ederer 和 Manso(2013)的研究发现,相比固定工资或标准的业绩考核报酬体系,那些能够包容早期失败并且奖励长期成就的激励计划对促进创新业绩更有效。为了更进一步说明这样的激励计划能够促进 CEO 投入创新活动,Baranchuk 等(2014)基于新公司样本进行研究,同样发现企业创新活动与上述激励计划有显著正向关系。类似地,Mao 和 Zhang(2018)也证实了 CEO 的风险承担动机对创新活动有正面作用。Gonzalez-Uribe 和 Xu(2015)更深入地分析了 CEO 薪酬体系,发现 CEO 合约期限越长,他们越有可能投入创新项目,因为他们所面临的短期业绩压力较小。

由于创新活动是一个长期、高风险、不可预测的过程,不仅仅需要 CEO 的努力,还与公司其他高管、员工的行为有密切联系。一系列文献探究了非 CEO 高管以及普通员工如何影响企业创新项目的投资政策。在高管层面的研究中,Chang等(2015)发现,非CEO员工股票期权对企业创新产出具有正向作用。Jia等(2016)估计了高管薪酬业绩敏感性离散程度的最优值,发现当薪酬业绩敏感性离散程度超过最优值时,企业创新业绩下降。从员工层面来看,Sauermann和Cohen(2010)认为不同类型的员工激励会对创新产生不同的影响。他们发现当激励方式与智力、独立性和金钱相挂钩时,创新产出会上升,而当激励方式与责任感、工作保障相挂钩时,则会降低企业创新产出。Dutta和Fan(2012)对比了集权式与授权式投资决策机制对创新的影响,认为集权式的投资决策机制导致的"敲竹杠"问题及机会主义行为,会降低高管的创新投入动机,而在授权式的投资决策机制下,企业的创新活动水平更高。相比高管、员工的行为,董事会的监督作用更能影响企业创新活动的规模和范围。Balsmeie等(2017)的研究发现,公司制度向独立董事制度转型能够提高专利引用质量,而这种引用质量的提升源自原创新领域的专业性,而非新领域的拓宽。

公司外部治理因素对企业创新的影响也不容忽视,最值得一提的是企业的并购活动。一方面,并购市场可能会减少管理层道德风险问题,促使高管更注重短期、保守的业绩,放弃长期且具有风险性的创新项目;另一方面,由于合约的不完备性,管理者不希望创新带来的长期利润被敌意收购者瓜分。此外,出于信息不对称的考虑,由于创新项目短期内并不会产生收益,公司价值被低估,最终造成敌意收购。基于上述原因,企业并购活动这一公司外部治理因素对企业创新产生的影响是值得深入探究的。Atanassov(2013)的研究发现,那些在反收购条约颁布地完成企业合并的公司相对于其他公司而言,不仅创新数量下降,创新质量也同样下降。然而,Chemmanur和Tian(2018)的研究却得出了相反的结论:反收购条款能够使得专利数与专利引用数提升,因为反收购条款能使管理层免受短期市场压力的危害,并能提高公司价值。Sapra 等(2014)则通过构建理论模型证实了创新与外部收购压力存在 U 形关系。

在众多研究关注公司内部治理机制以及公司组织结构对创新的影响的同时,有少部分研究将关注点放在人力资本这一影响因素上。Liu 等(2016)研究发现,相比于组织资本,发明型人力资源更能对企业创新产生作用。Chemmanur 等(2019)发现高管团队质量(影响因素包括学历、就业背景、教育背景)越高,企业的研发投入越多,进而会有更多的创新产出。他们利用同样的指标在进一步的研究(Chemmanur et al., 2022)中发现,高管团队质量提高,能够使企业上市前在创新项目中的投入和生产力提高。Kerr(2013)则站在更宏观的视角,通过文献回顾分析了全球移民对创新与企业家精神的作用,得出结论:由于与移民地的当地人相比,移民者在科技、技术、工程与数学方面受过更好的训练,全球化移民将会使创新水平提升。

公司面临的外部环境因素,如金融分析师、机构投资者、基金、金融中介等,以及由此带来的股票市场价格波动、利益相关者冲突也会对企业创新水平产生影响。He 和 Tian(2013)揭示了财务分析师在企业创新中表现出的"阴暗面",发现当关注企业的财务分析师越多,企业专利产出越少,专利在未来的引用数也越少,因为分析师会对短期收益下降的企业向下修正盈利预测并提出不利建议,这促使管理者更加关注迎合分析师的短期盈利预测,从而导致管理者的短视行为。类似地,Goldman 和 Peress(2023)认为技术知识和金融分析是相辅相成的。他们通过理论模型证明了创新激励(研发支出)和企业信息环境之间的正相关关系,然后以美国各州对研发税收抵免的交错实施作为研发支出的外生冲击,以及以经纪公司合并和关闭作为公司信息环境的外生冲击来实证检验这一关系。然而,由于研发税收抵免除了增强企业的创新激励外,还增加了企业的收益,目前无法确定美国各州分期实施的研发税收抵免是否仅通过对企业创新激励的影响来影响企业的信息环境。同样地,经纪公司的合并和关闭会影响公司的信息环境,分析师倾向于对公司经理施加短期压力(He et al.,2013),因此,经纪公司的合并与关闭和分析师关注对研发支出的影响可能反映了两种经济力量的净效应。Aghion 等(2013)发现机构持股与创新产出之间总体上呈正相关关系。Brav 等(2018)则关注对冲基金在创新过程中的作用,发现被对冲基金积极分子关注的公司能够通过减少研发支出和增加创新产出来提高干预后的创新效率。此外,创新投资组合多样性越强的企业,对冲基金行动主义对其创新的正面影响越显著;对冲基金提升创新效率的主要途径为重新配置创新资源和人力资本。Chemmanur 等(2023)探讨了战略联盟形成与企业创新的关系,发现共享共同机构区块的同行企业的数量与其创新成果正相关。Yang(2021)研究了股东与债权人的利益冲突对企业创新的影响,发现企业与股东、债权人的利益冲突越小,有价值的专利产出越多,这说明机构投资者同时持有公司债权和股权可以缓解股东和债权人的冲突,同时可以抑制企业的过度冒险行为。Gu 等(2017)发现在违反债务契约的情况下,银行干预对创新数量有负面影响,但对创新质量没有影响,造成负面影响的渠道是人力资本的重新配置。Qi(2016)发现股东干预对管理层创新激励有负面影响,原因在于,创新可能会导致股票价格反映的公司基本面信息不准确,进而引发股东的干预,并对管理者采取监管行动。因此,在股东干预的威胁下,企业管理者会减少创新项目投入。Guadalupe 等(2012)以西班牙制造企业为样本检验了外资持股和公司创新之间的关系,发现跨国子公司的创新更多,因为其从创新中获得了更大的利益。类似地,Luong

(2017)也检验了外国机构投资者对企业创新的影响,发现外国机构持股会对企业创新有积极的影响,且外国机构投资者的积极监督、高失败容忍度和对高创新经济体知识溢出的促进是外国机构提高企业创新水平的三种潜在途径。Flammer 和 Kacperczyk(2016)发现利益相关者导向对创新有积极影响,且利益相关者导向通过鼓励实验和提高员工的创新生产力来刺激创新。Dong 等(2021)发现股票高估指标与创新投入和产出,以及创新投资的原创性、一般性和新颖性呈正相关。Fang 等(2023)发现股票市场流动性会抑制企业创新,因为敌意收购者和非专业机构投资者的数量增加。

目前只有较少文献研究企业信息披露行为对企业创新投资的影响,且主要基于信息披露的外部性和专有成本两个角度展开。Kim 和 Valentine(2021)以美国发明家专利保护法案作为一个促使专利披露的冲击事件,发现在法案颁布之后,那些竞争对手披露更多信息的公司的创新水平有所提高,而那些披露了信息且信息被泄露给被竞争对手的公司的创新水平有所降低。这一发现揭示了专利披露的溢出效益和专有成本,证明了竞争对手的信息披露能够促进企业创新这一正向的外部效应。同样是基于披露的外部性,Gordon 等(2020)研究了企业研发披露对同行企业创新的影响,发现交叉上市企业的研发披露可以对同行企业产生外部性,使同行企业能够更好地预测项目的回报,优先考虑净现值较高的项目,进而提高同行企业的创新水平。Breuer 等(2020)基于欧洲监管门槛和德国执行重大改革的研究发现,迫使企业公开披露财务报表阻碍了企业创新活动。这一证据表明,报告监管通过影响企业的专有成本,削弱了企业的创新动机。Li 等(2016)发现在强制采用国际财务报告准则后,企业的创新产出大幅提升。Brown 和 Martinsson(2019)的研究也表明,企业信息越透明,企业的创新投入和产出越多。

在现有的从会计信息角度探讨企业创新影响因素的文献中，Zhong(2018)发现企业透明度能够促进企业研发活动，提高企业创新产出。Chircop等(2020)发现会计信息可比性越强，越能够提升企业创新效率。Chang等(2015)发现稳健的财务报告会抑制企业创新。有别于前人的研究，本书的研究基于社会责任信息披露这一非财务信息披露行为，深入探讨其影响机制，从而对该领域研究进行完善和补充。

企业创新也会反向影响企业的披露行为，因为会引起企业与投资者之间关于创新成果的信息不对称。如果企业研发成功，为了满足投资者信息需要，企业会披露更多的信息，但由于存在信息披露的专有成本，会导致企业减少信息披露。Huang等(2021)的研究发现，创新成果较多的企业会披露更多管理指导信息。在机构投资者持股比例较高时，披露的信息多，但在竞争激烈的环境下，披露的信息少。

2.市场特征（中观因素）与企业技术创新

由于创新赋予了企业在产品市场上的竞争优势，因此产品市场如何影响企业创新和创新激励也是十分重要的研究内容（He et al.,2018）。该层面的研究主要集中在产品市场竞争、投资周期、银行系统、融资渠道和税收监管等方面。

这一层面的研究始于Aghion等(2005)。该研究发现产品市场竞争与创新之间呈现倒U形关系，且领导者和追随者之间的平均技术距离随着产品市场竞争水平的提升而增加。当一个行业有更多并驾齐驱的公司时，这种倒U形关系更加明显。Desmet和Rossi-Hansberg(2012)对完全竞争市场下企业投资创新的原因进行深入探讨，发现只要投资创新的收益大于成本，企业就会投资，这解释了完全竞争和创新投资共存的原因。Spulber(2013)从理论上探讨了竞争和知识产权保护对创新的影响，发现这两者是促进创新的另一个原因。他指出，当创新产品存在于市场时,生产者(创新的需求方)之间的竞争和发明者(创新的提供者)之间的竞争都会使更多创新结果产出,且当知识产权不被完全征用时,竞争会使创新动机减弱,从而导致更低的经济福利。这一结论表明反垄断政策和知识产权保护是互补的。Autor 等(2020)研究了来自中国的进口产品对美国企业创新活动的影响,发现进口风险敞口的变化对专利数量的变化有显著的负面影响,较大的进口风险敞口也会导致企业全球就业、全球销售和全球研发支出的减少,且贸易冲击使得美国制造业企业的盈利能力降低,导致这些企业减少创新和其他经济活动。

除了产品市场外,一般市场(如风险投资业、银行业)也会影响创新活动。在风险投资行业方面,Nanda 和 Rhodes-Kropf(2013)发现,在活跃的风险投资期融资的初创企业比在不活跃的风险投资期融资的初创企业的创新成果更少,因为前者成功或失败的概率更高。Nanda 和 Rhodes-Kropf(2017)还通过模型证明创新企业选择融资时容易受到融资风险的影响,这使得这些企业倾向于降低融资频率,扩大融资规模。在银行业方面,Benfratello 等(2008)发现银行发展能够提高企业创新的可能性,但对产品创新没有显著影响。Chava 等(2013)发现:美国州内银行的管制放松促使银行的本地市场力量增强,对年轻的私营企业的创新产生了负面影响;美国州际银行的管制放松削弱了银行在当地市场的力量,促进了企业创新。类似地,Cornaggia 等(2015)对私营企业和上市公司都进行了检验,发现跨州银行分支机构的放松管制导致的银行竞争,降低了总部位于放松管制州的上市公司的州级创新水平,而依赖外部融资的私营企业和那些难以从当地银行获得信贷的私营企业的创新成功概率却有所提高。Amore 等(2013)、Saidi 和 Žaldokas(2021)都得出了相似的结论。

还有一些文献探究了融资如何影响研发投资。Brown等(2009)发现内部和外部股权融资影响了年轻的美国上市公司的研发支出。Brown等(2012)以欧洲企业为例,发现融资约束和外部融资渠道对企业研发投资具有显著的影响。上述结果均说明股票市场的发展对经济增长具有显著影响。

此外,税收也是一个影响企业创新动机的重要因素。一方面,税收的增加可能会导致企业对创新的失败容忍度降低,使管理者和员工追求创新的动机减弱。另一方面,税收增加可以让地方政府加强对基础设施的建设,进而促进企业创新。Atanassov和Liu(2020)就发现州所得税的增加使企业的创新活动减少。Mukherjee等(2017)得到相同的结论,还发现税收会影响新产品的引进。这两篇文献都说明了较高的税收会使企业的创新动机减弱。Dechezleprêtre等(2023)基于英国企业样本发现了相同的结论。

3.宏观因素与企业技术创新

宏观层面中影响企业创新的因素主要包括法律政策、金融市场发展、人口和社会特征。自从Aghion和Tirole(1994)得出不完全契约下创新活动的理论框架以来,一些文献探讨了知识产权保护法律对创新激励的影响。Lerner(2009)发现法律的变化对专利数量产生了负面的影响。Williams(2013)发现知识产权导致科学研究和产品开发成果的减少,这表明短期内知识产权对企业创新有持续的负面影响。Fang等(2017)对中国企业进行研究,发现国有企业私有化后,创新有所增长,且这种增长在知识产权保护力度强的城市中更为显著。这一研究结果表明,知识产权保护是有利于激励企业创新的,但这种积极影响主要存在于非国有企业中。除了讨论知识产权保护法,学者们还探讨了劳动保护法。例如,Acharya等(2014)发现不正当解雇法对企业创新和新公司的创建产生积极的影响;Bradley 等(2017)基于工会组织的研究发现,劳动力的增多对创新的数量和质量都有负面影响。破产法也是学者们探讨的话题。Acharya 和 Subramanian(2009)发现,当破产法对债权人友好时,创新企业可能会因为担心过度清算而不去追求创新。Cerqueiro 等(2017)发现,为债务人提供更强有力保护的破产法,促使小企业的专利数量减少。

除了法律,学者们还探讨了制度特征的影响。Brown 等(2013)的研究发现,强有力的股东保护和更好的股票市场融资渠道对企业创新投资具有积极影响,尤其是对小型企业而言。Tan 等(2020)基于中国的制度环境,发现国有企业私有化可能会通过更好地协调控股股东和小股东之间的利益,以及增加股价的信息量,鼓励国有企业的管理者进行更多的创新。Bhattacharya 等(2017)提出,影响技术创新的因素是政策的不确定性,而非政策本身。他们发现在国家选举政策不确定性时期,企业专利申请量显著减少,特别是对创新密集型行业的企业而言。此外,政府补贴也是一个影响因素。Le 和 Jaffe(2017)发现研发补贴显著增强了企业申请专利的倾向,但不影响企业申请商标的可能性。Bayar 等(2016)发现,政府资助风险投资有助于刺激社会创新。Howell(2017)发现,早期的政府补贴对创业企业的专利申请和收入有显著的积极影响,尤其是对那些面临融资约束的企业而言。然而,Kong(2020)发现,总部设在政府支出增加的州的企业,其创新能力显著下降。

金融市场发展也会影响企业的创新绩效。Tadesse(2006)比较了金融体系以银行为基础的国家和金融体系以市场为基础的国家的产业创新成果,发现前者对信息密集型企业的创新影响更大。Ayyagari 等(2011)以发达国家为例,发现外部融资易获得性与企业创新水平的提升有关。

还有文献探讨了国际贸易规则对技术创新的影响。Bloom等(2016)发现进口带来的贸易压力会刺激企业技术升级,并将劳动力重新分配给更具创新性的企业;相比之下,来自发达经济体的进口竞争对企业创新并没有显著影响。与这一研究结论相反的是,Yang等(2021)发现进口竞争对创新有负面影响,且对工艺创新的负面影响大于对产品创新的负面影响。Gorodnichenko等(2015)研究了境外直接投资(foreign direct investment,FDI)的影响,发现FDI和国际贸易对新兴市场国家的企业创新活动具有较强的正向溢出效应,并且如果FDI来自更发达的经济体,这种效应会更强。Coelli等(2022)也发现贸易自由化对企业创新有积极的影响,而完善市场准入制度和增强进口竞争力度是两种可能的影响机制。一些研究表明,金融自由化使得对外国投资者的限制程度降低,因而也对企业创新有重要影响。Moshiria等(2021)发现金融自由化后,依靠外部股权融资的行业有更多的创新产出。

学者们还将国家或地区的人口或社会特征与企业创新投资联系起来进行研究。例如:Bénabou等(2022)利用跨国数据,证明了宗教信仰和人均专利产出之间的负相关关系。Ayyagari等(2014)发现创新企业比非创新企业行贿更多,尤其是在官僚主义法规较多、治理水平较低的国家。此外,还有研究发现总部位于赌博倾向较强的国家或地区的企业倾向于承担风险较高的项目,在创新上投入更多,并拥有更高的创新产出(Chen et al.,2014;Adhikari et al.,2016)。

第五节 文献述评

通过上一节的相关文献回顾可知,近年来有关社会责任信息披露的研究方兴未艾,形成了不少新的经验证据,为本书研究的开展提供了许多新的视角和方法。同时,公司财务视角下的劳动力市场研究和技术创新领域也有诸多显著进展,相关研究为本书研究的开展奠定了良好的理论基础。然而,以下重要问题仍有待厘清。

首先,关于社会责任信息披露的经验证据目前基本上聚焦于社会责任信息的单个或部分维度,未能反映社会责任信息披露的全貌,社会责任信息披露对劳动力市场的影响及其机理更是"黑匣子"。现有关于社会责任信息披露的研究中,大多是从社会责任信息披露的某一维度(例如环境信息披露、可持续发展信息披露)展开研究,使得研究视角仅与社会责任信息披露中的某一部分相关。同时,目前关于社会责任信息披露影响公司财务的研究呈现出本土化与国际化相结合的特征,主要关注社会责任信息披露对公司价值、公司治理、投融资决策、资本市场、社会效益的影响。但是,作为新兴市场国家,中国的政治、法律、经济、文化背景都不同于发达国家,一些基于外国背景的研究结论在中国不一定成立,因此需要基于中国国情,探讨贴合中国发展现状的问题。当前中国面临人口结构变化带来的严峻挑战,中国企业面临劳动力市场的结构性难题,但从微观层面探究这一问题的研究甚少。随着各利益相关者对社会责任报告的关注与日俱增,考察社会责任信息披露对劳动力市场的影响十分必要。因此,从社会责任信息披露这一视角考察其对员工增长的影响,有助于拓展社会责任信息披露经济后果领域的研究。

其次,尽管关于企业技术创新的研究很多,但大多停留在一般意义上的创新,未能挖掘不同技术创新之间的丰富差异,特别是对企业"卡脖子"技术突破的关注甚少。近年来,西方国家掀起的逆全球化浪潮导致关键核心技术被"卡脖子"成为我国经济发展面临的重大隐患,研究我国科技创新领域正在面临的技术"卡脖子"问题颇具理论和现实意义。虽然目前大量文献从微观层面探讨了企业创新的融资和激励问题,但针对企业核心技术创新的研究才刚刚起步。现有研究大多停留在规范研究和案例研究上,如关键核心技术创新的内涵和特征(陈劲 等,2020;宋娟 等,2023)以及提升企业关键核心技术创新水平的措施(Vanhaverbeke et al.,2009;Chesbrough et al.,2014;蔡跃洲,2021;胡登峰 等,2022;郑世林 等,2022;单宇 等,2023),大样本的实证研究十分匮乏(聂力兵 等,2023;吴超鹏 等,2023),且大多基于技术和创新生态的视角展开,基于企业信息披露视角探讨如何促进企业关键核心技术创新的研究甚少。因此,有关我国企业在各个技术领域被"卡脖子"程度的实证研究存在较大的挖掘空间。

再次,需要结合中国的制度因素进一步探究社会责任披露的社会政治效益。中国背景下的社会责任披露政策具有独特性,中国的企业披露社会责任信息可能不仅仅是对遵守规定,还可能是将其作为合法化、利益相关者印象管理或是声誉管理的工具和手段。因此,在中国经济以及企业转型升级的过程中,研究中国制度背景下的社会责任信息披露政策能否真正促进企业承担社会责任、提高企业的长期经济绩效、产生社会效益这些问题显得尤为重要,而现有文献对此的讨论还相对不足,有待进一步深入探究。

最后,通过文献回顾可以发现,企业社会责任信息披露与企业投融资行为之间存在反向因果关系,但现有研究尚未较好地解决这一内生性问题。因此,需要进一步挖掘合适的研究场景,解决内生性问题,从而丰富该领域实证研究的度量方法。

第三章 制度背景分析

第一节 企业社会责任及其披露的发展现状

一、企业社会责任发展现状

20世纪80年代,企业社会责任活动在发达国家兴起。为了满足各个利益相关者的期望,追求更广阔的发展空间,许多欧美企业制定了社会责任履行守则。到了20世纪90年代中期,在国际商户的推动下,中国也逐步开始重视企业社会责任问题。到2006年,社会责任概念在中国已经得到广泛的关注和讨论。中国企业社会责任概念的发展现状呈现出如下特征。

第一,从宏观层面上看,关于企业社会责任监管的相关规定与制度逐步发展和完善。目前,各国已逐步颁布与企业社会责任相关的法律,相应组织(世界经济合作与发展组织、国际雇主组织、国际劳工组织等)也在积极推进企业社会责任活动,并制定了一系列准则和建立了相关体系来推动社会责任活动的发展(如联合国实施"全球契约"原则)。在中国,相关法律和法规(如公司法、环境保护法、劳动法、安全生产法、产品质量法、工伤保险条例等)要求企业履行社会责任;多个部委和行业组织也颁布了相应的关于企业承担社会责任的准则与意见,如《深圳证券交易所上市公司社会责任指引》、《上海证券交易所上市公司环境信息披露指引》、国务院国有资产监督管理委员会颁布的《关于中央企业履行社会责任的指导意见》等,且监管日趋严格。中国证券监督管理委员会于2018年修订的《上市公司治理准则》特别增加了环境保护与社会责任的内容,明确上市公司对各个利益相关者应承担的责任,突出企业在社会责任和环保方面应做的工作。由此可见,无论是政府还是非政府组织都对企业承担社会责任高度重视,社会责任已上升为制度建设与规范层面问题。在全球大力推崇企业社会责任的趋势下,要求企业进行社会责任信息披露也已经成为世界各国促进经济和环境可持续发展的一种重要举措。据统计,2020年,全球与社会、环境、治理问题相关的强制性报告法规就大约有350条(Van der Lugt et al.,2020)。

第二,在中观层面上,社会各界对企业履行社会责任的关注与讨论越加广泛。新闻媒体通过对企业社会责任相关事件的报道来起到监督作用,例如:南方周末中国企业社会责任研究中心每月评选"十大企业社会责任警示事件";紫金矿业污水渗漏事件在媒体的宣传下得到解决。同时,社会公众通过多种渠道督促企业履行社会责任,例如:消费者优先选择购买符合社会责任标准的商品;银行放贷时会将企业项目是否会引起环境污染作为考虑因素;投资者在选择投资标的时,除了关注企业的经营绩效之外,也逐步开始关注企业的社会责任表现。

第三,在微观层面上,企业自身对社会责任履行的重视日益加强。由于企业的目标导向逐步由股东利益最大化转变为包含社会责任的全面竞争,许多企业主动承担道德和慈善方面的社会责任,并加大对社会责任型活动的投资。例如,抗击新冠疫情的过程中,许多企业积极进行物资捐赠，各国企业在疫情防控和疫苗研发等方面保持着密切合作。此外，许多企业开始主动发布企业社会责任报告，因为其逐渐意识到良好的社会责任表现能够提升企业的综合竞争力。根据CSMAR数据库的数据，2007—2023年发布社会责任报告的中国上市公司数量由21家增至1827家。

二、企业社会责任报告披露的发展历程

在企业社会责任呼声高涨的大背景下，许多企业逐渐意识到出色的社会责任表现会提升企业的综合竞争力，因此逐步开始自愿披露企业活动、产品和服务所产生的经济业绩、环境业绩和社会业绩等非财务信息。

从监管的角度来看，要求企业进行社会责任信息披露也已经成为世界各国促进经济和环境可持续发展的一种重要举措，大众对企业履行社会责任的监督手段之一就是督促企业进行社会责任信息披露。中国政府也在不断努力完善企业社会责任披露制度。2002年，中国证券监督管理委员会和中华人民共和国国家经济贸易委员会联合发布《上市公司治理准则》，其中第八十六条对上市企业环境信息公开作了初步要求，首次对"公司社会责任"的概念进行了清晰的界定，明确提出了企业应重视社会责任，并规定上市公司应关注所在社区的福利、环境保护、公益事业等问题。2006年，2005年修订通过的《中华人民共和国公司法》施行，深圳证券交易所发布《深圳证券交易所上市公司社会责任指引》，确定了当时国内最规范的社会责任信息披露格式，为公司特别是上市公司履行社会责任并自愿披露相关信息提供了规范性的指导。随后，国家电网发布了中国第一份中央企业社会责任报告，开启了中国

企业社会责任报告发展的新篇章。2008年,上海证券交易所发布了《上海证券交易所上市公司环境信息披露指引》,其中第三条鼓励企业及时披露在承担社会责任方面的特色做法及成绩,以及年度社会责任报告。

三、企业社会责任报告披露内容

1.相关法律和指引

2005年修订通过的《中华人民共和国公司法》(自2006年1月1日起施行)明确提出了企业承担社会责任的要求。2006年,《深圳证券交易所上市公司社会责任指引》对企业社会责任作出了详细的定义,并根据定义确定了企业社会责任报告应涵盖的内容,包括五大方向:股东和债权人权益保护,职工权益保护,供应商、客户和消费者权益保护,环境保护与可持续发展,公共关系和社会公益事业。2008年,《上海证券交易所上市公司环境信息披露指引》也对企业社会责任报告的内容提出了要求。企业社会责任报告披露内容的法律和指引依据如表3-1所示。

需要说明的是,表3-1所列的法律和指引针对的是被强制披露社会责任报告的企业。除此之外,还有全球报告倡议组织发布的《可持续发展报告指南》、中国社会科学院发布的《中国企业社会责任报告编制指南》、国际标准化组织发布的《ISO 26000社会责任指南》等指南,供被强制披露社会责任报告的企业和自愿选择披露社会责任报告的企业参考。

表 3-1　企业社会责任报告披露内容的法律和指引依据

法律和指引	相关内容	意义
《中华人民共和国公司法》（2006年起1月1日施行）	第五条"公司从事经营活动，必须遵守法律、行政法规，遵守社会公德、商业道德，诚实守信，接受政府和社会公众的监督，承担社会责任。"	对企业社会责任作出了详细的定义
《深圳证券交易所上市公司社会责任指引》	第二条"……上市公司社会责任是指上市公司对国家和社会的全面发展、自然环境和资源，以及股东、债权人、职工、客户、消费者、供应商、社区等利益相关方所应承担的责任。"	确定企业社会责任报告应涵盖的内容
《上海证券交易所上市公司环境信息披露指引》	要求企业社会责任报告的内容至少应包括以下方面：第一，促进社会可持续发展方面，如员工健康和安全保护、所在社区支持和保护、产品质量把关；第二，促进环境及生态可持续发展方面，如减少对环境的污染、保护自然资源、保证所在区域的居住适宜性和生物多样性；第三，促进经济可持续发展方面，如通过产品及服务创造的客户价值、员工工作机会、股东经济回报。	对企业社会责任报告的内容提出了要求

2.社会责任报告内容示例

根据上述相关法律和指引可知，中国企业社会责任报告目前尚未有标准、统一的格式，企业可以根据自身特点披露社会责任报告，但企业社会责任报告的内容已有相应要求。根据《深圳证券交易所上市公司社会责任指引》提出的要求，本书从相关企业的社会责任报告中选取具有代表性的内容作为示例呈现。

（1）股东和债权人权益保护

该部分内容主要体现企业对投资者应有权益的保护。企业应公平对待所有股东，积极回报股东，保证股东能够充分享受并行使其合法权益。另外，企业应同时兼顾股东利益与债权人利益。

以宁波金田铜业（集团）股份有限公司（以下简称金田铜业）2020年度企业社会责任报告为例，报告中，金田铜业披露了企业投资者关系管理的原则、与投资者的沟通方式，并统计了2020年所举办的投资者关系活动和投资者平台回复数量,以展现对投资者关系管理的高度重视和对投资者权益保护责任的履行。具体见图3-1。

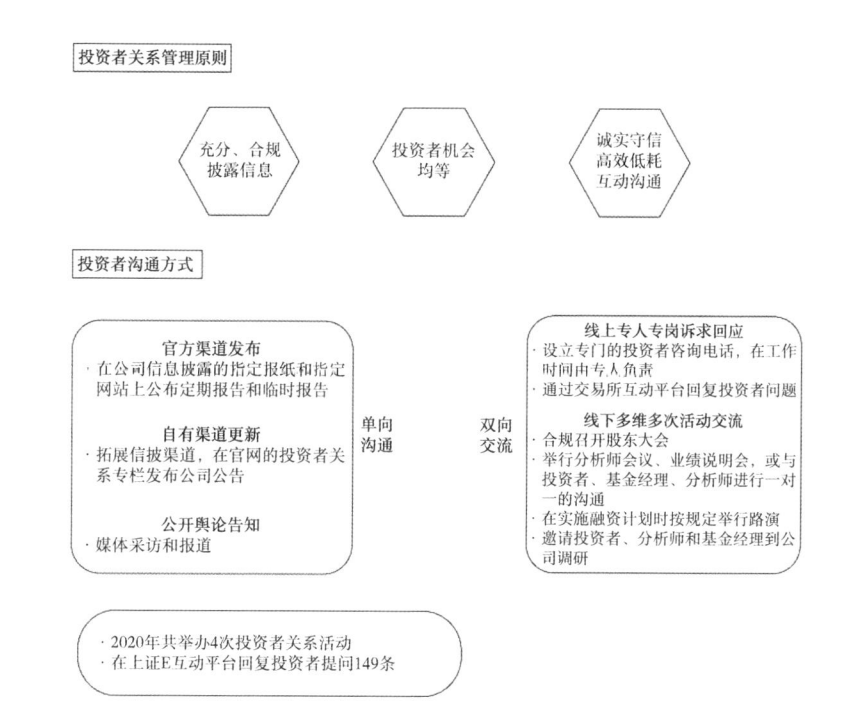

图 3-1 金田铜业社会责任报告中披露的投资者权益保护内容

资料来源:金田铜业 2020 年度企业社会责任报告。

(2)职工权益保护

该部分内容主要体现企业对员工合法权益的保护,包括保障员工依法享有劳动权,保证稳定的劳资关系,建立安全卫生制度和培训制度,等等。

以上海东方明珠股份有限公司(以下简称东方明珠)2020年度企业社会责任报告为例。东方明珠在报告中披露了员工构成、员工培训、员工帮扶、新冠疫情期间员工关怀等活动以体现对员工权益的保护。具体见图3-2。

社会责任信息披露与企业长期竞争力研究

东方明珠2018—2020年全职员工人数和平均年龄

年份	总人数	平均年龄
2018年	5323人	34.3岁
2019年	7609人	36.74岁
2020年	7232人	37.8岁

2020年度东方明珠员工年龄构成

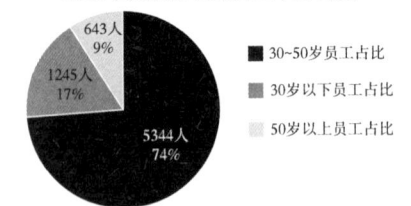

- 30~50岁员工占比：5344人 74%
- 30岁以下员工占比：1245人 17%
- 50岁以上员工占比：643人 9%

男女平等雇佣原则

2020年，公司男性员工占比为59%，女性员工占比为41%，男女比例较均衡；公司管理层中女性占比为8%。

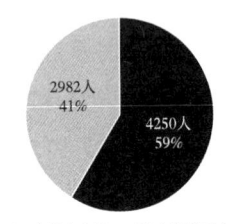

- 男性员工人数和占比：4250人 59%
- 女性员工人数和占比：2982人 41%

高学历人才引进

公司坚持高学历人才引进和科研人才培养，2020年本科学历员工人数占比达53%，硕士研究生以上学历员工人数占比为7%。

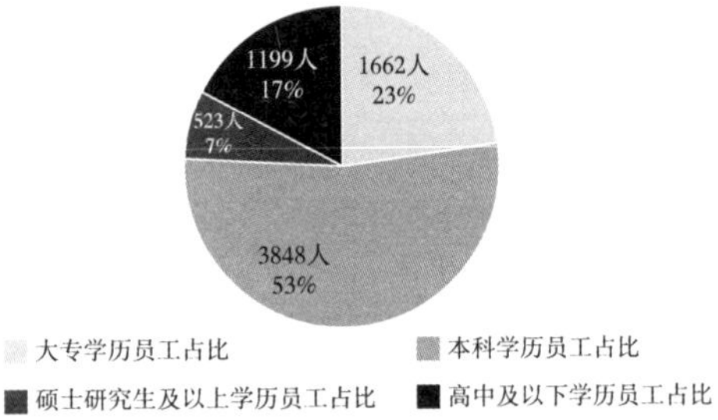

- 大专学历员工占比：1662人 23%
- 本科学历员工占比：3848人 53%
- 硕士研究生及以上学历员工占比：523人 7%
- 高中及以下学历员工占比：1199人 17%

新冠疫情期间员工关怀

- 防疫专项资金 222.66万元
- 联系采购口罩10.5万个
- 2020年春节期间下基层慰问11个单位，慰问一线坚守岗位职工892人次
- 东方明珠职工之家自1月31日起微信推送反映职工疫情防控、复工复产动态专刊17期

2020年东方明珠培训情况

- 592次员工培训
- 累计2504小时
- 参与人次：26183人次
- 共计148672培训人时
- 平均每位员工全年在职学习31.6小时
- 员工满意度高达85%

图3-2　东方明珠社会责任报告中披露的员工权益保护内容

资料来源：东方明珠2020年度企业社会责任报告。

第三章 制度背景分析

(3)供应商、客户和消费者权益保护

该部分内容主要体现企业对供应商、客户和消费者的诚信度，为其提供商品和服务的安全性，与客户、供应商往来的商业道德，以及对供应商、客户和消费者信息的妥善保存。

以山鹰国际控股股份公司(以下简称山鹰国际)2020年度企业社会责任报告为例，山鹰国际在报告中披露了产品销售服务情况、客户服务体系以及客户沟通工作，充分体现了企业践行以客户为中心的理念。具体见图3-3。

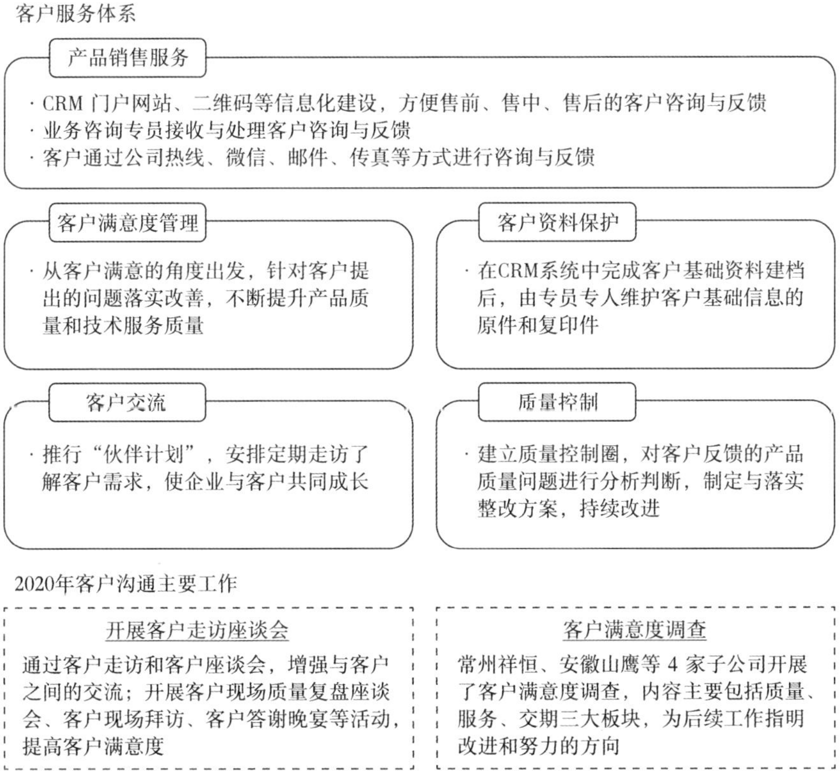

客户服务体系

产品销售服务
- CRM门户网站、二维码等信息化建设，方便售前、售中、售后的客户咨询与反馈
- 业务咨询专员接收与处理客户咨询与反馈
- 客户通过公司热线、微信、邮件、传真等方式进行咨询与反馈

客户满意度管理
- 从客户满意的角度出发，针对客户提出的问题落实改善，不断提升产品质量和技术服务质量

客户资料保护
- 在CRM系统中完成客户基础资料建档后，由专员专人维护客户基础信息的原件和复印件

客户交流
- 推行"伙伴计划"，安排定期走访了解客户需求，使企业与客户共同成长

质量控制
- 建立质量控制圈，对客户反馈的产品质量问题进行分析判断，制定与落实整改方案，持续改进

2020年客户沟通主要工作

开展客户走访座谈会
通过客户走访和客户座谈会，增强与客户之间的交流；开展客户现场质量复盘座谈会、客户现场拜访、客户答谢晚宴等活动，提高客户满意度

客户满意度调查
常州祥恒、安徽山鹰等4家子公司开展了客户满意度调查，内容主要包括质量、服务、交期三大板块，为后续工作指明改进和努力的方向

图3-3 山鹰国际社会责任报告中披露的客户关系维护内容

资料来源：山鹰国际2020年度企业社会责任报告。

55

(4)环境保护与可持续发展

该部分内容主要体现企业是否制定合理的环境保护政策以减少资源消耗与环境污染,以及为环境可持续发展所作出的贡献。

同样以山鹰国际2020年度企业社会责任报告为例,山鹰国际在报告中披露了2020年的环境管理绩效,通过统计公司生产运营活动中使用的能源、水资源、原材料情况,以及废气、废水、废弃物等的排放量,体现企业的绿色化水平和"绿色制造"发展战略。具体见图3-4。

水资源		能源	
用水总量	4950 万吨	用电总量	2543428 兆瓦时
其中,地表水采水	4814 万吨	单位产品用电量	495 千瓦时/吨产品
外购自来水	85 万吨	用煤总量	1919974 吨
收集储存雨水	50 万吨	单位产品用煤量	0.37 吨/吨产品
单位产品用水量	10 吨/吨产品	天然气消耗总量	1045097 立方米
原材料		单位产品天然气消耗量	0.20 立方米/吨产品
造纸:再生纤维、盐酸与氢氧化钠等		蒸汽消耗总量	6192958 吨
包装:原纸、淀粉、油墨等		单位产品蒸汽消耗量	1.21 吨/吨产品
废弃物		**废气**	
危险废弃物排放	4114 吨	废气物排放	1659488 万立方米
单位产品危险废弃物排放	8 吨/万吨产品	氮氧化物(NO_x)排放量	841 吨
一般废弃物总量	984650 吨	二氧化硫(SO_2)排放量	294 吨
单位产品一般废弃物排放	1917 吨/万吨产品	烟尘排放量	38 吨
温室气体		**废水**	
工业废水排放	5738092 吨CO_2当量	工业废水排放	32922921 立方米
其中:化学需氧量排放	11172 吨CO_2当量/万吨产品	其中:化学需氧量排放	1341 吨
		氨氮(NH_3-N)排放	72 吨

图 3-4 山鹰国际社会责任报告中披露的环境管理绩效

资料来源:山鹰国际2020年企业社会责任报告。

第三章 制度背景分析

（5）公共关系和社会公益事业

该部分内容主要体现企业在经营中是否考虑所在社区的利益，是否积极参加所在社区的社会公益活动以促进当地发展，以及是否主动接受当地政府、社会公众的监督。

以金田铜业2020年度企业社会责任报告为例，金田铜业披露了该年献血的员工人数和福利院慰问的活动情况，同时，在2020年新冠疫情的背景下，通过披露企业投身抗疫工作的信息，体现公司积极履行企业社会责任的表现。具体见图3-5。

金田铜业始终把振兴祖国、回馈社会、造福于民作为自己的立厂兴业报国之本，把慈善公益事业作为回报社会的抓手，坚持做好助残帮困、助学筑梦、抗疫救灾、精准扶贫等公益工作。

· 2020年，公司员工参加无偿献血的有96人
· 抗击新冠疫情志愿者 50 人
· 在恩美福利院开展慰问服务活动的团员青年达20人

抗疫救灾，伸出援助之手

2020年，新冠疫情暴发，公司快速响应，第一时间成立疫情防控工作领导小组，起草新冠疫情突发事件现场应急处置方案，开展抗疫防疫工作。

制度保障
· 坚强核心：设立以总裁楼城为总指挥的疫情防控应急指挥部
· 制度明确：发布相关制度性文件，指导企业抗疫防疫
· 责任明晰：建立责任人清单和公共区域防疫消毒责任机制，对厂区实施全流程、全方位、全覆盖管理

生活保障
· 安全检测：开展日常体温检测及场所消毒工作，并聘请专业机构开展核酸检测
· 生活补助：发放防疫现金补助，同时为有需要的员工提供专业上门理发服务
· 餐饮供应：提供便民购菜服务，组织配送新鲜菜品及生鲜肉类，并在公司食堂推出员工订餐服务

物资保障
· 高效采购：确保防、消用品和药品采购渠道，保障后勤物资充裕和防、消工作到位
· 持续供给：为每位员工发放口罩，并提供消毒液等防疫物资

宣传教育
· 知识普及：制作并张贴防疫相关宣传海报
· 政策宣贯：在生产单位班组会议中宣贯公司各项防疫政策及要求
· 重点提醒：结合《疫情期间部分公共区域管理细则》制作卫生间与吸烟室防疫提示牌

图3-5 金田铜业社会责任报告中披露的社会公益活动

资料来源：金田铜业2020年度企业社会责任报告。

四、企业社会责任报告的披露成本

企业社会责任报告的披露工作有一系列流程,其中,以下几个方面较为关键。

第一,成立社会责任专项小组。社会责任报告披露的信息涉及多个部门的工作成果(如治理责任、环境责任、社会责任),因此在编制社会责任报告之前,企业往往需要组建社会责任报告专项小组。例如,东方明珠2016年成立社会责任专项小组,专门负责持续推进企业社会责任报告的编写,使披露的信息能够更加准确、直观。通常,专项小组由董事会办公室负责统筹,保证企业各职能部门积极上报相关数据和资料,并及时与董事会沟通。

第二,识别利益相关者的诉求。编制社会责任报告时,需要确定实质性议题,即利益相关者最关注的期望和需求。在这一过程中,企业需要确定利益相关者,并根据其影响程度确定重要的利益相关方,与各个利益相关者沟通,总结其对公司的期望与诉求,然后对这些需求进行实质性评估,在社会责任报告中阐述。以厦门建发股份有限公司(以下简称建发股份)为例,其在2019年度社会责任报告中清晰地展示了与各利益相关者沟通得到的期望与诉求(见图3-6)。

第三,社会责任绩效指标构建与数据整合。编制社会责任报告时,需要将定性数据与定量数据相结合。除了定性的描述,企业还需要根据公司业务和所属行业特征构建相应的绩效指标。例如,环境绩效指标可能涉及用水量、能源消耗量、废弃物排放量等(见图3-4);员工责任绩效指标可能涉及员工构成比例、学历占比、培训情况统计等(见图3-2);政府责任绩效指标可能包括纳税总额、企业捐赠情况、每股社会贡献值等。

第三章 制度背景分析

利益相关方	期望与诉求	沟通与回应
客户	客户服务品质 产品质量 客户信息安全 客户权益保障	• "LIFT"差异化供应链服务 • 践行"钻石"品牌理念 • 科学调控，保障服务稳定与安全 • 完善客户数据保密相关制度 • 合规营销，建立便捷的供应链运营网络
员工	职业发展平台 薪酬与福利 健康安全的工作环境 倾听员工心声	• 完善的职业晋升机制 • 有竞争力的薪资与福利保障 • 落实健康安全管理体系 • 平等沟通与申诉机制 • 提高盈利能力
股东与投资者	投资回报 权益保护 企业透明度	• 保持现金分红政策 • 召开股东大会 • 日常信息披露 • 优化内控与风险管理
供应商与合作伙伴	诚信合作 信息分享 合作共赢 商业道德与信誉	• 建立供应商管理制度 • 促进日常沟通 • 开展项目合作 • 依法履行合同、供应商评估
政府与监管机构	合规经营 响应国家号召 支持地方发展	• 按时足额纳税、反贪污管理 • 积极落实相关政策 • 主动承担社会责任
社会与公众	支持社会公益 保护自然环境 促进社会进步	• 投身慈善事业 • 坚持绿色运营 • 共享发展成果

图 3-6　建发股份社会责任报告中利益相关者沟通部分

资料来源：建发股份 2019 年度企业社会责任报告。

第四,专项小组汇总收集的信息,进行整理、筛选和编制。与财务报告不同,企业社会责任报告的编制并没有统一的格式,具有较大的灵活性,企业需要进行合理的排版,使社会责任报告更具可视性。

从上述社会责任报告编制流程重点可以看出,企业进行社会责任信息披露具有重要意义。对内来看,企业社会责任报告的编制过程实际上是企业对自身经营的梳理过程,这一过程有助于企业根据现有的多方面信息进行反思,加强公司内部管理,提早识别潜在的风险,明确发展战略,实现效益最大化。对外来看,目前社会责任治理因素已成为投资者、基金经理、金融机构在进行投资决策时会考虑的重要因素。财务信息主要呈现企业的经营绩效,而社会责任信息则从更高层面展现企业的社会责任履行情况和可持续发展能力,有助于引导投资者进行价值评估和长期投资。

第二节 企业社会责任报告强制披露的政策背景

一、社会责任报告强制披露政策颁布

2008年12月31日,上海证券交易所发布了《上海证券交易所关于做好上市公司2008年年度报告工作的通知》,其中第十条规定:"在本所上市的'上证公司治理板块'样本公司、发行境外上市外资股的公司及金融类公司,应在2008年年报披露的同时披露公司履行社会责任的报告。"深交所发布了《深圳证券交易所关于做好上市公司2008年年度报告工作的通知》,其中第十一条提出了类似的规定:"纳入'深证100

指数'的上市公司应当按照本所《上市公司社会责任指引》的规定,……披露社会责任报告。"而且,深交所关于报告内容有明确的要求,包括股东和债权人权益保护,职工权益保护,供应商、客户和消费者权益保护,环境保护与可持续发展,以及公共关系和社会公益事业五大方面。

由于上海证券交易所和深圳证券交易所每年会分别对"上证公司治理板块"样本公司与"深证100指数"公司进行至少一次的调整,不同企业被强制披露的时间不统一。根据《上证公司治理板块评选办法》[①],每年入选"上证公司治理板块"的公司,是由上证公司治理特别评议单位根据一套公司治理评分指标进行评议然后决定的;根据《深证100指数编制方案》[②],公司是否进入"深证100指数"是根据公司过去一段时期(一般为评选当月前6个月的)的平均流通市值与平均成交金额来决定的(具体规定参见本节第二部分)。如果公司需要操纵加入板块(或指数),那么需要付出很大的成本来操纵流通市值或者公司治理结构;如果公司需要操纵退出这两个板块(或指数),则需要抑制公司未来市值的增长和公司治理的改善。因此,本书认为,企业进入板块(或指数)从而被强制披露社会责任报告是相对外生的,即企业不大可能进行上述高成本的操纵,这提供了合适的研究社会责任信息披露的外生实验场景。此外,由于公司被纳入板块(或指数)是发生在不同年份的,意味着不同公司被强制披露社会责任报告的年份不同,这有利于在后文的实证检验中构建多期双重差分模型。

[①] 上海证券报.关于发布《上证公司治理板块评选办法》的通知[EB/OL].[2023-03-05].http://finance.sina.com.cn/stock/t/20071009/02201705370.shtml.

[②] 指数编制方案[EB/OL].[2023-03-05].https://www.szse.cn/marketServices/message/index/project/index.html.

二、被强制披露社会责任报告的样本企业

由于被强制披露社会责任报告的企业为"上证公司治理板块"样本公司或"深证100指数"公司,下面具体介绍两类样本企业的评选制度。

1.《上证公司治理板块评选办法》

2007年,随着资本市场的快速发展和机构投资者队伍的不断壮大,市场参与者对公司治理的要求逐步提高,中国证券监督管理委员会发起了上市公司治理专项活动来推动公司治理水平的提升。为了与该项治理活动相呼应,中证指数公司在上海证券交易所的支持下,将公司治理情况改善良好的上市公司纳入"公司治理板块",形成"上证公司治理板块"。根据《上证公司治理板块评选办法》,目前的评议方案如下。

上证公司治理板块的评选单位由证券公司、基金管理公司、保险公司、评级机构和专门研究机构等上证公司治理特别评议单位组成,对上市公司治理情况进行评议。同时,成立公司治理板块评选专家咨询委员会,对评选方法、评选过程和评选结果进行审议。在公司治理板块评选专家咨询委员会评议的基础上,筛选出公司治理情况优良的上市公司,纳入"公司治理板块"。此外,公司治理板块每年重新评选一次,时间为每年的5—6月。中证指数公司根据重新评选的结果,于每年7月初对上证公司治理板块进行调整。在指数运行期间,不符合公司治理板块条件的企业会被剔除。

2.《深证100指数编制方案》

"深证100指数"是中国证券市场第一只定位于投资功能和代表多层次市场体系的指数,它以深圳市场全部正常交易的股票(包括中小企业板)作为选样范围,选取100只A股作为样本编制成份股指数,并保

证中小企业成份股数量不少于10只,属于描述深圳证券交易所多层次市场指数体系的核心指数。"深证100指数"的功能定位在于向市场投资者(特别是机构投资者)提供客观的投资业绩基准和指数化投资标的。"深证100指数"于2002年12月16日首次推出,其编制方案经过三次修订:2005年11月第一次修订,2009年7月第二次修订,2019年2月第三次修订。根据《深证100指数编制方案》,目前的编制方案如下。

入围"深证100指数"的企业均为在深圳证券交易所上市交易的A股,且需满足如下三个条件:第一,具有一定上市交易时间(通常为6个月);第二,非ST(special treatment,特别处理)、PT(particular transfer,特别转让)股票;第三,公司最近一年不存在重大违规,且财务报告不存在重大问题;第四,一段时期内股票价格不存在异常波动。其样本选样指标为一段时期(通常为前6个月)的平均流通市值比重和平均成交金额比重。选取样本时先计算入围的个股平均流通市值占市场比重和平均成交金额占市场比重,再将上述指标按照2∶1的权重进行加权平均,然后将计算结果从高到低排序,选取排名在前100名的股票,构成"深证100指数"初始成份股。成份股在每年5月和11月进行定期调整。定期调整的方法是先对入围股票进行综合排名,再按如下原则进行选股:第一,排名在第130名之前的原成份股按顺序优先保留,数量不超过90只;第二,排名在第70名之前的非原成份股股票按顺序入选成份股;第三,按原成份股优先的原则,用剩余股票补足成份股数量;第四,成份股中的中小企业板股票数量不足10只时,按相同的选股和调整原则补足至10只。

三、政策实施概况

表3-2统计了2008—2018年被强制披露社会责任报告的企业数

量。从中可以看出,不同企业可能在不同的年份被强制披露社会责任报告。最重要的是,企业是否进入"上证公司治理板块"或者"深证100指数"分别取决于上证公司治理特别评议单位的评审结果,以及公司过去一段时期的平均流通市值与平均成交金额,这是具有相对外生性的,有利于本书构建多期双重差分模型。表 3-3 为 2008—2018 年被强制披露社会责任报告企业的行业分布统计结果。由表中数据可知,被强制披露社会责任报告企业的所属行业最多的是制造业,占比达到49.01%,其次为交通运输、仓储和邮政业,再次为金融业和房地产业,占比分别为8.67%、7.28%、7%。

表 3-2　2008—2018 年被强制披露社会责任报告的企业数量统计结果

年份/年	被强制披露 CSR 报告的公司数量/家	该年首次被强制披露 CSR 报告的公司数量/家
2008	320	320
2009	333	16
2010	334	14
2011	362	37
2012	378	32
2013	407	39
2014	417	28
2015	431	32
2016	428	23
2017	414	17
2018	402	34

表 3-3　2008—2018年被强制披露社会责任报告企业的行业分布统计结果

行业分类	占比/%
农、林、牧、渔业	0.81
采矿业	4.89
制造业	49.01
电力、热力、燃气及水生产和供应业	6.23
建筑业	3.50
批发和零售业	3.28
交通运输、仓储和邮政业	8.67
住宿和餐饮业	0.26
信息传输、软件和信息技术服务业	3.95
金融业	7.28
房地产业	7.00
租赁和商务服务业	0.72
科学研究和技术服务业	0.22
水利、环境和公共设施管理业	0.74
居民服务、修理和其他服务业	0.10
卫生和社会工作	0.17
文化、体育和娱乐业	1.37
综合	1.80

第四章 社会责任信息强制披露与企业融资能力

第一节 问题提出

企业融资是企业投资活动最根本的来源,因为投资活动需要大量的资金投入,如果企业具备融资优势,那么企业投资活动将会获得有利的资金支持,因此融资能力的提高是企业提升投资绩效的关键。企业信息披露对融资成本的影响是资本市场研究的重要课题(例如:Diamond et al.,1991;Botosan et al.,2002;汪炜 等,2004;曾颖 等,2006)。现有文献对于二者关系的探讨大多基于财务信息,而社会责任信息作为重要的非财务信息之一,其披露是否会影响企业的融资能力?在中国的制度背景下,企业被强制披露社会责任信息究竟是为了迎合监管要求(迎合效应)还是为了真正将社会责任理念付诸实践(倒逼效应)?这是本章试图研究的问题。

已有文献对社会责任信息披露所产生的良性经济后果展开了诸多探讨,例如社会责任信息披露提高财务绩效(Pham et al.,2020)、降低权益资本成本(Dhaliwal et al.,2014;李姝 等,2013)、降低信息不对称程度(Hung et al.,2013)、降低融资约束程度(何贤杰 等,2012)、提升公司声誉(沈洪涛 等,2011)。与此同时,社会责任信息披露的不良后果也被相应挖掘,例如社会责任信息披露会以牺牲股东利益为代价损害公司绩效(Chen et al.,2018)。这一系列研究说明,关于社会责任信息披露的经济后果的评价需要从多维度进行检验。虽然现有文献对社会责任信息披露与资本成本(Dhaliwal et al.,2011,2012,2014;李姝 等,2013;肖翔 等,2019)、融资约束(钱明 等,2016)的关系展开讨论,但这些研究的结果还有待进一步佐证及发展,理由如下。

第一,基于社会责任报告数据评分度量社会责任信息披露的合理性存疑。

一方面,由于现有法规尚未要求第三方机构审验社会责任报告,因此社会责任报告数据的可比性、可靠性及可信度值得怀疑,且企业可能存在机会主义行为,这会影响报告的可信度(Dhaliwal et al.,2011)。2008年以前,中国上市公司披露社会责任报告是自愿行为。从2008年开始,才有一部分企业被强制披露社会责任报告,但社会责任报告没有被强制要求进行审验,这就导致现实中一些上市公司敷衍了事,套用公司以往的或者其他公司的社会责任报告(田利辉 等,2017)。另外,Piotroski等(2015)也认为,法制执行不力和"报喜不报忧"的思想也影响着中国企业社会责任报告的具体内容。在社会责任报告的真实性和可靠性难以得到保证的情况下,第二方评级机构(例如润灵环球咨询公司)基于这样的基础数据来编制社会责任报告评价指数,未必能够反映企业社会责任的披露效果。况且,Christensen等(2022)的研究指出,环境、社会、治理信息披露越多,越可能造成评级机构分歧。

另一方面,评级机构对于企业社会责任报告的评分衡量的是企业在社会责任行为方面的表现情况,而非社会责任信息披露效果。因此,以第三方评级机构对企业社会责任报告的评分结果作为企业社会责任信息披露效果的衡量指标(例如:李姝 等,2013;Gong et al.,2018),其准确性和严谨性有待商榷,社会责任信息披露的真实效应更需要实证检验。

第二,关于企业社会责任及其披露行为与资本成本的讨论,在不同国家背景下可能得出不一致的结论。例如,Ghou 等(2011)基于美国样本数据的研究发现,社会责任表现越好的企业股权融资成本越低;Reverte(2012)使用西班牙上市公司的数据研究发现,社会责任报告评分越高的企业股权资本成本越低;Yeh 等(2020)基于中国背景的研究发现,企业社会责任表现与股权资本成本正相关,可能的原因在于中国企业履行社会责任更多是为了"迎合"相关要求。由此可以看出,在为数不多的研究中,学者们基于不同的背景所得出的研究结论截然相反,这些不一致的结论可能使得社会责任信息披露与融资成本的关系变得不明朗。更重要的是,Dhaliwal 等(2014)指出,社会责任信息披露效果取决于国家法律制度和公共意识。而相比于发达国家,中国的社会责任披露法规与制度还处在发展阶段(Gong et al.,2018)。因此,现有文献研究结论的适用范围存疑,中国上市公司的社会责任信息披露行为与融资成本之间的关系还需要进一步探究。

第三,社会责任披露行为与资本成本的关系存在内生性问题。Dhaliwal 等(2011)基于自愿披露社会责任报告的企业样本,发现降低股权资本成本是企业进行社会责任披露的动机,股权资本成本越高的企业越可能披露社会责任活动,而对于此类披露社会责任活动的企业,如果他们的社会责任表现越好,将有利于其降低权益资本成本。肖翔等(2019)也发现,较高的融资成本能够促使企业主动披露社会责任信息。由此可以看出,企业社会责任信息披露与融资成本间存在明显的反向因果关系:融资能力强的企业有充足的资金投入社会责任活动中并进行披露,社会责任表现好的企业更有可能获得低的融资成本。那么,究竟是自身融资能力强的企业更有动力去投入社会责任活动并进行披露,还是企业承担社会责任并进行披露促使企业的融资能力提高?探究企业社会责任信息披露与融资成本之间的反向因果关系是研究的挑战之一。此外,因公司异质性产生的难以观测的因素可能同时影响企业社会责任信息披露行为与企业融资行为,因此,研究可能还存在遗漏变量问题。

基于上述原因,本章希望在中国的背景下,通过有效的实证设计,进一步检验社会责任信息披露对企业融资能力的直接效应与因果效应,解决其中的内生性问题,对前人的研究进行完善和拓展。

为了检验这一问题,本章以2008—2013年首次进入被强制披露社会责任报告名单的A股上市公司作为受事件影响公司的初始样本,考察了2005—2016年这一期间,被强制披露社会责任报告的前后3年内企业融资能力的变化。基于配对后的318对实验组和控制组企业样本,本章采用时间错列的双重差分(staggered difference-in-differences, staggered DID)方法检验企业被强制披露社会责任报告这一事件对企业融资能力的影响。实证检验发现:被强制披露社会责任报告的企业在事件发生后,融资成本显著下降,融资额有了显著增加,即社会责任信息强制披露对企业融资能力存在提升作用。

进一步地,本章分两个步骤来检验强制披露社会责任报告影响企业融资能力的途径:第一,如果社会责任信息强制披露具有"倒逼效应",那么企业被强制披露社会责任报告后会具有实质性的社会责任履行成效,本章证实了社会责任信息强制披露能够改善被强制披露企业的社会责任表现。第二,本章验证了社会责任信息强制披露能够减少代理问题、降低企业风险、提高信息透明度、增强企业合法性,且上述机制能够解释社会责任信息强制披露对企业融资能力的影响效应。第三,本章进行公司层面以及地区层面的异质性检验,发现只有企业具有实质性的社会责任履行成效时,社会责任报告强制披露才能使企业融资成本降低、融资额提高。同时,社会责任报告强制披露更有助于非国有企业以及资本密集程度较高、客户集中度较低、所处制度环境较好的企业实现融资成本的降低和融资额的提高。

本章研究的贡献如下。

第一,本章研究是对社会责任披露经济后果这一研究领域的完善与补充。一方面,已有文献对社会责任信息披露所产生的良性经济后果展开了诸多探讨,例如Dhaliwal等(2014)、李姝等(2013)发现社会责任信息披露降低了权益资本,Hung等(2013)发现社会责任信息披露能够降低信息不对称程度,何贤杰等(2012)发现社会责任信息披露会降低企业的融资约束程度,沈洪涛等(2011)发现社会责任信息披露能够提高公司声誉。与此同时,社会责任信息披露的不良后果也被相应挖掘,例如Chen等(2018)发现社会责任披露会以牺牲股东利益为代价损害公司绩效。然而,如前文所述,社会责任信息披露与公司融资行为的关系研究仍存在众多疑问和有待解决的问题(度量偏差、研究范围、反向因果等问题)。本章通过有效的实证设计,深入分析社会责任信息强制披露的真实效应,从而完善相关研究。另一方面,本章的研究重点在于识别社会责任信息披露对企业融资能力的因果效应,因此本章基于企业被强制披露社会责任报告这一外生冲击事件,而非社会责任自愿性披露(如Dhaliwal et al.,2011,2012,2014)、社会责任评分(何贤杰等,2012;Gong et al.,2018)或环境、社会、治理披露评分(Pham et al.,2020),且根据不同企业、不同事件冲击的年份,采用时间错列的DID模型[有别于 Chen 等(2018)、田利辉和王可第(2017)]来度量企业社会责任披露行为,从而避免了以往社会责任披露度量方式的局限性,解决了内生性问题,在一定程度上丰富了该领域实证研究的度量方法。

第二,本章拓展了信息披露与企业融资的相关研究。企业信息披露与融资成本的影响是资本市场研究的重要课题,例如:Diamond 和 Verrecchia(1991)发现通过公开信息来减少信息不对称情况,可以降低企业的资本成本;曾颖和陆正飞(2006)、汪炜和蒋高峰(2004)均发现中国上市公司的信息披露质量有助于降低企业股权融资成本;而 Botosan 和 Plumlee(2002)则发现资本成本与年报披露水平呈负相关,与及时披露(timely disclosure)水平呈正相关。然而,这些文献对于二者关系的探讨大多是基于财务信息。有别于前人的研究,本章基于社会责任信息披露这一非财务信息披露行为,发现社会责任信息强制披露能够提高企业的融资能力,并探讨了社会责任信息强制披露对企业融资能力的影响机制,从而对该领域研究进行了完善和补充。

第三,本章的研究是对中国社会责任报告强制披露政策的有效评估。社会责任报告强制披露是中国信息披露政策的重要制度变迁,本章的研究结论揭示了社会责任信息强制披露的"倒逼效应",证实其能够促使企业履行社会责任,并有助于企业优化融资环境、提升企业价值,为监管部门制定和完善企业社会责任履行和披露的相关政策、法规提供决策依据和参考,同时也能够帮助投资者正确认识和理解社会责任及其披露行为与公司融资行为之间的关系,从而进行有效的资产配置。

第二节 理论分析与假设提出

一、社会责任信息强制披露的"迎合效应"

社会责任报告强制披露政策可能激发管理者的短视行为,导致社会责任信息披露沦为企业粉饰不良行为或者建立良好公众形象以迎合法规要求的"工具性"行为。这一行为可能增加企业的融资成本,降低企业的融资能力。

具体而言,首先,有研究表明,掩盖管理层的不道德行为是企业从事社会责任活动的动机之一(Hemingway et al., 2004)。CEO通过捐赠与独董建立物质关系(Cai et al., 2021),且社会责任信息披露在中国股价崩盘风险中表现为掩饰效应(田利辉 等,2017),会牺牲股东利益从而降低企业的收益率(Chen et al., 2018)。因此,如果社会责任披露被视为企业的一种"工具性"掩盖行为,投资者的投资动机可能降低,即使投资了也可能要求更高的投资回报率。其次,Yeh 等(2020)认为,企业投资社会责任活动只是为了遵守规定,这类活动高成本与高风险的特点使得投资者的预期收益提高,会要求更高的投资溢价,从而增加权益资本成本。因此,社会责任报告强制披露政策可能产生"迎合效应",使得社会责任信息披露仅仅是企业为了迎合法规所做出的行为,这一迎合行为成本较高,导致投资者有更高的期望收益,企业将更不容易获得低成本的融资。根据上述分析,提出以下假设:

假设4-1a：社会责任信息强制披露会提高企业的融资成本，降低企业的融资能力。

二、社会责任信息强制披露的"倒逼效应"

通过强制企业披露相关信息以实现监管目的是强制披露类政策实施的初衷。Rauter(2020)通过检验强制性提取付款披露法规的实施效果，发现能够达到预期的监管目的。Chuk(2013)的研究证实了企业会根据信息强制披露标准改变自身的企业行为。Gelb和Strawser(2001)也指出，社会责任信息披露程度越高，企业财务和社会责任表现越好。这说明社会责任报告强制披露政策也可能具有"倒逼效应"。如果社会责任信息强制披露倒逼企业履行社会责任，就可能从以下四个方面降低企业的融资成本，提升企业的融资能力。

第一，减少企业的代理问题。社会责任信息强制披露对企业的代理问题可能有直接和间接的影响。一方面，Cheng等(2014)指出，企业获得融资取决于两个因素：较低的代理成本和较高的信息透明度。从代理问题来看，企业履行社会责任，能够为利益相关者创造价值，降低代理成本，进而有利于企业获得外部融资。另一方面，Hope和Thomas(2008)发现，强制性的信息披露政策具有监督管理者、降低代理成本的作用，说明强制披露政策本身也可能直接使得企业的代理问题减少。

第二，社会责任性投资活动往往风险较小，从而降低投资者的投资收益预期，有助于扩大企业融资。从投资活动的风险角度来看，Aras和Crowther(2009)指出，投资者往往认为有利于可持续发展的投资项目的风险比一般项目低；Mishra和Modi(2013)发现，积极的社会责任活动能够使企业异质性风险降低；Ghoul等(2011)的研究发现，企业参与"罪恶"行业(烟草与核能行业)会增加企业的权益成本,而具有社会责任感的企业往往投资于高价值、低风险的项目,因此融资成本更低。这些文献均表明,社会责任类型的投资活动风险较小,而社会责任信息强制披露产生的"倒逼效应"可能使企业主动投入更多社会责任活动,这将使得投资者要求的投资回报降低,进而有利于企业扩大融资。

第三,从信息传递的角度考虑,社会责任信息披露是非财务信息披露的重要组成部分,对于评估企业价值具有重要的揭示作用,它能够反映企业的社会责任业绩,降低企业与投资者之间的信息不对称程度(Dhaliwal et al.,2014)。Francis 等(2005)发现,企业财务透明度会影响权益资本成本。因此,强制性的社会责任信息披露能够让更多的投资者对企业进行监督,使企业尽量避免陷入财务违约的风险中,使得债权人更愿意提供债务资本,也能够使股东掌握更多公司信息。投资者提供资本的意愿越强,企业获得的融资越多。

第四,企业履行社会责任是追求合法性的体现,能够增强投资者的投资信心。企业履行社会责任能够满足利益相关者的期望,从而获得存在的合法性(冯丽艳,2017)。这种潜在的对合法性的遵守既是对企业的隐形约束,又能够体现企业对利益相关者承诺的履行,给外部投资者带来一定的投资信心。基于上述分析,提出以下备择假设:

假设 4-1b:社会责任信息强制披露会降低企业的融资成本,提升企业的融资能力。

第三节 研究设计

一、样本选择与数据来源

上海证券交易所和深圳证券交易所关于强制披露社会责任报告的规定于2008年12月31日颁布,具体规定已在前文阐述。由相关规定可知,2008年以后,每年都有一小部分新企业进入和一小部分企业退出被强制披露社会责任报告的企业名单。本章以2008—2013年首次进入被强制披露社会责任报告名单的企业作为受事件影响企业的初始样本,并根据如下标准筛选样本:(1)由于外资股面临不同的监管与市场交易制度,而金融类企业的报表存在特殊性,因此本章的样本企业仅包含"上证公司治理板块"企业以及"深证100指数"企业;(2)为了检验社会责任报告强制披露事件对事件发生前后3年企业融资能力的影响,选择的企业在首次被强制披露社会责任报告之后的3年内均没有因退出"上证公司治理板块"或"深证100指数"而退出被强制披露的企业名单;(3)每家企业在事件发生前后至少1年内不存在关键研究变量的缺失;(4)剔除金融行业企业、公共事业行业企业、退市企业、ST企业。最后,得到2008—2013年首次进入被强制披露社会责任报告名单的企业共318家。由于DID检验需考察事件发生前后3年的观测值,因此总样本期间为2005—2016年。

本章使用的融资数据来自CSMAR数据库中的财务报表,研究所需的财务指标、公司特征、行业特征和公司治理数据来自CSMAR数据库和中国研究数据服务平台(CNRDS),各年被强制披露社会责任报告企业的调整名单的初始数据来自上海证券交易所和深圳证券交易所公告,企业社会责任评分数据来自和讯网[①],市场化数据来源于历年的《中国市场化指数报告》。

二、变量构建

1.融资成本

融资成本(WACC)为公司的加权平均资本成本,具体计算方法如下。

首先,参照 Gebhardt 等(2001),根据以下公式贴现计算得到公司的股权资本成本(COEC):

$$P_t = B_t + \sum_{i=1}^{\infty} \frac{(\text{ROE}_{t+i} - \text{COEC})B_{t+i-1}}{(1+\text{COEC})^i} \qquad (4\text{-}1)$$

其中:P_t 为第 t 期的股票价格,B_t 为第 t 期的每股净资产,ROE_{t+i} 为第 $t+i$ 期的净资产收益率。

其次,参照 Pittman 和 Fortin(2004),采用公司 i 在第 t 年的财务费用除以第 t 年的长期负债和短期负债的平均值度量公司的债务资本成本(CODC)。

最后,根据以下等式计算得到公司 i 第 t 年的加权平均资本成本(WACC):

$$\text{加权平均资本成本} = \text{股权资本成本} \times \frac{\text{权益}}{\text{总资产}} + \text{债务资本成本} \times$$

---

① 网页链接:http://www.hexun.com/。

$$\frac{总负债}{总资产} \times (1-所得税税率) \qquad (4\text{-}2)$$

2.融资额

本章从两方面考察企业的融资能力。第一,企业当年的融资增量。参考吴超鹏等(2012),本章采用长期有息债务融资额,即使用公司 i 第 t 年长期借款、应付债券和长期应付款的增加值的和除以年末总资产,来衡量企业当年的融资增量(ΔLIBDebt)。第二,为了使融资指标反映企业融资存量的增加而非资产规模的减少(Bedendo et al.,2020),本章还采用公司 i 第 t 年的有息债务,即短期借款、一年内到期的长期借款、长期借款、应付债券和长期应付款的总和取自然对数,来衡量企业的融资存量[ln(IBDebt)]。

在稳健性检验中,本章还构建了以下三类指标来反映公司的融资能力。第一,参考 Baker 等(2003)、吴超鹏等(2012),采用公司 i 第 t 年账面权益的净增加额减去留存收益的净增加额除以年末总资产,来度量公司的外部权益融资额(ΔEquity)。根据 Baker 等(2003)的定义,外部权益净增加值等于账面权益的净增加值减去留存收益的净增加值。第二,参考 DeHaan 和 Hinloopen(2003),构建债务融资程度虚拟变量(DumΔDebt),若公司 i 在第 t 年的总负债增加额大于第 t 年末总资产的 5%,则取值为 1,否则为 0。第三,参考 DeHaan 和 Hinloopen(2003),构建外部权益融资程度虚拟变量(DumΔEquity),若公司 i 在第 t 年的外部股权融资额大于第 t 年末总资产的 5%,则取值为 1,否则为 0。

3.控制变量

为了控制其他可能影响企业融资能力的因素,借鉴 Dhaliwal 等(2014)的做法,本章在回归模型中加入以下控制变量:公司规模(Size)、即销售收入的自然对数;资产负债率(Leverage),即总负债除以资产总额;现金持有(Cash),等于企业货币资金除以年末总资产;总资产收益率(ROA),即净利润除以资产总额;公司年龄(Age),即公司成立至事件发生当年的年份数;高管持股比例(Management),即高管持股数占公司总股数的比例;账面市值比(BM),即资产总计除以市值;产权性质虚拟变量(SOE),若公司实际控制人为中央和国家机关、中央和地方国有企业、地方国资委、地方政府则取值为1,否则为0。此外,控制变量还包括年份固定效应(Year FE)和公司固定效应(Firm FE)。各变量的定义与描述见表4-1。

表 4-1 变量定义及描述

	变量名称	变量符号	变量定义
关键变量	融资成本	WACC	公司 i 第 t 年的加权平均资本成本
	融资增量	ΔLIBDebt	公司 i 第 t 年长期借款、应付债券和长期应付款的增加值的和除以年末总资产
	融资存量	ln(IBDebt)	公司 i 第 t 年的短期借款、一年内到期的长期借款、长期借款、应付债券和长期应付款的总和取自然对数值
	股权资本成本	COEC	参照GLS模型贴现计算得到的公司 i 在第 t 年的权益资本成本
	债务资本成本	CODC	公司 i 在第 t 年的财务费用除以第 t 年的长期负债和短期负债的平均值
	外部权益融资额	ΔEquity	公司 i 第 t 年外部权益净增加值除以年末总资产
	债务融资程度	DumΔDebt	若公司 i 在第 t 年的总负债增加额大于第 t 年末总资产的5%则取值为1,否则为0
	外部权益融资程度	DumΔEquity	公司 i 在第 t 年的外部股权融资额大于第 t 年末总资产的5%则取值为1,否则为0

续表

	变量名称	变量符号	变量定义
控制变量	公司规模	Size	公司销售收入的自然对数值
	资产负债率	Leverage	总负债除以资产总额
	现金持有	Cash	货币资金除以年末总资产
	总资产收益率/%	ROA	净利润除以资产总额
	公司年龄	Age	公司成立至当年的年份数
	高管持股比例/%	Management	高管持股数占公司总股数的比例
	账面市值比	BM	资产总额除以市值
	产权性质	SOE	若公司实际控制人为中央和国家机关、中央和地方国有企业、地方国资委、地方政府则取值为1，否则为0
	年份固定效应	Year FE	年份虚拟变量
	公司固定效应	Firm FE	公司虚拟变量

4.倾向得分匹配样本筛选过程

本章进而采用倾向得分匹配（propensity score matching，PSM）方法，寻找未被强制披露社会责任报告的公司作为与被强制披露社会责任报告的公司相匹配的控制组样本。对于控制组公司，首先做如下筛选：(1)要求控制组公司在样本期间内均未被纳入强制披露名单；(2)要求每家公司在事件前后至少1年内不存在关键研究变量的缺失；(3)剔除金融行业公司、公共事业行业公司、退市公司、ST公司；(4)剔除自愿披露社会责任报告的企业。其次，为在第 t 年被强制披露社会责任报告的每一家公司配对一家在同一年份、同一行业且倾向得分最接近的未被强制披露社会责任报告的公司。倾向得分匹配采用Logit回归模型，用强制披露前1年（第-1年）的公司特征变量和强制披露前3年（第-3年至第-1年）的融资存量变动情况估计企业进入实验组的概率。具体配对指标包括：公司规模（Size）、资产负债率（Leverage）、现金持有(Cash)、总资产收益率(ROA)、公司年龄(Age)、高管持股比例(Management)、账面市值比(BM)、国有企业虚拟变量产权性质(SOE)。此外,还采用实验组和控制组在事件发生之前融资的变动情况 $\ln(\text{IBDebt})\text{Growth}_{-3\text{ to}-1}$ 来度量两类公司在事件发生之前融资能力的变化趋势。最后,还控制了年份固定效应与行业固定效应。我们采用近邻匹配法,有放回地选择事件发生前一年倾向得分值最接近的公司作为实验组公司的配对样本,最终获得318对实验组和控制组公司,总共636家公司,以及2005—2016年共3713个公司—年度观测值。

表4-2列示了PSM配对结果。A栏报告了PSM前后的回归结果。回归的因变量(Treat)为企业是否进入强制披露组(实验组)。可以看出,配对前,实验组与控制组的公司规模(Size)、总资产收益率(ROA)、总公司年龄(Age)、账面市值比(BM)、国有性质(SOE)以及融资存量变动情况 $\ln(\text{IBDebt})\text{Growth}_{-3\text{ to}-1}$ 特征均有显著差异,而配对后所有系数均不显著,说明PSM过程消除了强制披露前实验组与控制组在公司特征方面的差异。配对后,Pseudo R^2 由44.7%降低至2.5%,χ^2 的 p 值由0上升至0.833,说明配对后样本公司特征对于企业进入实验组可能性的解释力较弱。B栏是事件发生前各公司特征变量的均值差异检验结果,结果进一步说明,配对后实验组与对照组的所有特征变量均不存在显著差异。

表 4-2 PSM 配对结果

A 栏:PSM 前后的回归结果

变量	匹配前 Treat	匹配后 Treat
Size	1.109***	−0.001
	(0.000)	(0.993)
Leverage	−0.737	−0.519
	(0.171)	(0.408)
Cash	0.465	−0.466
	(0.597)	(0.547)
ROA	0.072***	0.018
	(0.000)	(0.441)
Age	−0.073***	0.023
	(0.001)	(0.342)
Management	0.012	0.006
	(0.485)	(0.771)
BM	−2.411***	−0.156
	(0.000)	(0.794)
SOE	0.385**	−0.152
	(0.038)	(0.484)
$\ln(IBDebt)Growth_{-3 \text{ to} -1}$	0.034**	−0.012
	(0.016)	(0.526)
Constant	−23.801***	−0.228
	(0.000)	(0.894)
观测值	2343	636
Pseudo R^2	0.447	0.025
p-value of χ^2	<0.001	0.833
Year FE	控制	控制
Firm FE	控制	控制

续表

B 栏:事件发生前公司特征变量的均值差异检验

	实验组 (1)	控制组 (2)	差值 (1)−(2)	t
Size	22.034	22.156	−0.122	−1.154
Leverage	0.506	0.521	−0.015	−1.049
Cash	0.166	0.170	−0.004	−0.431
ROA	6.576	6.219	0.357	0.901
Age	8.434	8.226	0.208	0.69
Management	0.900	0.833	0.068	0.187
BM	0.529	0.535	−0.006	−0.387
SOE	0.736	0.770	−0.035	−1.011
$\ln(\text{IBDebt})\text{Growth}_{-3\ to\ -1}$	0.757	0.977	−0.220	−0.578

注:(1)***、**、*分别表示在1%、5%、10%的统计水平上显著;(2)括号内数字为 p 值。

三、模型设定

为了识别社会责任信息强制披露对融资能力的因果效应,本章基于不同企业被强制披露社会责任报告这一时间错列的事件冲击,构建了如下交错式的双重差分模型进行实证检验:

$$\text{Fin}_{i,t} = \alpha_0 + \alpha_1 \text{Post}_{i,t} \times \text{Treat}_i + \alpha_2 \text{Post}_{i,t} + \sum \beta_j \text{Controls}_{i,j,t} + \text{Year FE} + \text{Firm FE} + \varepsilon_{i,t} \tag{4-3}$$

其中:模型的因变量 $\text{Fin}_{i,t}$ 为公司 i 第 t 年的融资成本及融资额,分别用加权平均资本成本(WACC)、融资增量($\Delta\text{LIBDebt}$)和融资存量[$\ln(\text{IBDebt})$]表示。Treat_i 表示若公司 i 属于实验组,即被强制披露社会责任报告的公司,则取值为1,反之则属于控制组,取值为0。Post 定义为:对于实验组公司,若公司一年度观测值在公司被强制披露社会责任报告之后则取值为1,反之则为0;对于控制组公司,若公司一年度观测值在其所匹配的实验组公司被强制披露社会责任报告之后取值为1,否则为0。在回归分析中,剔除事件发生当年($t=0$)的观测值,因为事件发生当年观测值归入事件发生前或后都不合适。Controls是一组可能影响企业融资能力的控制变量,包括公司规模(Size)、资产负债率(Leverage)、现金持有(Cash)、总资产收益率(ROA)、公司年龄(Age)、高管持股比例(Management)、账面市值比(BM)以及国有企业哑变量(SOE)。此外,我们还在模型中加入了年份固定效应(Year FE)和公司固定效应(Firm FE)。由于加入了公司固定效应吸收了$Treat_i$变量的影响,所以$Treat_i$变量在回归模型中被自动省略。为了减少变量异常值对实证检验的影响,对于连续变量,我们进行了99%和1%的缩尾处理(winsorization)。在本章所有的回归模型估计中,对模型标准误均进行了异方差调整,以获得较为准确的t统计量。

第四节 实证结果分析

一、描述性统计

表4-3列出本章所有变量的描述性统计结果。由表4-3可知,融资成本(WACC)的均值为3.826,说明样本中公司的平均融资成本是3.8%。从融资额来看,融资增量(ΔLIBDebt)的均值为0.016,表明平均每个公司每年新增的有息债务融资额占资产总额的1.6%。股权资本

成本(COEC)和债务资本成本(CODC)的均值分别为 7.72 和 3.751,说明样本中公司的平均股权融资成本是 7.7%,平均债务融资成本是 3.8%。债务融资程度(DumΔDebt)和外部权益融资程度(DumΔEquity)的均值分别为 0.575 和 0.16,说明样本中平均每年有 57.5% 的公司总负债增加额超过总资产的 5%,16% 的公司外部股权增加额超过总资产的 5%。从控制变量来看,样本中的公司资产负债率均值为 51.3%,货币资金占比均值为 16.9%,总资产收益率均值为 4.57%,平均成立年限为 9 年,高管平均持股比例为 1.14%,账面市值比的均值为 0.69,有 67.9% 为国有企业。

表 4-3 变量的描述性统计结果

变量名	均值	标准差	最小值	中位值	最大值	观测值
A 栏:主要变量						
WACC	3.826	3.094	0.000	3.324	29.139	3713
ΔLIBDebt	0.016	0.061	−0.164	0.000	0.220	3713
ln(IBDebt)	18.705	6.484	0.000	20.613	24.694	3713
ΔEquity	0.029	0.070	−0.118	0.005	0.431	3713
COEC	7.720	7.613	0.000	5.790	39.750	3713
CODC	3.751	3.179	0.000	3.375	15.780	3713
DumΔDebt	0.575	0.494	0.000	1.000	1.000	3713
DumΔEquity	0.160	0.367	0.000	0.000	1.000	3713
Agent	0.069	0.072	0.009	0.053	1.092	3713
Risk	4.125	5.200	0.226	2.806	73.651	3713
Opaque	0.160	0.141	0.011	0.125	0.993	3713
Misconduct	0.149	0.467	0.000	0.000	6.000	3713
B 栏:控制变量						
Size	9579.660	16240.184	17.909	3141.714	90423	3713
Leverage	0.513	0.189	0.051	0.527	1.311	3713
Cash	0.169	0.123	0.006	0.137	0.691	3713
ROA	4.569	5.430	−36.000	4.070	19.930	3713

续表

变量名	均值	标准差	最小值	中位值	最大值	观测值
B栏:控制变量						
Age	9.195	4.447	1	9	23	3713
Management	1.136	5.240	0.000	0.000	56.700	3713
BM	0.688	0.243	0.110	0.719	1.099	3713
SOE	0.679	0.467	0	1	1	3713

二、回归结果分析

表4-4中报告了社会责任信息强制披露对融资能力的双重差分回归结果。列(1)的因变量为企业的融资成本(WACC)。可以发现，Treat×Post交乘项的回归系数为—1.055，且在1%水平上显著，说明在强制披露社会责任报告事件发生后，被强制披露社会责任报告的实验组公司融资成本的下降幅度，比未被强制披露社会责任报告的控制组公司融资成本的下降幅度高1.055%，约相当于样本均值(3.826%)的28%。列(2)的因变量为公司的融资增量(ΔLIBDebt)，自变量Treat×Post交乘项的回归系数为0.006，且在5%水平上显著，说明在强制披露社会责任报告事件发生后，被强制披露社会责任报告的实验组公司融资增量的提升幅度，比未被强制披露社会责任报告的控制组公司融资增量的提升幅度高出资产总额的0.6%，相当于样本均值(1.6%)的38%。列(3)的因变量为企业的融资存量ln(IBDebt)；自变量Treat×Post交乘项的回归系数为0.412，在10%水平上显著，说明在强制披露社会责任报告事件发生后，被强制披露社会责任报告的实验组公司融资存量的上升幅度比未被强制披露社会责任报告的控制组公司高41.2%，约相当于样本均值(18.705)的2%。上述结果支持了本章的假设4-1b，

即企业被强制披露社会责任报告后,其融资成本更低,且能够获得更多的融资。

表 4-4　社会责任报告强制披露对融资能力的双重差分回归结果

变量	(1) WACC	(2) ΔLIBDebt	(3) ln(IBDebt)
Treat×Post	−1.055***	0.006**	0.412*
	(0.000)	(0.041)	(0.094)
Post	0.293	−0.001	−0.199
	(0.419)	(0.874)	(0.719)
Size	−0.549***	−0.003	0.824***
	(0.000)	(0.223)	(0.000)
Leverage	−2.415***	0.102***	13.322***
	(0.001)	(0.000)	(0.000)
Cash	−2.213***	0.042***	−6.905***
	(0.001)	(0.005)	(0.000)
ROA	−0.123***	0.001	0.016
	(0.000)	(0.155)	(0.571)
Age	−0.315***	0.002	−0.078
	(0.000)	(0.421)	(0.564)
Management	0.015	−0.001	0.168***
	(0.481)	(0.507)	(0.001)
BM	1.044***	0.012	1.261*
	(0.007)	(0.206)	(0.066)
SOE	−0.550	0.013	−0.446
	(0.132)	(0.176)	(0.366)
Year FE	控制	控制	控制
Firm FE	控制	控制	控制
R^2	0.487	0.235	0.718
观测值	3713	3713	3713

注:(1)***、**、* 分别表示在 1%、5%、10% 的统计水平上显著;(2)括号内数字为 p 值。

从控制变量的结果来看，公司规模、资产负债率、现金持有、总资产收益率、公司年龄与融资成本呈负相关关系，账面市值比与融资成本呈正相关关系，说明公司规模越小、资产负债率越低、资产收益率越低、现金越短缺、成长性越低的公司，其融资成本越高。企业规模与融资存量呈现正相关关系，说明公司规模越大，融资实力越雄厚，这也与Bedendo等(2020)的研究结果一致。

三、稳健性检验

本章将采用四种方法进行稳健性检验以验证上述结论的有效性。第一，为了验证实证结果是否满足平行趋势假设，本章将检验社会责任报告强制披露对企业融资能力的动态影响；第二，为了排除企业操纵进入"上证公司治理板块"和"深证100指数"的可能性，本章将以2008年首次公布强制披露社会责任报告政策作为单一的事件冲击时点进行双重差分检验；第三，为了排除变量度量误差，本章将替换研究中主要的被解释变量进行指标有效性检验；第四，为了排除不同交易所的制度差异，本章将区分交易所，分别进行双重差分回归检验。

1.平行趋势检验

双重差分法检验有效性的前提是平行趋势假设，即被强制披露社会责任报告的实验组公司和未被强制披露社会责任报告的控制组公司的融资能力在事件发生之前应该具有平行的变化趋势。本章采用动态双重差分方法来检验平行趋势假设是否得到满足。具体而言，本章构建了时间趋势虚拟变量 $Before_{-1\,to\,-2}$ 和 $Post_{1\,to\,3}$：若样本观测值发生在披露事件前1~2年，则 $Before_{-1\,to\,-2}$ 取1，否则取0；若样本观测值发生在披露事件后1~3年，则 $Post_{1\,to\,3}$ 取1，否则取0。比较基准年份为披露事件发生之前第 3 年。将这两类时间趋势的虚拟变量加入模型(4-3)中进行回归分析,其余变量的定义与模型(4-3)一致。值得一提的是,在模型(4-3)中,剔除了事件发生当年($t=0$)的观测值,因为事件发生当年的观测值归入事件之前或之后都不合适。为了使样本观测值保持一致,在平行趋势检验中,同样也剔除了事件发生当年($t=0$)的观测值。

表 4-5 报告了平行趋势检验的回归结果。列(1)中,被解释变量为企业的融资成本(WACC),结果显示,Treat×Before$_{-1\ to\ -2}$ 的回归系数不显著,说明在强制披露社会责任报告事件发生前,实验组公司和控制组公司的融资成本变化不存在显著的时间趋势差异,该差异从被强制披露事件发生后第 1 年开始产生(Treat×Post$_{1\ to\ 3}$ 的回归系数在 1% 的水平上显著为负)。列(2)、列(3)的被解释变量分别为企业的融资增量(ΔLIBDebt)和融资存量[ln(IBDebt)]。表中结果显示,列(2)、列(3)中,Treat×Before$_{-1\ to\ -2}$ 的回归系数均不显著,而 Treat×Post$_{1\ to\ 3}$ 的回归系数均显著为正,说明实验组公司和控制组公司的融资增量和融资存量的变化从被强制披露社会责任报告后开始产生差异。表 4-5 的结果说明,企业融资能力变化的差异是在社会责任报告强制披露事件发生之后产生的,研究结论符合平行趋势假设。

表 4-5 稳健性检验一:平行趋势检验

变量	(1) WACC	(2) ΔLIBDebt	(3) ln(IBDebt)
Treat×Before$_{-1\ to\ -2}$	−0.217	0.006	0.521
	(0.403)	(0.303)	(0.162)
Treat×Post$_{1\ to\ 3}$	−1.202***	0.010*	0.760**
	(0.000)	(0.067)	(0.030)

续表

变量	(1) WACC	(2) ΔLIBDebt	(3) ln(IBDebt)
Before$_{-1\ to\ -2}$	−0.689**	0.002	0.443
	(0.018)	(0.811)	(0.394)
Post$_{1\ to\ 3}$	−0.891*	0.004	0.741
	(0.099)	(0.791)	(0.377)
Size	−0.528***	−0.004	0.800***
	(0.000)	(0.112)	(0.000)
Leverage	−2.419***	0.102***	13.313***
	(0.001)	(0.000)	(0.000)
Cash	−2.289***	0.042***	−6.879***
	(0.001)	(0.006)	(0.000)
ROA	−0.122***	0.001*	0.016
	(0.000)	(0.056)	(0.567)
Age	−0.132	0.001	−0.238
	(0.168)	(0.785)	(0.120)
Management	0.013	−0.001	0.169***
	(0.554)	(0.351)	(0.001)
BM	0.969**	0.013	1.375**
	(0.013)	(0.134)	(0.046)
SOE	−0.572	0.014	−0.429
	(0.117)	(0.107)	(0.384)
Year FE	控制	控制	控制
Firm FE	控制	控制	控制
R^2	0.489	0.235	0.718
观测值	3713	3713	3713

注：(1)***、**、*分别表示在1%、5%、10%的统计水平上显著；(2)括号内数字为 p 值。

2.以社会责任报告强制披露政策作为事件冲击时点的 DID 回归

在主回归中,本章采用 2005—2016 年时间错列的一系列事件冲击进行双重差分检验。然而,采用时间错列事件进行检验可能存在如下问题:公司是因为被纳入"上证公司治理板块"和"深证 100 指数"而被强制要求披露社会责任报告的,因此,虽然 2008 年被纳入板块(指数)的公司是被动接受强制披露社会责任报告,但是在 2008 年以后,公司可能通过主观操纵退出或加入板块(指数),从而退出或进入强制披露社会责任报告名单。然而,这一问题并不严重,因为公司进行这种操纵的难度很大而且成本很高。根据《深证 100 指数编制方案》,公司是否进入"深证 100 指数"是由公司过去一段时期(一般为评选当月前 6 个月的)的平均流通市值与平均成交金额来决定的;而根据《上证公司治理板块评选办法》,上证公司治理板块每年度的入选公司,是由上证公司治理特别评议单位根据一套公司治理评分指标进行评议来决定的。因此,如果公司要操纵加入这个板块(或指数),就需要付出很大的成本来操纵流通市值或者公司治理结构。如果公司需要操纵退出这个板块,就要抑制公司未来的市值增长和公司治理的改善。因此,公司不大可能因为企业社会责任报告披露可能影响企业融资而去进行这些高成本的操纵。

本章仍采用以 2008 年首次公布强制披露企业社会责任报告政策作为单一的事件冲击时点进行双重差分检验。当这一政策在 2008 年 12 月 31 日公布时,处在板块(指数)中的公司已经在板块(指数)中至少 1 年了,因此,这一政策对于这些公司更可能是一个外生性的政策冲击。检验结果如表 4-6 所示。结果表明,无论被解释变量是融资成本还是融资能力,交乘项 Treat×Post 的回归系数分别在 1%、5%、10%的水平上显著,说明首次公布强制披露企业社会责任报告政策对企业融资能力产生了影响,该结论进一步证实了企业社会责任信息强制披露对企业融资能力的影响。值得说明的是,采用 2008 年首次发布强制披露企业社会责任报告政策这一事件作为外生场景意味着所有公司都有相同的冲击时点,由于在模型中加入了年份固定效应(Year FE)和公司固定效应(Firm FE),且加入公司固定效应吸收了 Treat 变量的影响,加入了年份固定效应吸收了 Post 变量的影响,所以 Treat 和 Post 变量在表 4-6 所反映的回归模型中被自动省略。

表 4-6 稳健性检验二:以 2008 年强制披露企业社会责任报告政策为事件冲击时点的 DID 回归

变量	(1) WACC	(2) ΔLIBDebt	(3) ln(IBDebt)
Treat×Post	−1.260***	0.009**	0.502*
	(0.000)	(0.034)	(0.079)
Size	−0.468***	−0.002	0.810***
	(0.001)	(0.452)	(0.001)
Leverage	−3.063***	0.093***	13.179***
	(0.000)	(0.000)	(0.000)
Cash	−2.725***	0.043**	−8.967***
	(0.001)	(0.021)	(0.000)
ROA	−0.143***	0.000	0.021
	(0.000)	(0.375)	(0.518)
Age	0.045	0.000	−0.172**
	(0.363)	(0.885)	(0.030)
Management	−0.011	0.000	0.053
	(0.813)	(0.815)	(0.778)
BM	0.770	0.005	1.358*
	(0.104)	(0.641)	(0.095)
SOE	−0.875**	0.013	−0.459
	(0.022)	(0.128)	(0.388)

续表

变量	(1) WACC	(2) ΔLIBDebt	(3) ln(IBDebt)
Year FE	控制	控制	控制
Firm FE	控制	控制	控制
R^2	0.469	0.239	0.694
观测值	2846	2846	2846

注:(1)***、**、*分别表示在1%、5%、10%的统计水平上显著;(2)括号内数字为 p 值。

3.指标有效性检验

为了区分企业融资成本,我们将企业融资成本细化为股权资本成本(COEC)和债务资本成本(CODC)(度量方式参见前文),更细致地观察不同方式下企业融资成本的变化。此外,我们还构建了以下三类指标来更细致地反映公司的融资能力。第一,参考Baker等(2003)、吴超鹏等(2012),采用公司 i 第 t 年账面权益的净增加额减去留存收益的净增加额除以年末总资产(即ΔEquity),来度量公司的外部权益融资额;第二,参考De Haan和Hinloopen(2003),构建债务融资程度虚拟变量(DumΔDebt),若公司 i 在第 t 年的总负债增加额大于第 t 年末总资产的5%则取值为1,否则为0;第三,参考De Haan和Hinloopen(2003),构建外部权益融资程度虚拟变量(DumΔEquity),若公司 i 在第 t 年的外部股权融资额大于第 t 年末总资产的5%则取值为1,否则为0。①

表4-7报告了替换被解释变量后的回归结果。列(1)、列(2)的结果显示,Treat×Post交乘项的回归系数显著为负,说明在强制披露社会责任报告事件发生后,被强制披露社会责任报告的实验组公司的股

---

① 根据Baker等(2003)的定义,外部权益净增加值等于账面权益的净增加值减去留存收益的净增加值。

第四章 社会责任信息强制披露与企业融资能力

权资本成本和债务资本成本的下降幅度，均比未被强制披露社会责任报告的控制组公司的下降幅度高。列(3)的结果表明，Treat×Post 交乘项与外部权益融资额的回归系数为正，且在1‰水平上显著，说明被强制披露社会责任报告的企业能够获得更多的外部股权融资。列(4)、列(5)的结果显示，Treat × Post 交乘项与债务融资程度虚拟变量(DumΔDebt)和外部权益融资程度虚拟变量(DumΔEquity)的回归系数均显著为正，说明强制披露社会责任报告能够提高企业债务融资和股权融资的可能性。因此，表4-7的实证结果进一步证实了社会责任信息强制披露能够降低企业的融资成本，使企业具有更强的债务融资能力和股权融资能力。

表 4-7 稳健性检验三：替换关键被解释变量

变量	(1) COEC	(2) CODC	(3) ΔEquity	(4) DumΔDebt	(5) DumΔEquity
Treat×Post	−2.546***	−0.160*	0.010***	0.076***	0.039**
	(0.000)	(0.053)	(0.009)	(0.003)	(0.031)
Post	0.567	−0.116	−0.007	−0.036	−0.053**
	(0.424)	(0.811)	(0.239)	(0.271)	(0.042)
Size	−1.580***	0.320***	0.005***	0.008	0.039***
	(0.000)	(0.001)	(0.000)	(0.375)	(0.000)
Leverage	−0.261	0.792	−0.047***	1.310***	−0.296***
	(0.848)	(0.142)	(0.000)	(0.000)	(0.000)
Cash	−4.244***	−4.161***	0.075***	0.625***	0.399***
	(0.002)	(0.000)	(0.000)	(0.000)	(0.000)
ROA	−0.134***	−0.037**	−0.000	0.008***	−0.031***
	(0.000)	(0.022)	(0.135)	(0.000)	(0.000)
Age	−0.645***	−0.017	−0.001***	−0.015***	−0.005**
	(0.000)	(0.860)	(0.006)	(0.000)	(0.039)

续表

变量	(1) COEC	(2) CODC	(3) ΔEquity	(4) DumΔDebt	(5) DumΔEquity
Management	−0.066*	−0.018	−0.001*	0.000	−0.004
	(0.092)	(0.497)	(0.071)	(0.886)	(0.106)
BM	2.954***	0.504	0.003	−0.032	−0.266***
	(0.001)	(0.443)	(0.715)	(0.541)	(0.000)
SOE	−0.923	−0.442*	−0.008*	0.011	−0.070***
	(0.266)	(0.071)	(0.052)	(0.647)	(0.000)
Year FE	控制	控制	控制	控制	控制
Firm FE	控制	控制	控制	控制	控制
R^2	0.605	0.725	0.157	0.273	0.225
观测值	3713	3713	3713	3713	3713

注:(1)***、**、* 分别表示在1%、5%、10%的统计水平上显著;(2)括号内数字为 p 值。

值得注意的是,表4-7的五个替代变量中,股权资本成本(COEC)、债务资本成本(CODC)和外部权益融资额(ΔEquity)均为连续变量,因此,本章采用普通最小二乘法(OLS)进行固定效应模型的估计,而债务融资程度虚拟变量(DumΔDebt)和外部权益融资程度虚拟变量(DumΔEquity)均为虚拟变量,理应采用概率模型(Probit)进行估计。然而,由于本章使用了错列式的多期双重差分模型,模型中控制了公司和年份固定效应,过多的固定效应会使得 Probit 模型无法拟合,即使可以拟合,也会存在冗余参数问题(即回归系数因固定效应过多而被放大),因此,本章采用线性概率模型(linear probability model, LPM)进行估计。

4.按交易所分组回归

由于实验组样本公司来自"上证公司治理板块"与"深证100指数",而不同交易所有不同的交易制度,所以在不同交易所上市的公司

第四章 社会责任信息强制披露与企业融资能力

可能存在差异。基于此,本章按照股票代码区分公司的交易所,将样本分为"上海证券交易所"组和"深圳证券交易所"组分别进行双重差分回归。实证结果如表 4-8 所示。列(1)~列(3)为上交所样本,列(4)~列(6)为深交所样本。结果显示,无论是上交所还是深交所的样本,Treat×Post 交乘项与融资成本(WACC)的回归系数均显著为负,与融资增量(ΔLIBDebt)和融资存量[ln(IBDebt)]的回归系数均显著为正。这表明,无论是"上证公司治理板块"的样本公司还是"深证 100 指数"的样本公司,只要是被强制披露社会责任报告的公司,其融资成本就更低,且具有更强的融资能力。

表 4-8　稳健性检验四——按交易所分组回归

变量	(1) WACC	(2) ΔLIBDebt	(3) ln(IBDebt)	(4) WACC	(5) ΔLIBDebt	(6) ln(IBDebt)
	上海证券交易所样本			深圳证券交易所样本		
Treat×Post	−0.754***	0.010**	0.832***	−1.875***	0.013*	1.865***
	(0.000)	(0.018)	(0.008)	(0.000)	(0.064)	(0.000)
Post	0.055	−0.007	−1.672***	1.018	−0.004	0.481
	(0.896)	(0.243)	(0.000)	(0.130)	(0.752)	(0.625)
Size	−0.312**	−0.004***	0.736***	−0.823***	−0.004	−0.926**
	(0.025)	(0.002)	(0.000)	(0.000)	(0.256)	(0.041)
Leverage	−5.176***	0.082***	10.512***	2.647**	0.048**	17.779***
	(0.000)	(0.000)	(0.000)	(0.027)	(0.020)	(0.000)
Cash	−4.099***	0.015	−12.751***	0.929	0.023	−5.019**
	(0.000)	(0.199)	(0.000)	(0.371)	(0.226)	(0.022)
ROA	−0.148***	0.001***	0.040	−0.095***	0.001	0.028
	(0.000)	(0.000)	(0.209)	(0.001)	(0.212)	(0.494)
Age	−0.357***	0.000	−0.055	−0.352**	0.002	0.101
	(0.001)	(0.970)	(0.138)	(0.012)	(0.554)	(0.675)

续表

变量	(1)	(2)	(3)	(4)	(5)	(6)
	上海证券交易所样本			深圳证券交易所样本		
	WACC	ΔLIBDebt	ln(IBDebt)	WACC	ΔLIBDebt	ln(IBDebt)
Management	−0.055	−0.000	0.005	0.020	−0.001	0.190***
	(0.133)	(0.837)	(0.890)	(0.393)	(0.393)	(0.001)
BM	0.561	0.032***	3.688***	1.463**	0.006	2.922**
	(0.258)	(0.000)	(0.000)	(0.018)	(0.689)	(0.018)
SOE	0.034	0.001	−0.535*	−0.653	0.003	0.294
	(0.951)	(0.861)	(0.093)	(0.117)	(0.703)	(0.696)
Year FE	控制	控制	控制	控制	控制	控制
Firm FE	控制	控制	控制	控制	控制	控制
R^2	0.467	0.137	0.543	0.576	0.254	0.727
观测值	2523	2523	2523	1190	1190	1190

注:(1)***、**、*分别表示在1%、5%、10%的统计水平上显著;(2)括号内数字为 p 值。

第五节 影响机制分析

下面将进一步分析社会责任信息强制披露对企业融资的影响机制。本章分两个步骤来检验强制披露企业社会责任报告影响企业融资能力的途径:第一,检验强制披露企业社会责任报告是否会使得被强制披露的企业社会责任表现更好;第二,检验强制披露企业社会责任报告对企业融资能力的影响机制。本章将从多个视角探讨影响机制:首先,企业履行社会责任,可以为利益相关者创造价值,可能会降低代理成本,进而有利于企业获得外部融资;其次,已有文献表明社会责任性活动的风险较小(Aras et al.,2009;Mishra et al.,2013),这将使得投资者要求的融资回报更低;再次,社会责任信息披露能够向市场传递有利的信号,并让投资者掌握更多的公司信息,对企业进行监督,使得投资者更愿意提供资本;最后,企业履行社会责任是一种潜在的对规定的遵守,这种合法性的约束能够给外部投资者带来一定的投资信心。

一、社会责任信息强制披露与企业社会责任表现

社会责任行为与社会责任信息披露这两个概念是相互关联的,因为社会责任信息披露反映了企业履行社会责任的行为和结果。但是,披露社会责任行为的企业是否真正履行了社会责任、是否具有实质性的社会责任履行成效值得怀疑。经前文讨论,如果社会责任报告的强制披露存在"倒逼效应",那么企业被强制披露社会责任报告后理应具有实质性的社会责任履行成效,才能够实现融资能力的提升。因此,在探讨影响机制之前,首先需要验证企业社会责任报告强制披露能够影响企业的社会责任表现。

通过两个指标来度量企业社会责任表现:企业社会责任表现评分和企业慈善捐赠水平。前人研究中在定义企业社会责任表现时,通常使用 KLD 评级来衡量企业的社会责任绩效(例如:Giuli et al.,2014;Krüger,2015;Ferrell et al.,2016;Lins et al.,2017;Liang et al.,2017),因此本章将第三方评级作为企业社会责任水平的第一个度量指标,采用和讯网公布的企业社会责任得分来度量企业的社会责任水平。和讯网主要基于企业年报来度量企业的社会责任水平,因此其所披露的企

业社会责任评分覆盖所有上市公司。① 和讯网从股东责任,员工责任,供应商、客户和消费者责任,环境责任,以及社会责任五个方面来评价企业社会责任的表现,因此,本章采用这五个分指标的得分总和作为企业社会责任表现评分(CSRscore)来衡量企业的社会责任履行程度。如前文所述,采用第三方评级机构基于企业社会责任报告的评分数据存在一定局限性,所以本章还采用第二类指标度量企业社会责任表现。Carroll(1979)指出企业履行社会责任的表现之一是投入慈善事业,因此本章度量企业社会责任表现的第二个指标是企业慈善捐赠水平(Donation),采用 CSMAR 数据库"财务报表附注"的营业外收入或支出明细项目中包含"捐赠"字样的金额总数(单位:十万人民币)来确定。

本章仍采用模型(4-3)来检验企业社会责任信息强制披露对企业社会责任表现的影响。所不同的是,模型的因变量替换为企业社会责任表现评分(CSRscore)或企业慈善捐赠水平(Donation)。表 4-9 报告了模型的回归结果②,结果显示,当采用不同的指标来度量企业社会责任表现时,Treat×Post 交乘项的回归系数均为正,且在 1% 或 5% 的水平上显著。这一结果表明,事件发生后,相比于未被强制披露社会责任报告的企业,被强制披露社会责任报告的企业的社会责任表现有了显著的提升,这证实了社会责任信息强制披露能够倒逼企业履行社会责任,从而产生实质性的社会责任履行成效。

---

① 在中国,公布企业社会责任评级的第三方评级机构除了和讯网还有润灵环球。由于润灵环球是根据企业社会责任报告来评估企业社会责任表现的,未披露企业社会责任报告的企业缺少相应的社会责任评级结果。

② 由于和讯网自 2010 年起才开始对上市公司社会责任报告进行评测,列(1)的观测值减少到 1557 个。

表 4-9 社会责任信息强制披露对企业社会责任表现的影响

变量	(1) CSRscore	(2) Donation
Treat×Post	6.440**	1.614***
	(0.016)	(0.000)
Post	8.335***	−1.154**
	(0.000)	(0.037)
Size	4.844***	0.671***
	(0.000)	(0.000)
Leverage	−0.230	2.180**
	(0.973)	(0.023)
Cash	1.044	2.526**
	(0.855)	(0.020)
ROA	0.708***	0.030
	(0.000)	(0.244)
Age	4.988	0.066
	(0.190)	(0.228)
Management	−0.038	0.155***
	(0.867)	(0.000)
BM	−2.029	−1.698**
	(0.593)	(0.022)
SOE	−5.587	−0.204
	(0.223)	(0.606)
Year FE	控制	控制
Firm FE	控制	控制
R^2	0.875	0.402
观测值	1557	3713

注：(1)***、**、*分别表示在1%、5%、10%的统计水平上显著；(2)括号内数字为 p 值。

二、社会责任信息强制披露对企业融资能力的影响机制

在验证了社会责任信息强制披露能够影响企业的社会责任表现之后,本节进一步从四个视角探讨社会责任信息强制披露对企业融资能力的影响机制。影响机制分析结果如表 4-10 所示。

表 4-10 影响机制分析

变量	(1) Agent	(2) Risk	(3) Opaque	(4) Misconduct
Treat×Post	−0.008***	−1.018***	−0.026***	−0.110***
	(0.001)	(0.000)	(0.001)	(0.000)
Post	0.007*	−0.538	−0.046**	0.006
	(0.091)	(0.463)	(0.021)	(0.924)
Size	−0.023***	0.190	0.008	0.004
	(0.000)	(0.400)	(0.125)	(0.672)
Leverage	0.002	−1.780	0.090***	0.080
	(0.897)	(0.110)	(0.001)	(0.240)
Cash	0.043***	3.796***	0.103***	0.021
	(0.009)	(0.001)	(0.001)	(0.799)
ROA	−0.004***	−0.006	0.002**	−0.004*
	(0.000)	(0.806)	(0.014)	(0.060)
Age	0.003**	−0.031	0.010***	−0.012***
	(0.023)	(0.869)	(0.000)	(0.002)
Management	−0.001***	−0.019	0.001	0.002
	(0.009)	(0.592)	(0.294)	(0.652)
BM	−0.043***	1.414**	0.038*	−0.026
	(0.000)	(0.048)	(0.054)	(0.614)
SOE	−0.012**	−1.194***	−0.027**	−0.008
	(0.013)	(0.000)	(0.013)	(0.793)

续表

变量	(1) Agent	(2) Risk	(3) Opaque	(4) Misconduct
Year FE	控制	控制	控制	控制
Firm FE	控制	控制	控制	控制
R^2	0.698	0.516	0.356	0.372
观测值	3713	3713	3713	3713

注：(1)***、**、*分别表示在1%、5%、10%的统计水平上显著；(2)括号内数字为 p 值。

1.代理问题减少

Cheng等(2014)指出，企业能否获得融资取决于代理成本是否较低和信息透明度是否较高。从代理问题来看，企业履行社会责任，可以为利益相关者创造价值，减少企业的机会主义行为，降低代理成本，进而有利于企业获得外部融资。因此本章推测，代理问题的减少是企业社会责任信息强制披露影响企业融资能力的第一个影响机制。参考Zheng和Ren(2019)、李云鹤(2014)，本章采用公司 i 第 t 年的管理费用占主营业务收入的比例来度量企业的代理成本(Agent)，该指标越大，说明企业的代理成本越高，潜在的代理问题越严重。本章将模型(4-3)中的被解释变量替换为代理成本(Agent)进行回归分析，结果如表4-10列(1)所示。我们发现，Treat×Post交乘项与代理成本(Agent)的回归系数在1%的水平上显著为负，说明被强制披露社会责任报告后，企业的代理问题显著减少。

2.企业风险降低

Aras和Crowther(2009)指出，投资者往往认为有利于可持续发展的投资项目的风险比一般项目低。Mishra和Modi(2013)发现，积极的社会责任活动能够使企业异质性风险减少，而消极的社会责任活动会增加风险。Ghoul等(2011)的研究发现，企业参与两类"罪恶"行业(烟草与核能行业)会使企业的权益成本增加,而具有社会责任感的企业往往投资高价值、低风险的项目,因此融资成本更低。上述研究均表明社会责任性的投资活动风险较小。因此本章推测,企业因履行社会责任而降低企业风险是社会责任信息强制披露影响公司融资能力的第二个影响机制。参考 Acharya 等(2011)和 Li 等(2013),本章采用公司 i 过去 5 年(第-1年至第-5年)经行业—年度调整的 ROA 的标准差来度量企业风险水平(Risk),该指标越大,说明企业的风险水平越高。本章将模型(4-3)中的被解释变量替换为企业风险水平(Risk)进行回归分析,结果列于表 4-10 列(2)中。可以发现,Treat×Post 交乘项与企业风险水平(Risk)的回归系数在 1% 的水平上显著为负,说明企业被强制披露社会责任报告后,其风险水平显著降低。

3.信息透明度提高

从信息透明度的角度考虑,企业披露社会责任信息,向市场传递有利的信号,并让更多的投资者对企业进行监督,减少企业的财务违约风险,能够使得债权人更愿意提供债务资本,使股东掌握更多企业信息。因此本章推测,企业因披露更多的非财务信息而提高信息透明度是社会责任信息强制披露影响公司融资能力的第三个影响机制。王亚平等(2009)指出,如果企业的操纵性应计项目绝对值持续性居高,就有可能进行盈余操纵,企业信息就越不透明。因此,参考 Dechow 等(1995)、Hutton 等(2009)和潘越等(2011),本章采用以公司 i 第 t 年的操纵性应计项目构建的信息不透明度(Opaque)指标来衡量企业的信息透明度。该指标越大,企业的信息透明度越低。表 4-10 列(3)报告了回归结果,可以发现,Treat×Post 交乘项与信息不透明度(Opaque)的回归系数在 1% 的水平上显著为负,说明企业被强制披露社会责任报告后,其信息不透明度显著降低。

4.合法性约束

通过履行社会责任能使企业满足利益相关者的期望,从而获得存在的合法性(冯丽艳,2017)。履行企业社会责任并披露这样潜在的对合法性原则的遵守既是对企业的约束,又能够体现企业对与利益相关者达成的承诺的履行,给外部投资者带来一定的投资信心。因此本章推测,企业履行社会责任所体现的合法性特征是社会责任信息强制披露影响公司融资能力的第四个影响机制。由于企业不当行为被定义为企业行为偏离现行法律或社会规范的行为(Qian et al.,2015),参考Gong等(2018),本章采用企业 i 第 t 年由监管机构或上市公司发布公告披露的违规事件总数来度量企业的不当行为(Misconduct),以反映企业对合法性原则的遵守程度,该指标越大,说明企业对合法性原则的遵守程度越低。本章将模型(4-3)中的被解释变量替换为企业的不当行为(Misconduct)进行回归分析,结果如表4-10列(4)所示。可以发现,Treat×Post交乘项与企业的不当行为(Misconduct)的回归系数在1%的水平上显著为负,说明强制披露社会责任报告显著降低了企业出现不当行为的可能性,提高了企业对合法性原则的遵守程度。

本章还进行了影响机制的中介效应检验。参考Judd和Kenny(1981)、Baron和Kenny(1986)、温忠麟等(2004)讨论的中介效应检验方法,在模型(4-3)中加入了企业的代理成本(Agent)、企业风险水平(Risk)、信息不透明度(Opaque)、企业的不当行为(Misconduct)这四类中介变量,并检验加入中介变量后,Treat×Post交乘项系数的变化情况。表4-11的列(1)~列(3)中,Treat×Post交乘项的回归系数分别为−1.055、0.006和0.412,并分别在1%、5%、10%水平上显著,与表4-4的结果相同,说明强制披露社会责任报告会降低企业的融资成本,提高企业融资额。表4-11的列(4)~列(6)在列(1)~列(3)的基础上加入了四个影响机制变量,即 Agent、Risk、Opaque、Misconduct。列(4)的结果显示,加入上述中介变量后,Treat×Post 交乘项系数虽有小幅变化,但依然显著。列(5)的结果显示,加入上述中介变量后,Treat×Post 交乘项系数在统计上不再显著。列(6)的结果显示,加入上述中介变量后,Treat×Post 交乘项系数从 0.412 减小为 0.395,下降幅度为 4.1%[(0.412-0.395)/0.412],且在统计上不再显著。从上述结果可以看出,以上四个影响机制的中介效应得到解释[1],强制披露社会责任报告对企业融资能力的影响效应得以解释。

表 4-11　社会责任信息强制披露对融资能力影响的中介效应检验

变量	(1) WACC	(2) ΔLIBDebt	(3) ln(IBDebt)	(4) WACC	(5) ΔLIBDebt	(6) ln(IBDebt)
Treat×Post	−1.055***	0.006**	0.412*	−1.045***	0.006	0.395
	(0.000)	(0.041)	(0.094)	(0.000)	(0.117)	(0.203)
Post	0.293	−0.001	−0.199	0.364	−0.003	−0.303
	(0.419)	(0.874)	(0.719)	(0.318)	(0.755)	(0.619)
Agent				1.572***	−0.029***	−2.528***
				(0.000)	(0.000)	(0.000)
Risk				2.543**	−0.027	−0.181
				(0.013)	(0.272)	(0.752)
Opaque				−0.571	−0.012	−0.968
				(0.138)	(0.162)	(0.336)
Misconduct				0.210	−0.002	0.011
				(0.127)	(0.430)	(0.967)

---

[1]　部分机制变量在统计上不显著的可能原因在于,所有机制变量同时放入模型中,机制变量之间可能存在相关关系,使得某些变量的作用被相关变量吸收。另外,参照温忠麟等(2004),本章还进行了 Scobel 检验,结果证实中介效应显著。

续表

变量	(1) WACC	(2) ΔLIBDebt	(3) ln(IBDebt)	(4) WACC	(5) ΔLIBDebt	(6) ln(IBDebt)
Size	−0.549***	−0.003	0.824***	−0.998***	0.004*	1.506***
	(0.000)	(0.223)	(0.000)	(0.000)	(0.090)	(0.000)
Leverage	−2.415***	0.102***	13.322***	−2.090***	0.097***	12.685***
	(0.001)	(0.000)	(0.000)	(0.004)	(0.000)	(0.000)
Cash	−2.213***	0.042***	−6.905***	−1.841***	0.035**	−7.537***
	(0.001)	(0.005)	(0.000)	(0.010)	(0.021)	(0.002)
ROA	−0.123***	0.001	0.016	−0.123***	0.001**	0.028
	(0.000)	(0.155)	(0.571)	(0.000)	(0.021)	(0.241)
Age	−0.315***	0.002	−0.078	−0.223***	0.000	−0.219
	(0.000)	(0.421)	(0.564)	(0.007)	(0.953)	(0.101)
Management	0.015	−0.001	0.168***	0.015	−0.000	0.171***
	(0.481)	(0.507)	(0.001)	(0.465)	(0.374)	(0.008)
BM	1.044***	0.012	1.261*	2.011***	−0.003	0.092
	(0.007)	(0.206)	(0.066)	(0.000)	(0.789)	(0.896)
SOE	−0.550	0.013	−0.446	−0.660*	0.015*	−0.245
	(0.132)	(0.176)	(0.366)	(0.074)	(0.070)	(0.654)
Year FE	控制	控制	控制	控制	控制	控制
Firm FE	控制	控制	控制	控制	控制	控制
R^2	0.487	0.235	0.718	0.498	0.242	0.723
观测值	3713	3713	3713	3713	3713	3713

注:(1)***、**、*分别表示在1%、5%、10%的统计水平上显著;(2)括号内数字为 p 值。

第六节　异质性分析

本节将进行公司层面和地区层面的异质性检验，分析社会责任表现、资本密集程度、所有权性质、客户集中度（公司层面），以及制度环境（地区层面）将如何影响社会责任信息强制披露对融资能力的作用效果。本章参照 Gopalan 等（2021）、Chen 等（2022）、吴超鹏等（2012）的模型设定，根据一系列特征对实验组公司进行进一步区分来完成异质性检验。

一、企业社会责任表现差异

本章首先考察企业社会责任表现差异如何影响社会责任信息强制披露对企业融资能力的作用效果。如果社会责任信息强制披露存在"倒逼效应"，那么企业被强制披露社会责任报告后将主动履行企业社会责任，且社会责任表现有所提升，即企业具有实质性的社会责任履行成效，即"倒逼效应"产生了效果，社会责任信息强制披露降低企业融资成本、提高企业融资额的作用可能更明显。因此，本章推测，社会责任信息强制披露对企业融资能力的影响在企业具有实质性的社会责任履行成效时更加显著。

下面对上述理论推测进行实证检验。同上一节，采用和讯网公布的企业社会责任得分来衡量企业社会责任表现，并用当年评分相对于上一年评分的变化值来反映企业社会责任表现的改善情况。具体而言,参照 Gopalan 等(2021)、吴超鹏等(2012)、Chen 等(2022)的异质性检验方法,根据企业当年的和讯网社会责任评分变动值,将实验组企业进一步划分为社会责任表现提升组 $Treat_{CSRscoreIncrease}$ 和社会责任表现降低组 $Treat_{CSRscoreDecrease}$,并将模型(4-3)中的实验组哑变量 Treat 替换为 $Treat_{CSRscoreIncrease}$ 与 $Treat_{CSRscoreDecrease}$。将 $Treat_{CSRscoreIncrease}$ 定义为:若进入社会责任强制披露组(纳入"上证公司治理板块"和"深证 100 指数"的样本公司),且当年社会责任评分变化值为正的企业,则取值为 1,反之为 0;将 $Treat_{CSRscoreDecrease}$ 定义为:若进入社会责任强制披露组(纳入"上证公司治理板块"和"深证 100 指数"的样本公司),且当年社会责任评分变化值为负的企业,则取值为 1,反之为 0。二者的比较基准均为控制组企业(即 $Treat_{CSRscoreIncrease}$ 与 $Treat_{CSRscoreDecrease}$ 均为 0 的企业)。

实证检验结果见表 4-12。列(1)的因变量为企业融资成本(WACC),回归结果显示,$Treat_{CSRscoreIncrease} \times Post$ 与融资成本的回归系数在 10% 的水平上显著为负,而 $Treat_{CSRscoreDecrease} \times Post$ 的回归系数并不显著。该结果表明,社会责任报告强制披露对融资成本的降低作用仅体现在当年社会责任表现有所提升的实验组企业中。列(2)的因变量为企业的融资增量($\Delta LIBDebt$),结果显示,$Treat_{CSRscoreIncrease} \times Post$ 与融资增量的回归系数在 5% 的水平上显著为正,而 $Treat_{CSRscoreDecrease} \times Post$ 与融资增量的回归系数并不显著,说明社会责任报告强制披露对融资增量的提升作用仅体现在当年社会责任表现有所提升的实验组企业中。列(3)的因变量为企业的融资存量[$\ln(IBDebt)$],结果显示,$Treat_{CSRscoreIncrease} \times Post$ 与融资存量的回归系数在 10% 的水平上显著为正,而 $Treat_{CSRscoreDecrease} \times Post$ 与融资存量的回归系数并不显著,这表明社会责任报告强制披露对融资存量的提升作用仅体现在当年社会责任表现有所提升的实验组企业中。从整体来看,表 4-12 的结果表明,只有企业当年社会责任表现有所提升,即企业具有实质性的社会责任履行成效时,社会责任报告强制披露才能使企业融资成本降低、融资额提高。

表4-12 社会责任信息强制披露对融资能力的影响:社会责任表现差异

变量	(1) WACC	(2) ΔLIBDebt	(3) ln(IBDebt)
$Treat_{CSRscoreIncrease} \times Post$	−1.057*	0.013**	2.310*
	(0.088)	(0.035)	(0.079)
$Treat_{CSRscoreDecrease} \times Post$	−0.915	0.007	1.747
	(0.149)	(0.294)	(0.181)
Post	−0.558	0.004	−3.148**
	(0.356)	(0.496)	(0.012)
Size	−0.754	−0.003	0.536
	(0.486)	(0.220)	(0.179)
Leverage	0.507	0.067***	14.345***
	(0.834)	(0.000)	(0.000)
Cash	−1.785	0.036*	−16.708***
	(0.414)	(0.051)	(0.000)
ROA	0.031	0.001***	0.008
	(0.663)	(0.010)	(0.907)
Age	−0.221	0.000	0.156*
	(0.414)	(0.977)	(0.098)
Management	0.056	0.000	−0.015
	(0.224)	(0.361)	(0.843)
BM	1.650	0.028**	2.411
	(0.187)	(0.020)	(0.233)
SOE	−0.150	0.002	0.489
	(0.864)	(0.767)	(0.650)
组内差异检验	(0.598)	(0.420)	(0.284)

续表

变量	(1) WACC	(2) ΔLIBDebt	(3) ln(IBDebt)
Year FE	控制	控制	控制
Firm FE	控制	控制	控制
R^2	0.861	0.186	0.814
观测值	962	962	962

注：(1)***、**、*分别表示在1%、5%、10%的统计水平上显著；(2)括号内数字为 p 值。

二、资本密集程度差异

本章还考察了资本密集程度差异如何影响社会责任信息强制披露对融资能力的作用效果。资本密集型企业需要更多的资本投入，且李磊等（2017）发现企业的资本密集度和对外投资量呈正向显著关系，说明无论是出于自身发展需求还是对外投资需求，资本密集型企业对资金的需求程度更高。因此，可以推测，社会责任信息强制披露对企业融资能力的影响在资本密集程度较高的企业中更加显著。

下面对上述理论推测进行实证检验。参考李磊等（2017），采用公司 i 第 t 年的固定资产减去折旧的差值除以员工人数来度量企业的资本密集程度，该指标越大说明企业的资本密集程度越高。具体而言，根据企业当年的资本密集程度，将实验组企业进一步划分为高资本密集程度组 $Treat_{HighCapitalIntensive}$ 和低资本密集程度组 $Treat_{LowCapitalIntensive}$，并将模型（4-3）中的实验组哑变量 Treat 替换为 $Treat_{HighCapitalIntensive}$ 与 $Treat_{LowCapitalIntensive}$。因此，将 $Treat_{HighCapitalIntensive}$ 定义为：若进入社会责任强制披露组（纳入"上证公司治理板块"和"深证100指数"的样本公司），且资本密集程度大于等于样本中位值的企业，则取值为1，反之为

0；将 $\text{Treat}_{\text{LowCapitalIntensive}}$ 定义为：进入社会责任强制披露组（纳入"上证公司治理板块"和"深证 100 指数"的样本公司），且资本密集程度小于样本中位值的企业，则取值为 1，反之为 0。

实证检验结果如表 4-13 所示。表 4-13 列（1）的因变量为企业融资成本（WACC），回归结果显示，$\text{Treat}_{\text{HighCapitalIntensive}} \times \text{Post}$ 与融资成本的回归系数为 −1.162，小于 $\text{Treat}_{\text{LowCapitalIntensive}} \times \text{Post}$ 的回归系数 −0.861，且统计上存在显著差异（Wald 检验 p 值<0.1）。该结果表明，资本密集程度较高的企业在被强制披露社会责任报告后，其融资成本的下降幅度显著更大。列（2）的因变量为企业的融资增量（ΔLIBDebt），结果显示，$\text{Treat}_{\text{HighCapitalIntensive}} \times \text{Post}$ 与融资增量的回归系数在 5% 的水平上显著为正，而 $\text{Treat}_{\text{LowCapitalIntensive}} \times \text{Post}$ 的回归系数并不显著，表明社会责任报告强制披露对融资增量的提升作用仅体现在资本密集程度较高的实验组企业中。列（3）的因变量为企业的融资存量[ln(IBDebt)]，结果显示，$\text{Treat}_{\text{HighCapitalIntensive}} \times \text{Post}$ 与融资存量的回归系数在 5% 的水平上显著为正，而 $\text{Treat}_{\text{LowCapitalIntensive}} \times \text{Post}$ 的回归系数并不显著，表明社会责任报告强制披露对融资存量的促进作用仅体现在资本密集程度较高的实验组企业中。从整体来看，表 4-13 的结果表明，社会责任报告强制披露更有助于资本密集程度较高的企业降低融资成本、提高融资额。

表 4-13 社会责任信息强制披露对融资能力的影响：资本密集程度差异

变量	(1) WACC	(2) ΔLIBDebt	(3) ln(IBDebt)
$\text{Treat}_{\text{HighCapitalIntensive}} \times \text{Post}$	−1.162***	0.009**	0.594**
	(0.000)	(0.044)	(0.018)
$\text{Treat}_{\text{LowCapitalIntensive}} \times \text{Post}$	−0.861**	0.002	0.086
	(0.019)	(0.728)	(0.798)

续表

变量	(1) WACC	(2) ΔLIBDebt	(3) ln(IBDebt)
Post	0.282	−0.001	−0.180
	(0.422)	(0.899)	(0.745)
Size	−0.542*	−0.004	0.814***
	(0.095)	(0.115)	(0.000)
Leverage	−2.412	0.102***	13.317***
	(0.114)	(0.000)	(0.000)
Cash	−2.236***	0.043***	−6.866***
	(0.006)	(0.005)	(0.000)
ROA	−0.124***	0.001**	0.017
	(0.001)	(0.049)	(0.538)
Age	−0.314***	0.002	−0.078
	(0.005)	(0.422)	(0.560)
Management	0.014	−0.001	0.169***
	(0.369)	(0.357)	(0.001)
BM	1.050	0.012	1.252*
	(0.164)	(0.169)	(0.068)
SOE	−0.538	0.013	−0.467
	(0.449)	(0.116)	(0.344)
组内差异检验	(0.078)	(0.188)	(0.085)
Year FE	控制	控制	控制
Firm FE	控制	控制	控制
R^2	0.488	0.235	0.718
观测值	3713	3713	3713

注:(1)***、**、*分别表示在1%、5%、10%的统计水平上显著;(2)括号内数字为 p 值。

三、所有权性质差异

本章还考察所有权性质差异如何影响社会责任信息强制披露对融资能力的作用效果。一方面,李维安(2005)认为我国民营企业有政治联系依赖,而企业社会责任的履行能够帮助企业建立政治联系,且社会责任履行度越高越有助于民营企业获得贷款(李姝 等,2014),因此社会责任信息强制披露的"倒逼效应"可能会使民营企业通过履行社会责任获得更多的政治关联,进而获得更多融资。而国有企业由于自身的国有资本和政治优势,有更多的政治联系,更容易获得财政补贴,因此社会责任信息强制披露的"倒逼效应"产生的影响对国有企业来说相对较弱;另一方面,有别于非国有企业更关注自身发展、更希望通过履行社会责任提高自身价值,国有企业由于受国家干预,自身还是市场参与者,履行社会责任更多是为了顺应国家政策、执行相关法律法规、满足管理者晋升需求(唐伟 等,2017),这并非实质性的社会责任履行,将影响国有企业的社会责任履行成效。因此本章推测,社会责任信息强制披露对企业融资能力的影响在非国有企业中更加显著。

为了检验社会责任报告强制披露对企业融资能力的影响在不同所有权性质的企业中的差异,我们将样本细分为国有企业和非国有企业进行回归分析。若公司实际控制人为中央和国家机关、中央和地方国有企业、地方国资委、地方政府,则该公司属于国有企业,反之则为非国有企业。具体而言,我们将实验组企业进一步划分为国有企业组 $Treat_{SOE}$ 与非国有企业组 $Treat_{NonSOE}$,并将模型(4-3)中的实验组哑变量 Treat 替换为 $Treat_{SOE}$ 与 $Treat_{NonSOE}$。$Treat_{SOE}$ 的定义为:进入社会责任强制披露组(纳入"上证公司治理板块"和"深证100指数"的样本公司)

第四章 社会责任信息强制披露与企业融资能力

的国有企业取值为1,反之为0;$Treat_{NonSOE}$的定义为:进入社会责任强制披露组(纳入"上证公司治理板块"和"深证100指数"的样本公司)的非国有企业取值为1,反之为0。二者的比较基准均为控制组企业(即$Treat_{SOE}$与$Treat_{NonSOE}$均为0的企业)。

实证检验结果见表4-14。列(1)的因变量为企业融资成本(WACC),回归结果显示,$Treat_{SOE} \times Post$与融资成本的回归系数为-0.911,高于$Treat_{NonSOE} \times Post$的回归系数-1.469,且统计上存在显著差异(Wald检验p值<0.1)。该结果表明,非国有企业在被强制披露社会责任报告后,其融资成本的下降幅度显著更大。列(2)的因变量为企业的融资增量($\Delta LIBDebt$),结果显示,$Treat_{SOE} \times Post$与融资增量的回归系数不显著,而$Treat_{NonSOE} \times Post$与融资增量的回归系数在10%的水平上显著为正,表明社会责任报告强制披露对融资增量的促进作用在非国有性质的实验组企业中更显著。列(3)的因变量为企业的融资存量[$\ln(IBDebt)$],结果显示,$Treat_{SOE} \times Post$与融资存量的回归系数不显著,而$Treat_{NonSOE} \times Post$与融资存量的回归系数在1%的水平上显著为正,表明社会责任报告强制披露对融资存量的促进作用在非国有性质的实验组企业中更显著。从整体来看,表4-14的结果表明,社会责任报告强制披露更有助于非国有企业融资成本降低、融资额提高。

表4-14 社会责任信息强制披露对融资能力的影响:所有权性质差异

变量	(1) WACC	(2) $\Delta LIBDebt$	(3) $\ln(IBDebt)$
$Treat_{SOE} \times Post$	-0.911***	0.005	0.246
	(0.000)	(0.261)	(0.361)
$Treat_{NonSOE} \times Post$	-1.469***	0.010*	0.872***
	(0.000)	(0.084)	(0.006)

续表

变量	(1) WACC	(2) ΔLIBDebt	(3) ln(IBDebt)
Post	−0.067	−0.002	−0.227
	(0.852)	(0.856)	(0.682)
Size	−0.506***	−0.004	0.794***
	(0.000)	(0.106)	(0.000)
Leverage	−2.317***	0.103***	13.396***
	(0.001)	(0.000)	(0.000)
Cash	−1.933***	0.042***	−6.926***
	(0.005)	(0.005)	(0.000)
ROA	−0.115***	0.001*	0.015
	(0.000)	(0.059)	(0.583)
Age	−0.018	0.002	−0.071
	(0.816)	(0.401)	(0.598)
Management	0.043*	−0.001	0.169***
	(0.052)	(0.353)	(0.001)
BM	0.925**	0.013	1.338*
	(0.017)	(0.142)	(0.052)
SOE	−0.706*	0.015*	−0.257
	(0.063)	(0.077)	(0.611)
组内差异检验	(0.010)	(0.360)	(0.049)
Year FE	控制	控制	控制
Firm FE	控制	控制	控制
R^2	0.481	0.235	0.718
观测值	3713	3713	3713

注:(1)***、**、*分别表示在1%、5%、10%的统计水平上显著;(2)括号内数字为 p 值。

四、客户集中度差异

本章进一步考察客户集中度差异如何影响社会责任报告强制披露对企业融资能力的作用效果。客户是企业重要的外部利益相关者（陈峻 等，2015），有研究表明企业的社会责任信息披露水平随着客户集中度的提高而降低（赵选民 等，2019），这说明企业的客户群体特征是影响社会责任信息披露的重要因素，较高的客户集中度可能侵占企业的经济资源，相反，企业对客户的依赖程度越低，越能够分散企业的风险。因此本章推测，社会责任信息强制披露对企业融资能力的影响在客户集中度较低的企业中更加显著。

下面对上述理论推测进行实证检验。为了度量企业的客户集中度，参考陈峻等（2015），采用公司 i 第 t 年来自前五大客户的营业收入占总收入的比重来衡量，该指标越大说明企业的客户集中度越高。具体而言，我们将实验组企业进一步划分为高客户集中度组 $Treat_{HighCustomerCons}$ 和低客户集中度组 $Treat_{LowCustomerCons}$，并将模型（4-3）中的实验组哑变量 Treat 替换为 $Treat_{HighCustomerCons}$ 与 $Treat_{LowCustomerCons}$。将 $Treat_{HighCustomerCons}$ 定义为：进入社会责任强制披露组（纳入"上证公司治理板块"和"深证100指数"的样本公司），且当年的客户集中度大于等于所属行业当年客户集中度中位值的企业取值为1，反之为0；将 $Treat_{LowCustomerCons}$ 定义为：进入社会责任强制披露组（纳入"上证公司治理板块"和"深证100指数"的样本公司），且当年的客户集中度小于所属行业当年客户集中度中位值的企业取值为1，反之为0。

实证检验结果见表4-15。列（1）的因变量为企业融资成本（WACC），回归结果显示，$Treat_{HighCustomerCons} \times Post$ 与融资成本的回归系数为-0.928，高

于 $\text{Treat}_{\text{LowCustomerCons}} \times \text{Post}$ 与融资成本的回归系数 -1.134。该结果表明,客户集中度较低的企业在被强制披露社会责任报告后,其融资成本的下降幅度更大,但统计上并不存在显著差异。列(2)的因变量为企业的融资增量($\Delta \text{LIBDebt}$),结果显示,$\text{Treat}_{\text{HighCustomerCons}} \times \text{Post}$ 与融资增量的回归系数不显著,而 $\text{Treat}_{\text{LowCustomerCons}} \times \text{Post}$ 与融资增量的回归系数在5%的水平上显著为正,表明社会责任报告强制披露对融资增量的促进作用仅体现在客户集中度较低的实验组企业中。列(3)的因变量为企业的融资存量[$\ln(\text{IBDebt})$],结果显示,$\text{Treat}_{\text{HighCustomerCons}} \times \text{Post}$ 与融资存量的回归系数不显著,而 $\text{Treat}_{\text{LowCustomerCons}} \times \text{Post}$ 与融资存量的回归系数在5%的水平上显著为正,表明社会责任报告强制披露对融资存量的促进作用仅体现在客户集中度较低的实验组企业中。从整体来看,表4-15 的结果表明,社会责任报告强制披露更有助于客户集中度较低的企业提高融资额。

表 4-15　社会责任信息强制披露对融资能力的影响:客户集中度差异

变量	(1) WACC	(2) $\Delta \text{LIBDebt}$	(3) $\ln(\text{IBDebt})$
$\text{Treat}_{\text{HighCustomerCons}} \times \text{Post}$	-0.928^{***}	0.002	0.510
	(0.000)	(0.661)	(0.135)
$\text{Treat}_{\text{LowCustomerCons}} \times \text{Post}$	-1.134^{***}	0.009^{**}	0.622^{**}
	(0.000)	(0.047)	(0.028)
Post	0.291	-0.001	-0.387
	(0.422)	(0.884)	(0.175)
Size	-0.548^{***}	-0.003	0.524^{***}
	(0.000)	(0.128)	(0.000)
Leverage	-2.416^{***}	0.102^{***}	15.238^{***}
	(0.001)	(0.000)	(0.000)

续表

变量	(1) WACC	(2) ΔLIBDebt	(3) ln(IBDebt)
Cash	−2.209***	0.042***	−10.493***
	(0.001)	(0.005)	(0.000)
ROA	−0.123***	0.001*	0.033
	(0.000)	(0.058)	(0.247)
Age	−0.314***	0.002	−0.013
	(0.000)	(0.421)	(0.770)
Management	0.016	−0.001	0.034
	(0.444)	(0.318)	(0.341)
BM	1.046***	0.012	1.356***
	(0.007)	(0.166)	(0.005)
SOE	−0.556	0.014	0.528
	(0.128)	(0.105)	(0.210)
组内差异检验	(0.227)	(0.254)	(0.698)
Year FE	控制	控制	控制
Firm FE	控制	控制	控制
R^2	0.488	0.235	0.652
观测值	3713	3713	3713

注：(1)***、**、*分别表示在1%、5%、10%的统计水平上显著；(2)括号内数字为 p 值。

五、制度环境差异

各省间发展不均衡是当前处于转型时期的中国所表现出的一个显著特征，因此本章还考察了制度环境差异如何影响社会责任信息强制披露对融资能力的作用效果。从宏观层面来看，制度环境好的地区，制度建设更健全,市场发育更成熟,信息透明度更高;从微观层面来看,上市公司所在地区的市场化程度越高,公司的内部控制质量越高(刘启亮等,2012),公司越不可能通过社会责任信息披露掩盖不良行为。上述两方面因素有助于强制披露政策下的社会责任报告传递高质量的信息,进而有利于投资者对企业进行监督与价值评估,降低企业风险,增强企业融资能力。基于此,本章推测,社会责任信息强制披露对企业融资能力的影响在所处制度环境较好的企业中更加显著。

下面对上述理论推测进行实证检验。为了度量企业所处的制度环境状况,参考 Wu 等(2014)、Du 等(2017)和 Gong 等(2018),本章采用企业所在省份的市场化总指数评分来衡量,该指标来源于中国市场化指数报告(王小鲁 等,2018),指标越大说明企业所处的制度环境状况越好。具体而言,根据企业当年的市场化总指数评分将实验组企业进一步划分为制度环境较好组 $Treat_{HighMarket}$ 和制度环境较差组 $Treat_{LowMarket}$,并将模型(4-3)中的实验组哑变量 Treat 替换为 $Treat_{HighMarket}$ 与 $Treat_{LowMarket}$。将 $Treat_{HighMarket}$ 定义为:进入社会责任强制披露组(纳入"上证公司治理板块"和"深证 100 指数"的样本公司),且所在省份当年的市场化总指数大于等于样本中位值的企业取值为 1,反之为 0;将 $Treat_{LowMarket}$ 定义为:进入社会责任强制披露组(纳入"上证公司治理板块"和"深证 100 指数"的样本公司),且所在省份当年的市场化总指数小于样本中位值的企业取值为 1,反之为 0。

实证检验结果见表 4-16。列(1)的因变量为企业融资成本(WACC),回归结果显示,$Treat_{HighMarket} \times Post$ 与融资成本的回归系数为 −1.111,低于 $Treat_{LowMarket} \times Post$ 与融资成本的回归系数 −0.993。该结果说明,在被强制披露社会责任报告后,所处制度环境较好的企业融资成本的下降幅度比所处制度环境较差的企业更大,但二者差异并不显著。列(2)的因变量为企业的融资增量(ΔLIBDebt),结果显示,$\text{Treat}_{\text{HighMarket}} \times \text{Post}$ 与融资增量的回归系数在5%的水平上显著为正,而 $\text{Treat}_{\text{LowMarket}} \times \text{Post}$ 与融资增量的回归系数并不显著,这表明社会责任报告强制披露对融资增量的促进作用对于所处制度环境较好的实验组企业来说更显著。列(3)的因变量为企业的融资存量[ln(IBDebt)],结果显示,$\text{Treat}_{\text{HighMarket}} \times \text{Post}$ 与融资存量的回归系数在1%的水平上显著为正,而 $\text{Treat}_{\text{LowMarket}} \times \text{Post}$ 与融资存量的回归系数并不显著,这表明社会责任报告强制披露对融资存量的促进作用对于所处制度环境较好的实验组企业来说更显著。从整体来看,表4-16的结果表明,社会责任报告强制披露更有助于所处制度环境较好的企业提升融资额。

表4-16 社会责任信息强制披露对融资能力的影响:制度环境差异

变量	(1) WACC	(2) ΔLIBDebt	(3) ln(IBDebt)
$\text{Treat}_{\text{HighMarket}} \times \text{Post}$	-1.111^{***}	0.010^{**}	0.866^{***}
	(0.000)	(0.026)	(0.003)
$\text{Treat}_{\text{LowMarket}} \times \text{Post}$	-0.993^{***}	0.002	-0.084
	(0.000)	(0.659)	(0.764)
Post	0.294	-0.002	-0.205
	(0.418)	(0.873)	(0.712)
Size	-0.551^{***}	-0.003	0.847^{***}
	(0.000)	(0.154)	(0.000)
Leverage	-2.411^{***}	0.102^{***}	13.283^{***}
	(0.001)	(0.000)	(0.000)
Cash	-2.206^{***}	0.042^{***}	-6.960^{***}
	(0.001)	(0.006)	(0.000)
ROA	-0.122^{***}	0.001^{*}	0.013
	(0.000)	(0.070)	(0.657)

续表

变量	(1) WACC	(2) ΔLIBDebt	(3) ln(IBDebt)
Age	−0.314***	0.002	−0.084
	(0.000)	(0.431)	(0.533)
Management	0.014	−0.000	0.172***
	(0.496)	(0.388)	(0.001)
BM	1.055***	0.012	1.179*
	(0.007)	(0.188)	(0.086)
SOE	−0.556	0.014*	−0.399
	(0.129)	(0.100)	(0.423)
组内差异检验	(0.518)	(0.153)	(0.001)
Year FE	控制	控制	控制
Firm FE	控制	控制	控制
R^2	0.487	0.235	0.719
观测值	3713	3713	3713

注：(1)***、**、*分别表示在1%、5%、10%的统计水平上显著；(2)括号内数字为p值。

第七节 本章小结

本章以2005—2016年中国上市公司为样本，利用企业被强制披露社会责任报告这一外生场景，采用时间错列的PSM-DID方法，检验强制披露社会责任报告对企业融资能力的作用效果和影响机制。研究发现：社会责任信息强制披露能够降低企业的融资成本，提高企业的融资增量和融资存量。在平行趋势检验及考虑指标有效性、错列式DID方法的局限性、交易所差异因素后,这一实证结果依旧稳健。进一步地,本章通过机制检验发现,社会责任信息强制披露能够提升被强制披露企业的社会责任表现,进而通过减少代理问题、降低企业风险、提高信息透明度、提高企业合法性,形成对企业融资能力的影响效应。此外,本章通过异质性检验发现,社会责任报告强制披露对于企业融资能力的提升作用主要体现在非国有企业、具有实质性的社会责任履行成效的企业中,以及资本密集程度较高、客户集中度较低、所处制度环境较好的企业中。

  本章的研究结论具有重要的理论意义和实践意义。首先,本章的研究丰富并完善了有关社会责任披露、信息披露以及企业融资领域的文献,理论上有助于利益相关者理论和委托代理理论的发展。其次,本章的研究结论具有丰富的管理实践意义。社会责任报告强制披露是我国信息披露政策的重要制度变迁,本章的研究结论从微观层面评估了社会责任报告强制披露政策的实施效果,证实了社会责任信息强制披露对企业融资能力的提升作用。对于企业来说,本章对社会责任信息强制披露与融资能力之间关系的揭示,有助于企业全面认识承担企业社会责任并进行披露的经济后果,为企业提供优化融资环境、提高企业价值的新思路;对于监管部门来说,本章的研究揭示了政府介入监管能够影响企业决策,为资本市场监管部门制定和完善企业社会责任履行和披露相关政策、法规提供决策依据和参考;对于投资者而言,本章的研究有助于投资者正确认识和理解企业社会责任及其披露行为与企业融资能力之间的关系,从而进行有效的资产配置。

第五章　社会责任信息强制披露与企业投资战略

第一节　问题提出

企业获得融资后的投资决策决定了企业未来的长期竞争力以及为利益相关者创造价值的方向。企业的创新投资战略主要分为内延式的自主研发投资和外扩式的并购投资,这就使得如下研究问题产生:在中国社会责任报告披露制度下,哪一种创新投资战略占主导地位,哪一种创新投资战略更有利于提高企业绩效？虽然现有文献探究了社会责任信息强制披露对企业业绩和价值(Ioannou et al.,2019;Chen et al.,2018;Lu et al.,2020)、信息不对称(Hung et al.,2013)、企业投资效率(Makosa et al.,2020)的影响,但关于社会责任信息强制披露如何影响企业投资战略这一问题尚缺乏系统、全面的研究。

基于上述原因,本章希望在中国的制度和市场背景下,通过有效的实证设计检验社会责任信息强制披露与投资战略之间的关系。具体而言,本章尝试探讨如下问题:第一,社会责任信息强制披露如何影响企业的总体投资规模;第二,在社会责任信息强制披露的背景下,哪一种投资战略占主导地位(投资结构);第三,社会责任信息强制披露如何具体地影响企业的投资特征(研发投资、并购行为)。

为检验上述问题,首先,本章以2007—2018年中国上市公司为研究样本,利用不同企业在不同的时点被强制披露社会责任报告这一错列式的外生冲击,采用多期双重差分方法,检验社会责任信息强制披露对企业投资战略的影响。根据Richardson(2006)的定义[①],本章将企业投资战略分为内部拓展式投资战略(内部投资)和外部扩张式投资战略(并购),发现在社会责任信息强制披露的背景下,企业的总体投资规模降低,内部投资比例提高,研发投资水平提高,且外部投资动机减弱,即被强制披露社会责任报告的企业更注重内部拓展式的投资。

其次,本章围绕高管道德风险、信息传递以及投资者关注三个方面检验其中的作用机制。第一,道德风险机制,即社会责任信息强制披露有助于减少高管的道德风险问题,从而使管理者做出有利于公司发展的投资决策;第二,信息机制,即社会责任信息强制披露通过降低企业的信息不对称程度,使高管更加积极地投资不确定性较大的项目,并减弱企业通过并购向公众传递信息的动机;第三,投资者关注机制,即被强制披露社会责任报告的企业由于进入"上证公司治理板块"和"深证100指数"从而吸引更多投资者的关注,进而减弱通过特定投资行为来吸引投资者关注的动机。上述机制能够解释社会责任信息强制披露对企业投资战略的影响。

再次,本章从现金流水平和政策外部性两个维度进行分样本检验,发现社会责任信息强制披露对企业投资战略的作用效果仅在企业面临现金短缺情况以及较高的政策外部性时体现。这证实了社会责任信息

[①] Richardson(2006)认为企业的总投资规模分为两个重要部分:一是维持现有资产状态的投资支出;二是新项目的投资支出。

强制披露的资金挤出效应以及管制的外部性是制约企业投资战略的重要因素。

最后,本章检验社会责任信息强制披露下主导的投资战略能否对企业投资效率和财务业绩产生影响,发现在社会责任信息强制披露影响的、内部投资占主导的投资战略下,企业的无效率投资行为受到抑制,且利润增长率提高。换言之,虽然社会责任信息强制披露使企业投资规模降低,但却提高了企业的投资效率,并有利于企业增强成长性。

第二节 理论分析与假设提出

一、社会责任信息强制披露与投资规模

社会责任信息强制披露可能使企业的投资规模增大,原因在于:第一,社会责任信息披露是非财务信息披露的重要组成部分,能为投资者评估公司价值提供重要信息,因此能够降低企业与投资者之间的信息不对称程度(Dhaliwal et al.,2014),进而降低企业的资本成本(Healy et al.,2001)。在这样的情况下,企业对外部融资的需求会增加。若企业获得更多的融资,则企业的投资规模可能也会相应增加。第二,社会责任信息强制披露使得企业社会责任信息更加透明,政府和相关利益团体更可能督促企业履行社会责任(Chen et al.,2018),而企业履行社会责任的一项重要内容就是投资者权益保护,当外部投资者的权益得到较好的保护时,其愿意提供更多的外部资金。当具备更强的资金支持时,企业可能会扩大投资规模。基于以上分析,提出本章第一个假设:

假设 5-1a：被强制披露社会责任报告后，企业的总投资规模增大。

然而，企业社会责任信息强制披露也可能使企业的投资规模减小。一方面是因为社会责任活动的资金"挤占"作用。履行社会责任是企业的一种长期行为，需要大量资金和资源去支撑，如社会公益、环境治理、社区投资等，会给企业造成一定的财务压力。而企业的投资活动，特别是长期投资活动，可能具有高风险、资金消耗量大、回收周期长的特性，这同样也会使企业的财务压力增大。社会责任信息强制披露促使企业将预留的资金投入社会责任型活动中，特别是在资金不充裕的情况下，企业很可能因为选择投入社会责任活动，增加社会责任支出而放弃其他投资项目，这就对企业投资活动产生了资金"挤占"作用。

另一方面是因为管理者短视行为使得风险水平提升。首先，有研究表明，掩盖管理层的不道德行为是企业从事社会责任活动的动机之一（Hemingway et al.，2004），CEO 通过捐赠与独董建立物质关系（Cai et al.，2021），且社会责任信息披露在中国股价崩盘风险中表现为掩饰效应（田利辉 等，2017），会牺牲股东利益从而降低企业的收益率（Chen et al.，2018），因此，如果社会责任信息披露被视为企业的一种"工具性"的掩盖行为，那么投资者的投资动机可能降低，即使投资了也可能要求更高的投资回报率，这就降低了企业参与投资活动的积极性。其次，Yeh 等（2020）认为，企业投资社会责任活动只是为了遵守规定，这类活动高成本与高风险的特点使得投资者的预期收益提高，会要求更高的投资溢价，从而增加权益资本成本。因此，社会责任信息强制披露政策可能使得社会责任披露仅仅是企业为了迎合法规所做出的行为，这一迎合行为将会花费较高的成本，导致投资者有更高的期望收益，企业将更不容易获得低成本的融资，进而影响到企业投资活动的资金筹集。基于上述理论分析，本章提出以下备择假设：

假设5-1b：被强制披露社会责任报告后，企业的总投资规模降低。

二、社会责任信息强制披露与投资行为

1.社会责任信息强制披露与投资战略

Richardson(2006)认为，企业的总投资规模应分为两个重要部分：一是维持现有资产状态的投资支出；二是新项目的投资支出。根据这一观点，本章也将企业的投资战略分为两部分：（1）内部拓展式投资战略，即通过在企业内部购买固定资产，以及投资于技术研发形成无形资产；（2）外部扩张式投资战略，即通过收购另一家企业以获得对该企业的所有权或控制权（并购行为）。类似地，罗宏等（2015）、姜付秀（2008，2009）也采用了相似的方法区分企业的投资形式。

在社会责任信息强制披露的背景下，企业可能倾向于选择以内部投资为主的投资战略，原因主要有以下两方面。

第一，从现金流的角度来看，外部扩张式的投资战略受现金约束的程度高于内部拓展式的投资战略。一方面，现金较多的企业更偏好并购（Jensen，1986；姜付秀 等，2008），且并购企业通常要吸收被并购企业的员工和过多的成本，这将会减少企业的运营资金，可能会使企业融资困难（姜付秀 等，2008），企业面临现金短缺时选择外部投资的可能性降低。由于外部投资所涉及的资金规模庞大，再加上社会责任信息强制披露可能造成更多的社会责任支出，短期内可能损害企业绩效（Chen et al.,2018;Lu et al.,2020）。对于被强制要求披露社会责任报告或是重视企业社会责任的管理者所在的企业，面临现金短缺情况的可能性越大，就越不可能选择外部扩张式投资战略。另一方面，安铁雷（2010）指出，内部投资的企业扩张方式可控性较强、持续性较长，而外部投资

的企业扩张方式可控性较小且具有间断性。融资约束程度越高,企业的投资决策越谨慎(Bai et al.,2007;Denis et al.,2009),越可能选择可控性较强的内部投资项目。

第二,从道德风险的角度来看,企业选择外部扩张式投资战略所面临的道德风险大于选择内部拓展式投资战略面临的道德风险。自由现金流假说认为,当企业拥有大量现金流时,管理者更可能将现金投入并购活动中,尤其是低收益或者损值型并购(Jensen,1986)。Gompers等(2003)的研究也表明,企业的代理成本与并购活动的金额正相关。当企业缺乏有效监督机制时,低效率投资或过度投资的情况会更严重。但是,当被强制披露社会责任报告时,企业不得不预留足够的资金用于社会责任型活动的投资,这可以看作是对管理者自利行为、企业资金使用的约束。在这种情况下,为了更大限度地节约资金,企业可能较少选择外部投资战略。基于以上分析,提出本章第二个假设:

假设5-2:被强制披露社会责任报告后,企业更可能选择内部拓展式的投资战略,其内部投资比例提高。

2.社会责任信息强制披露与研发投资

研发投资是内部投资战略的重要组成部分。已有文献表明,财务信息披露会影响企业的长期投资,例如Roychowdhury等(2020)提到财务报告会影响企业的长期投资决策(例如研发支出),Oswald等(2022)发现强制从英国公认会计准则转向国际财务报告准则的规定增加了企业的研发支出。而关于社会责任信息的强制披露如何影响企业研发投资这一长期内部投资战略,前人尚未展开探讨。企业被强制披露社会责任报告这一事件对研发投资的影响可能表现在:研发活动具有较高的不确定性、高失败率(Holmstrom,1989),因此企业只能被迫做部分的信息披露,这使得企业信息不对称程度较高,从而导致公司股价被市场低估(He et al.,2013),而强制企业披露社会责任报告通过降低信息不对称程度减少股价被低估的情况,促使企业高管更加积极地投资研发活动。基于上述分析,提出本章第三个假设:

假设 5-3:被强制披露社会责任报告后,企业的研发支出增加。

3.社会责任信息强制披露与外部投资动机

强制披露社会责任信息产生的作用能够替代并购活动产生的效应。企业并购具有以下作用:第一,已有文献表明积极的并购是减少代理问题的重要机制(Grossman et al.,1980;Bertrand et al.,2003)。第二,由于在企业并购行为中,投资者会对并购企业的价值进行重新判断(Travlos,1987),因此并购是一个传递企业股票低估信息的可选办法(李善民 等,2020),即并购是信号传递的途径。第三,为了避免向投资者传递不利信息,企业可以在投资者关注度较低的时候选择发起企业并购(Adra et al.,2018),通过发起并购吸引大量投资者的关注(李善民 等,2020),因此并购还是企业吸引投资者的方法。由于被要求强制披露社会责任报告的企业来自"上证公司治理板块"和"深证 100 指数",这两类样本企业是证券市场中市值较大、治理情况和流动性较好的企业,这意味着被要求披露社会责任报告的企业很可能已具备完善治理结构、吸引更多投资者关注的能力。另外,在强制披露社会责任信息的背景下,由于信息不对称程度的降低,企业通过并购向公众展示企业高质量信息的动机可能减弱。上述情况将会削弱企业将并购作为信息传递途径、吸引投资者关注的动机。

此外,不恰当的并购行为可能与企业社会责任活动中所倡导的理念相违背。Cen 等(2016)的研究表明,并购会对企业与重要利益相关者之间的关系产生不利影响,因为并购带来的战略改变可能引起公司的机会主义行为(Shleifer et al.,1988),利益相关者更不愿意与并购公司建立关系并进行特定投资,从而导致企业更难吸引高质量的重要利益相关者(例如关键的客户)。在强制披露社会责任信息的背景下,企业更希望展现出对利益相关者权益保护这一承诺的履行。如果过多的并购行为有损于企业与重要利益相关者之间的关系,那么企业选择并购这一外部投资战略的动机可能减弱。基于上述分析,提出本章第四个假设:

假设5-4:被强制披露社会责任报告后,企业的外部投资动机减弱。

第三节 研究设计

一、样本选择与数据来源

本章以中国 A 股上市公司作为初始样本,并采用如下标准筛选样本:第一,由于上交所和深交所从 2008 年起强制要求特定企业在年报中披露社会责任报告,且该类企业样本每年都会进行动态调整,是企业难以进行主观操纵的,因此本章要求在样本期间内,这类特定企业从首次被强制披露社会责任报告之后没有退出被强制披露的企业名单,以保证实证设计的有效性;第二,为了体现强制性政策的影响,本章剔除了自愿披露社会责任报告的企业;第三,本章要求被强制披露的企业在强制披露前至少 1 年内的关键研究变量没有缺失;第四,本章剔除了金融行业公司、公共事业行业公司、退市公司、ST 公司。最终,得到 3262 家公司的 22797 个观测值,样本期间为 2007—2018 年。本章使用的财务指标及公司特征数据来自中国研究数据服务平台(CNRDS),并购数据来自 CNRDS 数据库、CSMAR 数据库和 Wind 数据库,各年被强制披露社会责任报告的企业调整名单的初始数据来自上海证券交易所和深圳证券交易所公告。

二、关键变量定义

1.总投资规模(TotalInv)

Richardson(2006)认为,企业的总投资规模应分为两个重要部分:一是维持现有资产状态的投资支出;二是新项目的投资支出。根据这一观点,本章将企业投资分为内部投资和外部投资两部分,采用公司 i 第 t 年的内部投资金额(购建固定资产、无形资产和其他长期资产支付的现金减去处置固定资产、无形资产和其他长期资产收回的现金)与外部投资额(并购总金额)之和来衡量企业总投资规模(TotalInv)。具体定义如下。

(1)内部拓展式投资的代理变量(IntInv%)

借鉴 Richardson(2006)、姜付秀等(2009),本章构建企业内部投资比例(IntInv%)这一变量,用公司 i 第 t 年购建固定资产、无形资产和其他长期资产支付的现金减去处置固定资产、无形资产和其他长期资产收回的现金除以当年总投资金额来表示。这一投资结构指标的变化反映了企业的投资战略选择。

(2)外部扩张式投资的代理变量(ExtInv、ExtInv/asset)

参照姜付秀等(2009),本章采用并购作为企业外部投资的代理变量。首先对样本期间内发生的并购事件作如下筛选:第一,并购事件的实施进度为"完成";第二,上市公司的交易地位为"买方";第三,并购双方无"关联关系";第四,剔除并购交易金额小于 100 万元人民币的并购事件。根据上述筛选过程获得的并购事件,将每家企业同一年度的并购事件进行合并。其次,构建企业外部投资动机(ExtInv)变量,若公司 i 第 t 年发起过并购则取值为1,否则为0。最后,在稳健性检验中,本章采用企业当年的并购总金额除以年末总资产(即 ExtInv/asset)来衡量企业的外部投资程度。

(3)研发投资水平(R&D/asset)

本章采用公司 i 第 t 年的研发支出除以年末总资产来度量企业的研发投资战略(R&D/asset)。其中,研发支出数据来自企业年报中"经营情况讨论与分析"章节下的"主营业务分析"模块中的"研发投入"表。在稳健性检验中,我们还采用研发支出加1取对数 $\ln(R\&D+1)$ 作为替代变量。

2.控制变量

为了控制其他可能影响企业投资行为的因素,本章在回归模型中加入了以下控制变量:公司规模(Size),即公司总资产的自然对数;资产负债率(Leverage),即总负债除以资产总额;现金持有(CFO),等于企业经营活动产生的现金净流量除以年末总资产;总资产收益率(ROA%),即净利润除以资产总额;公司成长性(Growth),即公司取对数后的销售收入的年度增加值;公司年龄(Age),即公司成立至当年的年份数;高管持股比例(Management),即高管持股数占公司总股数的比例;产权性质哑变量(SOE)定义为:若公司实际控制人为中央和国家机关、中央和地方国有企业、地方国资委、地方政府则取值为1,否则为0。此外,控制变量还包括年份固定效应(Year FE)和公司固定效应(Firm FE)。各变量的定义见表5-1。

表 5-1 变量定义

	变量名称	变量符号	变量定义
关键变量	总投资规模	TotalInv	内部投资额与外部投资金额之和除以年末总资产
	内部投资比例	IntInv%	公司当年内部投资额除以总投资额
	研发投资	R&D/asset	公司当年研发支出除以年末总资产
	外部投资动机	ExtInv	公司当年发起并购取值为1,否则为0
	外部投资金额	ExtInv/asset	公司当年总并购金额除以年末总资产
	研发投资对数	ln(R&D+1)	公司当年研发支出加1取对数
	非效率投资	IneffInv	非效率投资的企业取值为1,否则为0
	财务绩效	ProfitGr	公司当年的净利润增长率
	强制披露观测值	PostMandated	公司被强制披露后取值为1,否则为0
控制变量	公司规模	Size	公司总资产的自然对数值
	资产负债率	Leverage	总负债除以资产总额
	现金持有	CFO	经营活动产生的现金净流量除以年末总资产
	总资产收益率	ROA%	净利润除以资产总额
	公司成长性	Growth	公司销售收入年增加额的自然对数值
	高管持股比例	Management	高管持股数占公司总股数的比例
	公司年龄	Age	公司成立至当年的年份数
	产权性质	SOE	公司实际控制人为中央和国家机关、中央和地方国有企业、地方国资委、地方政府则取值为1,否则为0
	年份固定效应	Year FE	年份虚拟变量
	公司固定效应	Firm FE	公司虚拟变量

三、模型设定

为了识别社会责任信息强制披露对企业投资战略的因果效应,参考 Giroud(2013)、Bernstein 等(2016)的模型设计,本章基于不同企业

第五章 社会责任信息强制披露与企业投资战略

被强制披露企业社会责任报告这一时间交错的事件冲击,构建了如下多期双重差分模型进行实证检验:

$$\text{Inv}_{i,t} = \alpha_0 + \alpha_1 \text{PostMandated}_{i,t} + \sum \beta_j \text{Controls}_{i,j,t} + \text{Year FE} + \text{Firm FE} + \varepsilon_{i,t} \tag{5-1}$$

其中:模型的因变量 $\text{Inv}_{i,t}$ 表示公司 i 的投资行为,分别用总投资规模(TotalInv)、内部投资比例(IntInv%)、研发投资(R&D/asset)和外部投资动机(ExtInv)表示。$\text{PostMandated}_{i,t}$ 为虚拟变量,若公司 i 第 t 年被强制披露社会责任报告,则公司观测值在第 t 年以后的年份都取1,反之取0。$\text{Controls}_{i,j,t}$ 是一组可能影响企业投资行为的控制变量,包括公司规模(Size)、资产负债率(Leverage)、现金持有(CFO)、总资产收益率(ROA%)、公司成长性(Growth)、公司年龄(Age)、高管持股比例(Management)和产权性质虚拟变量(SOE)。此外,我们还在模型中加入了年份固定效应(Year FE)和公司固定效应(Firm FE)。为了减少变量异常值对实证检验的影响,对于连续变量,我们进行了99%和1%的缩尾处理。在本章所有的回归模型估计中,我们对模型标准误进行了异方差调整,以获得较为准确的 t 统计量。

值得注意的是,总投资规模(TotalInv)、内部投资比例(IntInv%)、研发投资(R&D/asset)均为连续变量,我们采用普通最小二乘法(ordinary least Squares,OLS)进行固定效应模型估计;而企业外部投资动机(ExtInv)为虚拟变量,理应采用概率模型(probit model)进行估计。然而,由于本章采用多期双重差分模型,模型中控制了公司和年度固定效应,过多的公司固定效应会使得Probit模型无法拟合,即使可以拟合,也存在冗余参数问题(即回归系数因固定效应过多而被放大),因此本章采用线性概率模型进行回归估计。

第四节 实证结果分析

一、描述性统计

表 5-2 为本章关键变量的描述性统计结果。由表 5-2 可知,企业总投资规模(TotalInv)的均值为 0.076,表明样本企业平均每年的投资金额占资产总额的 7.6%。内部投资比例(IntInv%)的均值为 0.872,表明样本企业平均每年内部投资金额占总投资规模的 87.2%。研发投资(R&D/asset)的均值为 0.013,表明样本企业平均每年的研发投资金额占资产总额的 1.3%。外部投资动机(ExtInv)的均值为 0.241,说明样本中平均每年有 24.1% 的企业存在外部投资行为。从控制变量来看,样本企业的平均资产负债率为 45.9%,现金净流量占比均值为 4.1%,平均资产收益率为 4.57%,年平均增长率为 12.5%,高管平均持股比例为 5.21%,公司平均成立年限为 10 年,样本中国有企业比例为 42.1%。

表 5-2 关键变量的描述性统计结果

变量名	均值	标准差	最小值	中位值	最大值	观测值
A栏:主要变量						
TotalInv	0.076	0.107	−0.042	0.043	0.641	22797
IntInv%	0.872	0.284	0.002	1.000	1.000	22797
R&D/asset	0.013	0.017	0.000	0.007	0.079	22797
ExtInv	0.241	0.428	0.000	0.000	1.000	22797
ln(R&D+1)	11.818	8.238	0.000	16.639	21.026	22797

续表

变量名	均值	标准差	最小值	中位值	最大值	观测值
ExtInv/asset	0.114	0.163	0.000	0.038	0.593	5499
IneffInv	0.501	0.492	0.000	0.504	1.000	22797
ProfitGr	−0.275	3.995	−28.031	0.113	10.038	22797
PostMandated	0.153	0.360	0.000	0.000	1.000	22797
B栏:控制变量						
Size	9331.053	21776.675	177.628	2866.672	151000	22797
Leverage	0.459	0.229	0.051	0.450	1.311	22797
CFO	0.041	0.076	−0.208	0.041	0.258	22797
ROA%	4.573	7.589	−28.010	3.940	33.260	22797
Growth	0.125	0.353	−1.146	0.111	1.637	22797
Management	5.212	12.159	0.000	0.006	57.968	22797
Age	9.935	6.396	1.000	9.000	28.000	22797
SOE	0.421	0.494	0.000	0.000	1.000	22797

二、回归结果分析

1.社会责任信息强制披露与总投资规模

表5-3报告了社会责任信息强制披露对投资规模的双重差分回归结果。因变量为企业的总投资规模(TotalInv)。可以发现,PostMandated的回归系数为−0.024,且在1%水平上显著,这一结果说明相比于未被强制披露社会责任报告的企业,被强制披露社会责任报告的企业的总投资规模显著降低。该结果的经济意义也是显著的,它表明平均来说,一家企业总投资规模的降幅差异为总资产的2.4%,即2.2亿元人民币,相当于样本均值(0.076)的32%。该结果支持了假设5-1b,即当被强制披露社会责任报告后,企业的总体投资规模减小。

从控制变量的结果来看,现金净流量、资产收益率、企业成长性、管理层持股比例与企业总投资规模呈现正相关关系,说明现金越充裕、资产收益率越高、成长性越好的企业,投资规模越大。

表 5-3　社会责任报告强制披露对企业投资规模的回归结果

变量	TotalInv
PostMandated	−0.024***
	(0.000)
Size	0.006
	(0.254)
Leverage	−0.016
	(0.234)
CFO	0.022**
	(0.019)
ROA%	0.002***
	(0.000)
Growth	0.029***
	(0.000)
Management	0.000**
	(0.025)
Age	−0.001
	(0.107)
SOE	−0.004
	(0.263)
Year FE	控制
Firm FE	控制
R^2	0.320
观测值	22797

注:(1)***、**、* 分别表示在 1%、5%、10% 的统计水平上显著;(2)括号内数字为 p 值。

2.社会责任信息强制披露与投资行为

表5-4报告了社会责任信息强制披露对投资战略的双重差分回归结果。列(1)的因变量为企业内部投资比例(IntInv%),结果显示PostMandated的回归系数为0.028,在1%水平上显著,表明社会责任信息强制披露使企业内部投资比例提升2.8%,约相当于样本均值(0.872)的3.2%。这一结果支持了假设5-2,即当被强制披露社会责任报告后,企业的内部投资比例提高。列(2)的因变量为企业研发投资水平(R&D/asset),结果显示PostMandated的回归系数为0.002,在5%水平上显著,表明社会责任信息强制披露使企业的研发投资比例提升0.2%,约相当于样本均值(1.3%)的15%。该结果支持了假设5-3,说明社会责任信息强制披露显著提升了企业的研发投资水平。列(3)的因变量为外部投资动机(ExtInv),PostMandated的回归系数为-0.052,在1%水平上显著,表明社会责任信息强制披露使企业外部投资的概率降低5.2%,约相当于样本均值(24.1%)的22%。此结果支持了假设5-4,即被强制披露社会责任报告的企业的外部投资动机显著减弱。

从控制变量的结果来看,资产负债率、资产收益率、企业成长性、企业年龄与内部投资比例呈现负相关关系,表明资产负债率越低、资产收益率越低、成长性越弱的年轻企业,越倾向选择内部拓展的投资战略。公司规模、资产负债率与研发投资水平呈现负相关关系,现金净流量、管理层持股比例、企业年龄与研发投资水平呈现正相关关系,说明公司规模越小、资产负债率越低、现金越充足、管理层持股越多的年轻企业的研发投资水平越高。公司规模、资产收益率、企业成长性与企业外部投资动机呈现正相关关系,表明公司规模越大、资产收益率越高、成长性越强的企业,其外部投资动机越强。

表 5-4　社会责任报告强制披露对企业投资行为的回归结果

变量	(1) IntInv%	(2) R&D/asset	(3) ExtInv
PostMandated	0.028***	0.002**	−0.052***
	(0.006)	(0.016)	(0.005)
Size	−0.014	−0.001***	0.051***
	(0.318)	(0.001)	(0.006)
Leverage	−0.051**	−0.002**	0.027
	(0.033)	(0.028)	(0.301)
CFO	0.023	0.004***	−0.077
	(0.384)	(0.001)	(0.176)
ROA%	−0.004***	0.000	0.005***
	(0.001)	(0.988)	(0.000)
Growth	−0.088***	0.000	0.097***
	(0.000)	(0.837)	(0.000)
Management	0.001	0.000**	−0.000
	(0.266)	(0.014)	(0.957)
Age	−0.005**	0.001***	0.003
	(0.018)	(0.000)	(0.101)
SOE	0.002	−0.000	−0.002
	(0.921)	(0.795)	(0.929)
Year FE	控制	控制	控制
Firm FE	控制	控制	控制
R^2	0.305	0.794	0.314
观测值	22797	22797	22797

注：(1) ***、**、* 分别表示在 1%、5%、10% 的统计水平上显著；(2) 括号内数字为 p 值。

三、稳健性检验

本章采用四种方法验证上述结论的稳健性。第一,为了避免变量度量误差,本章将替换研究主要的被解释变量进行指标有效性检验;第二,为了验证实证结果是否满足平行趋势假设,本章将检验社会责任报告强制披露对企业投资战略的动态影响;第三,为了排除不同类别样本的差异,本章进行了分组检验,包括区分交易所和扩张型企业所进行的双重差分回归检验;第四,为了排除实验组企业与控制组企业可能存在的公司特征的差异,本章还基于通过倾向得分匹配(PSM)方法得到的样本进行双重差分回归检验。

1.替代变量检验

本章构建了两类指标作为关键变量的替代变量。第一,采用研发支出加1取自然对数,即 $\ln(R\&D+1)$ 作为替代变量,表示研发水平;第二,基于并购事件样本,使用并购金额除以年末总资产,即(ExtInv/asset)来衡量企业的外部投资程度。

表5-5报告了采用替代变量的实证结果。结果显示,PostMandated 与研发水平 $\ln(R\&D+1)$ 的回归系数显著为正,与外部投资程度(ExtInv/asset)的回归系数显著为负,说明在强制披露社会责任报告事件发生后,被强制披露社会责任报告的企业的研发投资规模显著提高,且企业的并购投资程度显著降低。这一实证结果与前文结果一致,证实了社会责任信息强制披露对企业长期内部投资的提升作用与对外部投资的降低作用。

表 5-5 稳健性检验一(替换关键被解释变量)

变量	(1) ln(R&D+1)	(2) ExtInv/asset
PostMandated	1.006***	−0.047**
	(0.001)	(0.013)
Size	0.983***	−0.069***
	(0.000)	(0.000)
Leverage	−0.923***	0.032
	(0.003)	(0.331)
CFO	1.339**	0.021
	(0.015)	(0.685)
ROA%	0.004	0.004***
	(0.491)	(0.000)
Growth	−0.181*	0.031***
	(0.091)	(0.002)
Management	0.032***	−0.000
	(0.000)	(0.713)
Age	0.688***	0.015***
	(0.000)	(0.000)
SOE	−0.451*	0.007
	(0.067)	(0.779)
Year FE	控制	控制
Firm FE	控制	控制
R^2	0.762	0.592
观测值	22797	5499

注:(1) ***、**、* 分别表示在 1%、5%、10% 的统计水平上显著;(2) 括号内数字为 p 值。

2. 平行趋势检验

用双重差分法检验有效性的前提是平行趋势假设,即在被强制披露社会责任报告之前,企业的投资行为应该不存在显著差异。本章采用动态双重差分方法来检验平行趋势假设是否得到满足。具体而言,

第五章 社会责任信息强制披露与企业投资战略

本章构建了时间趋势虚拟变量 Pre(−2,−1)、Post(0)、Post(+1)和 Post(≥+2),若企业观测值是在被强制披露事件发生前1~2年的,则 Pre(−2,−1)取1,否则取0;若企业观测值是在被强制披露事件发生当年的,则 Post(0)取1,否则取0;若企业观测值是在被强制披露事件发生后1年的,则 Post(+1)取1,否则取0;若企业观测值是在被强制披露事件发生2年及以后的,则 Post(≥+2)取1,否则取0。本章将这四类时间趋势虚拟变量加入模型(5-1)中进行回归分析,其余变量的定义与模型(5-1)一致。

表5-6报告了平行趋势检验的回归结果。列(1)中,被解释变量为企业的总投资规模(TotalInv),结果显示,Pre(−2,−1)的回归系数不显著,说明在强制披露社会责任报告事件发生前,企业的总投资规模平均来看不存在显著的差异,该差异从强制披露社会责任报告事件发生后第1年开始产生[Post(+1)的回归系数在10%的水平上显著为负,Post(≥+2)的回归系数在1%的水平上显著为负]。列(2)的被解释变量为企业内部投资比例(IntInv%),结果显示,Pre(−2,−1)的回归系数不显著,而 Post(≥+2)的回归系数显著为正,说明企业的内部投资比例从被强制披露社会责任报告后开始产生差异。列(3)的被解释变量为企业研发投资(R&D/asset),结果显示,Pre(−2,−1)的回归系数不显著,而 Post(≥+2)的回归系数显著为正,说明企业的研发投资水平从被强制披露社会责任报告后开始产生差异。列(4)的被解释变量为企业外部投资动机(ExtInv),结果显示,Pre(−2,−1)的回归系数不显著,而 Post(≥+2)的回归系数显著为负,说明企业的外部投资动机从被强制披露社会责任报告后开始产生差异。综上,表5-6的结果说明企业投资行为的变化差异是在社会责任报告强制披露事件发生后产生的,研究结论能够满足平行趋势假设。

表 5-6 稳健性检验二(平行趋势检验)

变量	(1) TotalInv	(2) IntInv%	(3) R&D/asset	(4) ExtInv
Pre(−2,−1)	0.006	0.001	0.002	0.010
	(0.543)	(0.961)	(0.206)	(0.789)
Post(0)	−0.012	0.035	0.003	−0.016
	(0.167)	(0.139)	(0.136)	(0.681)
Post(+1)	−0.015*	0.033	0.003	−0.017
	(0.089)	(0.179)	(0.114)	(0.657)
Post(≥+2)	−0.024***	0.054**	0.004**	−0.062*
	(0.006)	(0.019)	(0.030)	(0.081)
Size	0.006***	−0.015***	−0.001***	0.051***
	(0.008)	(0.003)	(0.001)	(0.000)
Leverage	−0.016*	−0.054***	−0.002**	0.028
	(0.058)	(0.006)	(0.027)	(0.240)
CFO	0.022*	0.023	0.004***	−0.078*
	(0.067)	(0.487)	(0.001)	(0.072)
ROA%	0.002***	−0.003***	0.000	0.005***
	(0.000)	(0.000)	(0.919)	(0.000)
Growth	0.029***	−0.089***	0.000	0.097***
	(0.000)	(0.000)	(0.766)	(0.000)
Management	0.000***	0.001**	0.000**	−0.000
	(0.002)	(0.048)	(0.015)	(0.987)
Age	−0.001***	−0.010***	0.001***	0.004**
	(0.003)	(0.000)	(0.000)	(0.014)
SOE	−0.004	0.001	−0.000	−0.001
	(0.480)	(0.954)	(0.760)	(0.937)
Year FE	控制	控制	控制	控制
Firm FE	控制	控制	控制	控制
R^2	0.321	0.304	0.794	0.314
观测值	22797	22797	22797	22797

注:(1)***、**、*分别表示在1%、5%、10%的统计水平上显著;(2)括号内数字为 p 值。

3.分组检验

(1)按交易所分组回归

由于被强制披露社会责任报告的样本公司来自"上证公司治理板块"与"深证100指数",不同交易所有不同的交易制度,因此在不同交易所上市的公司可能存在差异。基于此,本章按照股票代码区分公司的交易所,将样本分为"上海证券交易所"组和"深圳证券交易所"组分别进行双重差分回归。实证结果列于表5-7的A栏中。列(1)~列(3)为上交所样本,列(4)~列(6)为深交所样本。结果显示,无论是上交所还是深交所的样本,PostMandated与企业的总投资规模(TotalInv)、外部投资动机(ExtInv)的回归系数均显著为负,与企业内部投资比例(IntInv%)、企业研发投资(R&D/asset)的回归系数均显著为正。这一结果表明,无论是"上证公司治理板块"样本公司还是"深证100指数"样本公司,被强制披露社会责任报告的公司的总投资规模、外部投资动机在事件发生后都有了显著的减小或减弱,内部投资比例以及研发投资水平都有了显著的提升。

(2)保留扩张企业的样本

一些企业由于战略调整而采取企业收缩行为(例如企业分拆、股份回购、股票重组等),导致企业投资规模减小,无法体现企业的投资决策特征。因此,本章剔除了当年投资额为负的企业的观测值,即仅保留扩张企业的样本,以便更好地体现企业的投资战略选择。表5-7的B栏列示了该样本的回归结果。结果显示,PostMandated与企业总投资规模(TotalInv)、外部投资动机(ExtInv)的回归系数显著为负,与企业内部投资比例(IntInv%)、企业研发投资(R&D/asset)的回归系数均显著为正。这一结果再次证实了社会责任信息强制披露会使企业总投资规模减小、外部投资动机减弱,使企业的内部投资比例和研发投资水平提高。

表 5-7 稳健性检验三（分组检验）

A栏：按交易所分组

变量	（1）TotalInv	（2）IntInv%	（3）R&D/asset	（4）ExtInv	（5）TotalInv	（6）IntInv%	（7）R&D/asset	（8）ExtInv
	上海证券交易所样本				深圳证券交易所样本			
PostMandated	−0.027***	0.024**	0.001*	−0.047***	−0.019**	0.047**	0.004**	−0.075*
	(0.000)	(0.020)	(0.051)	(0.007)	(0.029)	(0.040)	(0.015)	(0.068)
Size	0.010***	−0.016	−0.000	0.045***	0.002	−0.009	−0.002***	0.052***
	(0.005)	(0.157)	(0.765)	(0.002)	(0.820)	(0.211)	(0.000)	(0.000)
Leverage	−0.033	0.010	−0.002	−0.017	−0.004	−0.090***	−0.002	0.041
	(0.105)	(0.661)	(0.127)	(0.597)	(0.811)	(0.001)	(0.109)	(0.207)
CFO	0.028*	0.003	0.003**	−0.066	0.019	0.035	0.005***	−0.080
	(0.080)	(0.923)	(0.030)	(0.173)	(0.118)	(0.440)	(0.001)	(0.189)
ROA%	0.001***	−0.002***	−0.000	0.004***	0.002***	−0.004***	0.000	0.006***
	(0.000)	(0.005)	(0.604)	(0.000)	(0.000)	(0.000)	(0.621)	(0.000)
Growth	0.025***	−0.073***	−0.000	0.078***	0.032***	−0.100***	0.000	0.115***
	(0.001)	(0.001)	(0.715)	(0.001)	(0.000)	(0.000)	(0.421)	(0.000)
Management	0.001**	0.000	−0.000	−0.001	0.000**	0.000	0.000***	0.000
	(0.015)	(0.786)	(0.709)	(0.465)	(0.037)	(0.223)	(0.010)	(0.660)
Age	−0.001**	−0.005***	0.001***	0.003**	−0.001	−0.006***	0.001***	0.007***
	(0.022)	(0.001)	(0.000)	(0.029)	(0.345)	(0.000)	(0.000)	(0.004)

续表

变量	(1) TotalInv	(2) IntInv%	(3) R&D/asset	(4) ExtInv	(5) TotalInv	(6) IntInv%	(7) R&D/asset	(8) ExtInv
	上海证券交易所样本				深圳证券交易所样本			
SOE	−0.005	0.017	−0.000	−0.035	−0.002	−0.015	−0.000	0.037
	(0.409)	(0.407)	(0.805)	(0.179)	(0.805)	(0.446)	(0.756)	(0.140)
Year FE	控制	控制	控制	控制	控制	控制	控制	控制
Firm FE	控制	控制	控制	控制	控制	控制	控制	控制
R^2	0.305	0.253	0.707	0.270	0.319	0.326	0.814	0.325
观测值	9829	9829	9829	9829	12968	12968	12968	12968

B栏：扩张企业样本

变量	(1) TotalInv	(2) IntInv%	(3) R&D/asset	(4) ExtInv
PostMarcated	−0.024***	0.029**	0.002***	−0.053***
	(0.000)	(0.016)	(0.000)	(0.009)
Size	0.000	−0.015***	−0.001***	0.043***
	(0.984)	(0.006)	(0.000)	(0.000)
Leverage	−0.006	−0.047**	−0.003***	0.041
	(0.501)	(0.023)	(0.000)	(0.120)
CFO	0.005	0.043	0.004***	−0.102**
	(0.693)	(0.211)	(0.000)	(0.028)

续表

变量	(1) TotalInv	(2) IntInv%	(3) R&D/asset	(4) ExtInv
ROA%	0.002***	−0.004***	0.000	0.006***
	(0.000)	(0.000)	(0.764)	(0.000)
Growth	0.030***	−0.090***	0.000	0.106***
	(0.000)	(0.000)	(0.340)	(0.000)
Management	0.000***	0.001	0.000***	−0.000
	(0.010)	(0.102)	(0.000)	(0.786)
Age	−0.000	−0.005***	0.001***	0.005***
	(0.277)	(0.000)	(0.000)	(0.003)
SOE	−0.004	0.003	−0.000	−0.002
	(0.434)	(0.824)	(0.839)	(0.928)
Year FE	控制	控制	控制	控制
Firm FE	控制	控制	控制	控制
R^2	0.325	0.317	0.800	0.316
观测值	21867	21867	21867	21867

注：(1)***、**、*分别表示在1%、5%、10%的统计水平上显著；(2)括号内数字为 p 值。

4.基于倾向得分匹配方法的检验

为了排除实验组企业与控制组企业可能存在的企业特征方面的差异,本章还采用倾向得分匹配方法,为被强制披露社会责任报告的企业寻找未被强制披露社会责任报告的企业作为与之匹配的控制组样本。对于控制组企业,本章作如下筛选:(1)要求未被强制披露社会责任报告的企业在整个样本期间内均未被纳入强制披露名单;(2)要求每家企业在事件发生前后至少1年内的关键研究变量没有缺失;(3)剔除了自愿披露社会责任报告的企业。进一步地,为每一家在第 t 年被强制披露社会责任报告的企业配对一家在同一年份、同一行业且倾向得分最接近的、未被强制披露社会责任报告的企业。倾向得分匹配采用Logit回归模型,用强制披露前一年(第 -1 年)的企业特征变量估计企业进入实验组的概率。具体配对指标包括公司规模(Size)、资产负债率(Leverage)、现金持有(CFO)、总资产收益率(ROA%)、公司年龄(Age)。此外,本章还控制了年份固定效应与行业固定效应,采用近邻匹配法,有放回地选择事件发生前一年倾向得分值最接近的企业作为实验组企业的配对样本,最终获得342对实验组和控制组企业,总共684家企业2007—2018年共2900个公司—年度观测值。由于匹配使得每家控制组企业都有与之相对应的实验组企业,控制组企业拥有相对的事件冲击时点,因此模型(5-1)中的 PostMandated 变量被分解为 Treat × Post。其中:Treat 表示若企业 i 属于实验组,即被强制披露社会责任报告的企业,则取值为1,反之则属于控制组,取值为0。Post 定义为:对于实验组企业,若公司—年度观测值在企业被强制披露社会责任报告之后则取值为1,反之为0;对于控制组企业,在其所匹配的实验组企业被强制披露社会责任报告之后取值为1,否则为0。本章考察了事件发生前后3年的观测值。

表 5-8 报告了基于 PSM 样本进行双重差分回归检验的结果。可以发现,Treat×Post 与企业总投资规模(TotalInv)、外部投资动机(ExtInv)的回归系数显著为负,与企业内部投资比例(IntInv%)、研发投资(R&D/asset)的回归系数均显著为正,这一结果再次证明了本章结论的稳健性。

表 5-8 稳健性检验四(基于 PSM 样本检验)

变量	(1) TotalInv	(2) IntInv%	(3) R&D/asset	(4) ExtInv
Treat×Post	−0.011**	0.040***	0.001**	−0.072***
	(0.034)	(0.002)	(0.025)	(0.007)
Post	−0.026	0.036	−0.000	−0.015
	(0.157)	(0.486)	(0.861)	(0.849)
Size	0.004*	−0.023	−0.000	0.077***
	(0.054)	(0.257)	(0.715)	(0.007)
Leverage	0.036	−0.028	−0.008***	−0.022
	(0.142)	(0.610)	(0.002)	(0.844)
CFO	−0.048	0.084	−0.004	−0.165
	(0.277)	(0.218)	(0.169)	(0.350)
ROA%	0.003**	−0.002	0.000***	0.004**
	(0.011)	(0.109)	(0.004)	(0.024)
Growth	0.015**	−0.080***	0.000	0.088***
	(0.026)	(0.002)	(0.526)	(0.010)
Management	0.001	−0.000	0.000**	−0.003
	(0.241)	(0.893)	(0.021)	(0.539)
Age	−0.001	−0.004	0.001***	−0.012
	(0.746)	(0.831)	(0.005)	(0.479)
SOE	−0.017	−0.007	0.002	0.021
	(0.409)	(0.801)	(0.206)	(0.648)
Year FE	控制	控制	控制	控制

续表

变量	(1) TotalInv	(2) IntInv%	(3) R&D/asset	(4) ExtInv
Firm FE	控制	控制	控制	控制
R^2	0.464	0.346	0.777	0.333
观测值	2900	2900	2900	2900

注：(1)***、**、*分别表示在1%、5%、10%的统计水平上显著；(2)括号内数字为 p 值。

第五节 影响机制分析

为了进一步探讨社会责任信息强制披露如何影响企业的投资行为，本章围绕高管道德风险、信息传递以及投资者关注三个方面检验其中的作用机制。首先，我们认为社会责任信息强制披露有助于减少高管的道德风险问题，从而使管理者做出有利于企业发展的投资决策。其次，社会责任信息强制披露通过降低企业的信息不对称程度，使高管更加积极地投资不确定性较大的研发项目，并减弱企业通过并购向公众传递信息的动机。最后，企业由于进入"上证公司治理板块"和"深证100指数"从而被强制披露社会责任报告，可能吸引更多投资者的关注，进而减弱企业通过特定投资行为来吸引投资者关注的动机。

一、道德风险机制

在信息不充分的情况下，企业投资决策的选择、资金的分配可能引发管理者的道德风险问题(例如资金滥用、过度投资、损值型投资等),特别是在企业拥有充足的现金流时。当被强制披露社会责任报告时,企业不得不预留足够的资金用于社会责任型投资活动,这可以看作是对管理者自利行为、企业资金使用的约束。此外,更多的信息能够使利益相关者更好地监督企业,有助于减少企业的道德风险问题,从而促使企业制定合适的投资战略。

基于上述分析,本章检验社会责任信息强制披露是否有助于降低企业的道德风险。参照陈冬华等(2005)、Ahmed 和 Duellman(2013),我们以高管人员在职消费除以主营业务收入[①](Perquisite)、董事长与总经理两职合一(Dual)两个指标来反映企业的道德风险程度。该指标越大,说明企业的道德风险问题越严重。我们将模型(5-1)中的被解释变量分别替换为在职消费(Perquisite)、董事长与总经理两职合一(Dual)两个指标进行回归分析,结果分别列于表 5-9 的列(1)和列(2)。可以发现,PostMandated 与在职消费(Perquisite)、董事长与总经理两职合一(Dual)的回归系数均在 1% 的水平上显著为负,说明被强制披露社会责任报告后,企业的道德风险显著降低。

二、信息机制

在强制披露社会责任报告的背景下,企业通过披露社会责任信息,让投资者以及其他利益相关者掌握更多企业的信息,降低股价被低估的可能性,促使高管更加积极地投资不确定性较大的研发项目,并抑制企业通过并购向公众传递信息的机会主义行为。

---

① 包括业务招待费、差旅费、办公费、交际应酬费、通信费、出国培训费、董事会会费、小车费、会议费。

基于此，本章检验社会责任信息强制披露是否有助于降低企业的信息不对称程度。由于企业的操纵性应计项目的绝对值持续性居高意味着企业更有可能进行盈余操纵，以及信息越不透明（王亚平 等，2009），因此，参考 Dechow 等（1995）、Hutton 等（2009）和潘越等（2011），本章构建信息不透明度（Opaque）指标，即公司 i 第 t 年的操纵性应计项目。该指标越大，表明企业的信息越不透明。本章将模型（5-1）中的被解释变量替换为信息不透明程度（Opaque）进行回归分析。表 5-9 列（3）的回归结果显示，PostMandated 与信息不透明度（Opaque）的回归系数在 1% 的水平上显著为负，说明企业被强制披露社会责任报告后，信息不透明程度显著降低。

三、投资者关注机制

被要求强制披露社会责任报告的企业来自"上证公司治理板块"和"深证 100 指数"，上述两类样本企业是证券市场中市值较大、治理情况和流动性较好的企业，这意味着，被要求披露社会责任报告的企业很可能由于进入"上证公司治理板块"和"深证 100 指数"而获得了更多投资者的关注。如前所述，由于并购是企业吸引投资者关注的途径之一（Adra et al.，2018；李善民 等，2020），强制披露社会责任信息很可能减弱了企业通过并购来吸引投资者关注这一动机，从而影响企业的投资行为。

根据上述分析，本章检验社会责任信息强制披露是否提升了企业的投资者关注度。本章采用机构投资者持股比例来度量企业的投资者关注程度（Ins%），然后将模型（5-1）中的被解释变量替换为投资者关注程度（Ins%）进行回归分析。表 5-9 列（4）的结果验证了这一推测。可以发现,PostMandated 与投资者关注程度(Ins%)的回归系数在1%的水平上显著为正,说明被强制披露社会责任报告后,企业的投资者关注度显著提高。

表 5-9 影响机制分析

变量	(1) Perquisite	(2) Dual	(3) Opaque	(4) Ins%
PostMandated	−0.004***	−0.029***	−0.034***	3.522***
	(0.000)	(0.005)	(0.001)	(0.005)
Size	−0.003***	0.000	0.025***	0.680*
	(0.000)	(0.925)	(0.000)	(0.093)
Leverage	−0.001	−0.038**	0.047***	1.385
	(0.431)	(0.028)	(0.003)	(0.324)
CFO	−0.008***	−0.028	−0.031	1.020
	(0.000)	(0.360)	(0.185)	(0.592)
ROA%	−0.000	−0.001*	0.002***	0.182***
	(0.419)	(0.082)	(0.000)	(0.000)
Growth	−0.004***	−0.003	−0.014***	0.209
	(0.000)	(0.627)	(0.005)	(0.563)
Management	−0.000	0.012***	0.000**	0.118***
	(0.188)	(0.000)	(0.048)	(0.000)
Age	0.001***	0.033***	−0.003***	1.680***
	(0.000)	(0.000)	(0.000)	(0.000)
SOE	−0.001	−0.050***	−0.031***	1.770*
	(0.417)	(0.000)	(0.002)	(0.073)
Year FE	控制	控制	控制	控制
Firm FE	控制	控制	控制	控制
R^2	0.692	0.616	0.405	0.656
观测值	22797	22797	22797	22797

注:(1)***、**、*分别表示在1%、5%、10%的统计水平上显著;(2)括号内数字为 p 值。

第五章 社会责任信息强制披露与企业投资战略

然后,本章进行影响机制的中介效应检验。参照中介效应检验方法(Judd et al.,1981;Baron et al.,1986;温忠麟 等,2004),在模型(5-1)中加高管人员在职消费除以主营业务收入(Perquisite)、董事长与总经理两职合一(Dual)、信息不透明度(Opaque)、投资者关注程度(Ins%)四类中介变量,并检验当加入中介变量时,PostMandated 系数的变化情况。检验结果如表 5-10 所示。表 5-10 中的列(1)~列(4)中,在不控制任何影响机制变量的情况下,发现 PostMandated 的回归系数分别为-0.024、0.028、0.002 和-0.052,并都在 1% 或 5% 的水平上显著,与表 5-3 和表 5-4 的结果一致,说明社会责任信息强制披露降低了企业的总投资规模,提高了企业内部投资比例,提升了企业的研发投资水平,并减弱了企业的外部投资动机。列(5)~列(8)在前四列的基础上加入了四类影响机制变量。列(5)的结果显示,加入上述中介变量后,PostMandated 系数的绝对值由 0.024 下降为 0.018,下降幅度相当于社会责任信息强制披露对总投资规模影响的 25%[(0.024-0.018)/0.024]。列(6)和列(7)的结果显示,加入上述中介变量后,PostMandated 系数的下降幅度相当于社会责任信息强制披露对内部投资比例、研发投资水平影响的 50%,且在统计上不再显著。列(8)的结果显示,加入上述中介变量后,PostMandated 系数的绝对值由 0.052 下降为 0.031,降幅约相当于社会责任信息强制披露对外部投资动机影响的 40%[(0.052-0.031)/0.052],且在统计上不再显著。以上结果表明,上述三个影响机制能够体现中介效应作用[①],从而解释了社会责任信息强制披露对企业投资战略的影响效应。

[①] 部分机制变量在统计上未呈现显著的结果,可能的原因在于,所有机制变量同时放入模型中,机制变量之间可能存在相关关系(例如 Perquisite 与 Dual),导致某些变量的作用被相关变量所吸收。另外,参照温忠麟(2004),我们还进行了 Sobel 检验,结果证实中介效应显著。

表 5-10 社会责任报告强制披露对投资战略影响的中介效应检验

变量	(1) TotalInv	(2) IntInv%	(3) R&D/asset	(4) ExtInv	(5) TotalInv	(6) IntInv%	(7) R&D/asset	(8) ExtInv
PostMandated	−0.024***	0.028***	0.002**	−0.052***	−0.018***	0.014	0.001	−0.031
	(0.000)	(0.006)	(0.016)	(0.005)	(0.001)	(0.289)	(0.107)	(0.140)
Perquisite					0.322**	−0.121	0.056***	0.493*
					(0.012)	(0.572)	(0.000)	(0.069)
Dual					0.000	0.009	−0.001***	−0.014
					(0.941)	(0.256)	(0.004)	(0.242)
Opaque					−0.001	−0.035*	−0.002***	0.056**
					(0.948)	(0.086)	(0.000)	(0.036)
Ins%					0.000	−0.000	−0.000**	0.000
					(0.541)	(0.696)	(0.032)	(0.267)
Size	0.006	−0.014	−0.001***	0.051***	−0.008	0.022***	0.001***	0.001
	(0.254)	(0.318)	(0.001)	(0.006)	(0.116)	(0.000)	(0.000)	(0.828)
Leverage	−0.016	−0.051**	−0.002**	0.027	−0.008	−0.070***	−0.003***	0.055**
	(0.234)	(0.033)	(0.028)	(0.301)	(0.575)	(0.002)	(0.003)	(0.040)
CFO	0.022**	0.023	0.004***	−0.077*	0.024**	0.019	0.005***	−0.093*
	(0.019)	(0.384)	(0.001)	(0.076)	(0.025)	(0.591)	(0.004)	(0.053)
ROA%	0.002***	−0.004***	0.000	0.005***	0.002***	−0.004***	−0.000	0.005***
	(0.000)	(0.001)	(0.988)	(0.000)	(0.000)	(0.000)	(0.603)	(0.000)
Growth	0.029***	−0.088***	0.000	0.097***	0.036***	−0.104***	−0.001**	0.109***
	(0.000)	(0.000)	(0.837)	(0.000)	(0.000)	(0.000)	(0.040)	(0.000)
Management	0.000**	0.001	0.000**	−0.000	0.000**	0.001	0.000***	0.000
	(0.025)	(0.266)	(0.014)	(0.957)	(0.049)	(0.271)	(0.000)	(0.886)
Age	−0.001	−0.005**	0.001***	0.003	−0.000	−0.009***	0.001***	0.009***
	(0.107)	(0.018)	(0.000)	(0.101)	(0.856)	(0.000)	(0.000)	(0.000)
SOE	−0.004	0.002	−0.000	−0.002	−0.000	−0.007	−0.001	0.010
	(0.263)	(0.921)	(0.795)	(0.929)	(0.973)	(0.609)	(0.274)	(0.604)
Year FE	控制	控制	控制	控制	控制	控制	控制	控制
Firm FE	控制	控制	控制	控制	控制	控制	控制	控制
R^2	0.320	0.305	0.794	0.314	0.322	0.307	0.795	0.312
观测值	22797	22797	22797	22797	22797	22797	22797	22797

注:(1)***、**、*分别表示在1%、5%、10%的统计水平上显著;(2)括号内数字为 p 值。

第六节　异质性分析

如前文所述,企业的内部现金流状况是企业投资战略选择的重要制约因素,因此在这一部分,本章根据企业内部现金流状况分样本进一步讨论了社会责任信息强制披露在何种情况下更可能促使企业选择内部拓展式的投资战略。同时,由于同行企业的社会责任信息披露可以帮助管理层识别新的投资机会,本章还进行了披露政策外部性的分样本讨论。

一、基于现金流水平的讨论

社会责任活动和投资活动都可能增加企业的资金压力。履行社会责任是企业的一种长期行为,需要大量资金和资源去支撑,而企业的投资活动(特别是研发投资这一类长期的投资项目),可能具有高风险、资金消耗量大、回收周期长的特性,二者都会增加企业的财务压力。当企业被强制披露社会责任报告后,将预留足够的资金投入社会责任型活动。在这样的情况下,企业需要在社会责任活动和投资活动之间进行权衡和调整,很可能因为选择参与社会责任活动、增加社会责任支出而削减投资活动资金,甚至放弃部分现有的投资项目,这就对企业原有投资活动的资金产生了"挤占"作用。因此,在社会责任信息强制披露的背景下,资金短缺的企业的投资战略受到的影响可能更大。基于以上分析,本章推测社会责任信息强制披露对企业投资战略的作用效果可能会因为企业现金流水平的差异而有所区别。

为了证实上述推测,本章分别从内部投资和外部投资两个角度进行如下检验。首先,参考 Richardson(2006)、吴超鹏等(2012)、辛清泉等(2007)、俞红海等(2010),用企业 i 第 t 年经营活动产生的现金净流量除以年末总资产,减去折旧与摊销之和除以年末总资产,再减去第 t 年预期新增投资[①]之后的差额,来衡量企业自由现金流量与内部现金缺口。若该差额为负,说明内部现金流无法满足正常的投资需求,则该公司当年表现为现金短缺;若该差额为正,表明内部现金流在满足正常投资需求之后还有剩余,则该公司当年表现为现金充足。本章根据以上现金流状况,将样本划分为现金短缺样本和现金充足样本进行分组回归。

表 5-11 报告了分样本的相关回归结果。在列(1)所示的现金短缺样本中,PostMandated 的回归系数在 5% 的水平上显著,说明当企业处于现金短缺的状况时,社会责任信息强制披露使得企业的内部投资比重提高。在列(2)所示的现金充足样本中,PostMandated 的回归系数没有通过显著性检验,说明当企业处于现金充裕的状况时,社会责任信息强制披露并不会影响企业的投资战略选择。上述结果与本章推测相符,表明社会责任信息强制披露对企业投资战略的作用效果会在企业面临现金压力时体现。

---

① 根据 Richardson(2006)的投资额估计模型计算出的预期新增投资支出。

表 5-11 社会责任报告强制披露、现金流水平与投资战略

变量	（1）现金短缺 IntInv%	（2）现金充足 IntInv%
PostMandated	0.033**	0.026
	(0.049)	(0.230)
Size	−0.013*	−0.009
	(0.057)	(0.352)
Leverage	−0.056**	−0.060
	(0.029)	(0.133)
CEO	0.060	0.042
	(0.309)	(0.624)
ROA%	−0.003***	−0.005***
	(0.000)	(0.000)
Growth	−0.080***	−0.094***
	(0.000)	(0.000)
Management	0.001	−0.000
	(0.229)	(0.756)
Age	−0.004**	−0.007***
	(0.013)	(0.001)
SOE	0.006	−0.015
	(0.735)	(0.565)
Year FE	控制	控制
Firm FE	控制	控制
R^2	0.358	0.439
观测值	14000	8797

注：(1) ***、**、* 分别表示在 1%、5%、10% 的统计水平上显著；(2) 括号内数字为 p 值。

二、基于政策外部性的讨论

强制性披露规定可以使受监管的企业之间被迫交换信息,即一个企业从其他企业的披露中获得更多的信息,同时也披露更多关于自己的信息(Kim et al.,2021)。同样地,社会责任信息披露对企业决策的影响在单个企业中未必有所体现,但是通过管制强制足够多的企业进行披露,使得企业之间相互比较和参照,最终产生效果,这是披露政策外部效应的体现。因此本章推测,社会责任信息强制披露对企业投资战略的影响会在企业面临较高的政策外部性时体现。

为了证明上述推测,本章设计如下检验。首先,计算企业当年所处的行业中被强制披露社会责任报告的企业个数,该指标衡量了同行企业受政策管制的强度;其次,根据该指标是否高于平均值将样本分为高外部性样本和低外部性样本进行分组检验。

表5-12报告了分样本的相关回归结果。在列(1)所示的高政策外部性样本中,PostMandated的回归系数在1%的水平上显著,说明当企业的政策外部性较高时,社会责任信息强制披露使得企业调整了投资结构。在列(2)所示的低政策外部性样本中,PostMandated的回归系数没有通过显著性检验,说明当企业的政策外部性较低时,社会责任信息强制披露并不会影响企业的投资战略。该结果与本章推测一致,即社会责任信息强制披露对企业投资战略的作用效果会在企业面临较大的政策外部性时体现。

表 5-12 社会责任报告强制披露、外部性与投资战略

变量	(1) 政策外部性高 IntInv%	(2) 政策外部性低 IntInv%
PostMandated	0.054***	0.017
	(0.005)	(0.495)
Size	−0.018***	−0.008
	(0.008)	(0.376)
Leverage	−0.102***	0.006
	(0.000)	(0.855)
CFO	0.085**	−0.055
	(0.039)	(0.349)
ROA%	−0.004***	−0.004***
	(0.000)	(0.000)
Growth	−0.103***	−0.071***
	(0.000)	(0.000)
Management	0.001*	0.000
	(0.088)	(0.760)
Age	0.037***	−0.004**
	(0.000)	(0.037)
SOE	0.002	0.003
	(0.919)	(0.894)
Year FE	控制	控制
Firm FE	控制	控制
R^2	0.316	0.325
观测值	14295	8502

注:(1)***、**、*分别表示在1%、5%、10%的统计水平上显著;(2)括号内数字为 p 值。

第七节 进一步分析

前文证实了社会责任信息强制披露降低了企业投资规模,提高了企业内部投资比例,但还存在可进一步探讨的问题:第一,社会责任信息强制披露影响下的投资战略是否能够提升企业的投资效率;第二,社会责任信息强制披露影响下的投资战略是否能够提高企业财务绩效。本节将分别对上述问题进行分析。

一、社会责任信息强制披露、投资战略与投资效率

如前所述,在社会责任信息强制披露的影响下,企业会做出相应的投资战略调整,其内部投资比例上升。下面进一步检验在社会责任信息强制披露影响下的、内部投资占主导地位的投资战略下,企业的投资效率是否有所提升。本章采用内部投资额与外部投资额差值的虚拟变量(IntInv＞ExtInv)来区分企业内外投资规模差异,若公司 i 第 t 年的内部投资额大于并购金额则取值为 1,否则为 0。参照吴超鹏等(2012)、钟覃琳等(2016)构建企业非效率投资虚拟变量(IneffInv),当企业当年的实际新增投资与预期新增投资之间的残差的绝对值位于行业—年度中位值以上时则取值为 1,否则为 0。[①] 本章将模型(5-1)中的因变量替换为上述变量。表 5-13 报告了实证结果。结果显示,在 IntInv

---

① 实际新增投资为企业第 t 年的固定资产、在建工程及工程物资、长期投资和无形资产的净值增加额。

>ExtInv 的样本中,即内部投资额大于外部投资额的情况下,PostMandated 与企业非效率投资(IneffInv)的回归系数显著为负;而在 IntInv≤ExtInv 的样本中,PostMandated 与企业非效率投资(IneffInv)的回归系数并不显著。这一结果表明,社会责任信息强制披露的影响下,主导的投资战略能够抑制企业的非效率投资行为。

表 5-13 社会责任报告强制披露、投资战略与非效率投资

变量	(1) IntInv>ExtInv IneffInv	(2) IntInv≤ExtInv IneffInv
PostMandated	−0.045**	−0.010
	(0.046)	(0.920)
Size	0.003	0.062***
	(0.683)	(0.003)
Leverage	0.081*	−0.005
	(0.071)	(0.951)
CFO	0.057	0.102
	(0.411)	(0.498)
ROA%	−0.001	0.000
	(0.681)	(0.762)
Growth	0.023	−0.006
	(0.105)	(0.816)
Management	−0.002***	−0.001
	(0.009)	(0.583)
Age	−0.005***	−0.022***
	(0.008)	(0.002)
SOE	−0.058**	−0.108
	(0.013)	(0.134)
Year FE	控制	控制
Firm FE	控制	控制
R^2	0.245	0.554
观测值	19010	3787

注:(1)***、**、* 分别表示在 1%、5%、10% 的统计水平上显著;(2)括号内数字为 p 值。

二、社会责任信息强制披露、投资战略与财务业绩

本章还进一步检验了社会责任信息强制披露影响下的、以内部投资为主导的投资战略是否能够提升公司的财务业绩。本章采用企业的净利润增长率（ProfitGr）来衡量企业的财务绩效，即公司 i 第 t 年净利润相比于第 $t-1$ 年净利润的增长率。本章将模型（5-1）中的因变量替换为该变量。表 5-14 报告了实证结果。结果显示，当 IntInv＞ExtInv 时，即内部投资额大于外部投资额的情况下，PostMandated 与净利润增长率（ProfitGr）的回归系数显著为正；而当 IntInv≤ExtInv 时，PostMandated 与净利润增长率（ProfitGr）的回归系数并不显著。这一结果说明，社会责任信息强制披露的影响下，主导的投资战略能够提升企业的财务业绩。

表 5-14 社会责任报告强制披露、投资战略与财务绩效

变量	（1） IntInv＞ExtInv ProfitGr	（2） IntInv≤ExtInv ProfitGr
PostMandated	0.706***	−0.004
	(0.000)	(0.995)
Size	−0.164*	−0.353
	(0.060)	(0.170)
Leverage	1.051***	−0.434
	(0.005)	(0.635)
CFO	0.227	1.367
	(0.661)	(0.392)
ROA%	0.323***	0.234***
	(0.000)	(0.000)

续表

变量	(1) IntInv>ExtInv ProfitGr	(2) IntInv≤ExtInv ProfitGr
Growth	0.616***	0.368
	(0.000)	(0.208)
Management	−0.009**	−0.002
	(0.034)	(0.903)
Age	−0.018	0.029
	(0.338)	(0.754)
SOE	−0.397*	0.138
	(0.083)	(0.868)
Year FE	控制	控制
Firm FE	控制	控制
R^2	0.366	0.541
观测值	19010	3787

注：(1)***、**、*分别表示在1%、5%、10%的统计水平上显著；(2)括号内数字为 p 值。

第八节 本章小结

本章以2007—2018年中国上市企业为样本，利用不同企业在不同的时点被强制披露社会责任报告这一外生冲击，实证检验了社会责任信息强制披露对企业投资战略的影响。研究发现：首先，社会责任信息强制披露会降低企业的总投资规模，使企业更注重内部拓展式的投资战略（研发投资），并减弱外部投资动机。在替换指标、平行趋势检验、排除交易所差异因素、保留扩张样本以及基于 PSM 样本检验后,这一实证结果仍然成立。机制检验发现,社会责任信息强制披露通过降低企业管理层道德风险与信息不对称程度、提高投资者关注度,对企业投资战略产生影响。其次,本章发现,社会责任信息强制披露对企业投资战略的作用效果会在企业面临现金压力以及较高的政策外部性时体现。最后,本章发现,社会责任信息强制披露的影响下,主导的投资战略能够提高企业的投资效率,并提升企业的财务业绩。

本章的研究从企业投资战略的角度丰富了社会责任信息强制披露的经济后果以及投资行为影响因素的研究,为中国的社会责任报告披露政策提供了理论指导依据。此外,本章的研究结论具有丰富的管理实践意义。本章的研究结论从微观层面评估了社会责任信息强制披露政策的实施效果,证实了社会责任信息强制披露对企业投资战略的影响。对于企业来说,本章对社会责任信息强制披露与投资战略之间关系的揭示,有助于企业全面认识承担企业社会责任并进行披露的经济后果,为企业制定投资决策、优化投资战略提供新的思路;对于监管部门来说,本章的研究揭示了政府作为监管角色的介入能够影响企业投资决策这一理念,为资本市场监管部门制定和完善企业社会责任履行和披露的相关政策法规提供决策依据和参考。

第六章　社会责任信息强制披露与企业员工增长

第一节　问题提出

企业获得融资之后,会进行价值投资,其中一项重要的投资就是对人力资本的投资。人力资本投入对于微观企业来说尤为重要,因为在当今时代,科学技术是第一生产力,而人才资源是第一资源,且人力资本的积累对经济发展具有巨大的推动作用(Kerr et al.,2016;Savvides et al.,2020)。现有研究考察了社会责任信息强制披露的经济后果(例如:田利辉 等,2017;Chen et al.,2018;权小锋 等,2018;陈国辉 等,2018;Lu et al.,2020;Fiechter et al.,2022;Xue,2023),但是关于企业社会责任信息强制披露是否影响企业员工增长的证据仍然缺乏。

社会责任信息强制披露对企业员工增长的影响既有可能是正面的,也有可能是负面的。首先,社会责任信息强制披露有助于提升企业履行社会责任的意愿。这一方面是因为强制披露使得企业在社会责任方面的信息更加透明,政府和相关利益团体对企业的监督性更强,这会倒逼企业重视履行社会责任,增加在社会责任活动方面的投入。其次,企业社会责任活动的重要内容之一是员工权益保护。企业在员工权益保护方面支出越多,越可能获得员工的信任感,进而吸引更多员工。而且,企业提升社会责任参与度,也有利于减弱员工加入竞争对手公司的倾向(Flammer et al.,2019)。因此,社会责任信息强制披露可能通过增加企业在员工权益方面的社会责任投资,进而促进员工增长。然而,社会责任信息强制披露也有可能对员工增长产生负向影响。如前所述,社会责任信息强制披露会倒逼企业履行社会责任,而履行社会责任是企业的长期行为,需要企业将大量资金投入履行社会责任方面。前人的研究表明,社会责任信息强制披露将增加企业的成本,从而降低企业的利润(Chen et al.,2018)。Brown和Matsa(2016)则指出,外部求职者可以准确地感知到企业的财务状况,如果企业盈利能力差,则较难吸引到外部人才。因此,如果强制披露社会责任信息使企业利润下降,就可能导致企业对外部人才的吸引力下降,进而使企业员工增长幅度降低。

基于此,本章首先以2008—2012年首次进入被强制披露社会责任报告的中国深沪A股上市公司作为实验组,以其他未被强制披露社会责任报告的上市公司作为对照组,通过PSM方法对两组公司进行配对,得到307对实验组和控制组公司样本。本章采用时间错列的DID方法,考察实验组相比于对照组在被强制披露社会责任报告的前后5年内企业员工增长的变化。其次,本章讨论了社会责任信息强制披露对员工增长的影响机制。实证结果表明,社会责任信息强制披露能够提升企业的社会责任表现并促使企业增加社会责任支出,社会责任表现越好、社会责任支出越多,企业员工增长幅度提升得越多。再次,本章检验了不同行业和不同所有权性质的企业,其社会责任信息强制披露对企业员工增长的影响是否存在差异。最后,本章还检验了社会责任信息强制披露对同侪企业的挤出效应,发现实验组企业的社会责任信息强制披露对同侪企业的员工增长产生了负面影响。换言之,社会责任信息强制披露促使劳动力重新分配。

第二节　理论分析与假设提出

企业社会责任活动的关键利益相关者之一是员工。企业通过与员工相关的社会责任活动投资,可以改善工作环境和提高员工满意度,在劳动市场中获得更好的声誉。然而,这样的投资也可能以降低企业的营运盈利能力和在其他领域的投资为代价。本章研究社会责任信息强制披露是否以及如何影响企业的员工增长,因为企业就业是经济增长的一个关键方面,特别是像中国这样的新兴经济体越来越重视(Whited,2019)。

社会责任信息强制披露可能积极影响企业的员工增长,因为社会责任信息强制披露有助于通过就业来促使企业履行社会责任的承诺。首先,企业社会责任信息强制披露可以提升就业实践的透明度,政府因此可以更容易地对企业施加压力,要求其在就业方面进行政治和社会上期望的投资(Shleifer et al., 1994; Lu et al., 2010; Ramana et al., 2010; Marquis et al., 2014)。换言之,社会责任信息强制披露可以增加企业解雇员工的成本,维护员工的利益,因此,被强制披露企业的员工增长将变得更加显著,尤其是那些对于需要与政府保持良好政治关系的企业。此外,社会责任活动的关键内容之一是员工权益保护。Chen等(2018)的研究表明,社会责任信息强制披露有利于企业员工福利提高。换句话说,社会责任信息强制披露促使企业在就业和员工福利方面增加社会责任投资,从而在劳动市场上获得正面的声誉效益,这将使企业降低工资溢价和提升员工留存率(Nyborg et al.,2013;Flammer et al.,2017;Flammer et al.,2019)。基于上述理论分析,本章提出以下假设:

假设6-1a:被强制披露社会责任报告后,企业的员工增长幅度显著提升。

而一个替代假说给出了相反的预测,即社会责任信息强制披露也有可能对员工增长产生负向影响。社会责任信息强制披露促使企业履行社会责任,进行非员工相关的社会责任活动(例如减少污染、公共关系和社会福利),这些社会责任活动需要大量资金,而这些资金本可以用于雇佣更多的工人。如果被强制要求进行社会责任信息披露的企业将员工增长和社会责任投资视为替代关系(Huang et al.,2022),并且在被强制之后,员工增长的优先级相对较低,那么被强制披露社会责任报告的企业的员工增长幅度可能会下降。换言之,当社会责任信息披露成为强制性要求时,被强制企业可能会为其他类型的社会责任信息投资而牺牲就业增长。此外,Chen等(2018)表明,社会责任信息强制披露增加了企业的营业成本并降低了企业的盈利能力。降低的盈利能力可以通过两个相关渠道影响就业增长。首先,已有研究表明,员工对企业的财务状况有准确的感知,这意味着盈利能力的下降会导致员工对工作的需求降低(Brown et al.,2016;DeHaan et al.,2023)。其次,企业可以通过减少雇佣来节省营业成本,以弥补盈利能力的下降。先前的研究表明,企业的招聘决策受到满足盈利目标这一激励因素的影响(Pinnuck et al.,2007;Caskey et al.,2017)。综上所述,本章提出以下备择假设:

假设6-1b:被强制披露社会责任报告后,企业的员工增长幅度显著降低。

第三节 研究设计

一、样本选择与数据来源

本章使用的公司员工数据来自 Wind 数据库与中国研究数据服务平台(CNRDS 数据库),以 Wind 数据库的员工数据为主,缺失值采用 CNRDS 数据库的员工数据补齐;公司的基本信息,以及财务、员工工资和股权性质数据来自 CSMAR 数据库和 CNRDS 数据库;各年被强制披露社会责任报告企业的调整名单的初始数据来自上海证券交易所和深圳证券交易所公告;社会责任评分数据来自和讯网;社会责任支出数据来自 CSMAR 数据库中的上市公司社会责任报告明细表。

本章以 2003—2017 年所有深沪上市公司为初始样本,并按照如下标准进行样本初步筛选:(1)由于本章关注的是社会责任信息强制披露的作用效果,因此剔除了自愿披露社会责任报告的企业—年份观测样本;(2)由于金融类公司的报表存在特殊性,本章剔除了金融行业企业;(3)剔除了关键研究变量缺失的观测值样本、退市公司样本和 ST 公司样本。

进一步地,将初始总样本分为受社会责任信息强制披露事件影响的实验组公司和未受到事件影响的非实验组公司。实验组公司包括 2008—2012 年首次进入强制披露社会责任报告名单的公司(即"上证公司治理板块"以及"深证 100 指数"的非外资、非金融企业的公司)。为了保证能观察到强制披露社会责任报告事件发生前后 5 年企业员工增长的变化,本章要求实验组公司从首次被强制披露社会责任报告之后的 5 年内没有因退出"上证公司治理板块"或"深证100指数"而退出被强制披露企业名单。此外,还要求每家实验组公司在事件发生前后至少1年内的关键研究变量没有缺失。最后,得到307家实验组样本。其中,各年份新进入强制披露社会责任报告名单的公司数分别为247家(2008年)、9家(2009年)、8家(2010年)、27家(2011年)、16家(2012年)。

进一步地,本章采用倾向得分匹配(PSM)方法,为每家实验组公司配对一家在同一年份且倾向得分最接近的未被纳入强制披露名单且未自愿披露的非实验组公司,作为与之匹配的控制组样本。对于非实验组样本,同样要求每家非实验组公司在事件发生前1年的关键研究变量没有缺失。匹配前,非实验组样本公司共2419家。倾向得分匹配采用Logit回归模型进行,用强制披露政策事件发生前一年($t=-1$)的公司特征变量估计企业进入实验组的概率。具体配对指标包括:企业规模(Size),即企业总资产的自然对数;总资产收益率(ROA),即净利润除以资产总额;资产负债率(Leverage),即总负债除以资产总额;现金流(Cash),即企业自由现金流(净利润+利息费用+非现金支出-营运资本追加额-资本性支出)除以资产总额;市值账面比(BM),即公司资产总额与市值的比值;资本性支出(Capex),即企业购建固定资产、无形资产和其他长期资产支付的现金扣除处置固定资产、无形资产和其他长期资产收回的现金净额除以资产总额;固定资产投资(PPE),即企业固定资产净值除以资产总额;企业年龄(Age),即企业成立至事件发生当年的年份数;国有企业哑变量(SOE),定义为:若企业实际控制人为中央和国家机关、中央和地方国有企业、地方国资委、地方政府则取值为1,否则为0。此外,还控制了年份固定效应与行业固定效应。本章采用1∶1近邻匹配法,有放回地选择事件发生前一年倾向得分值最接近的企业作为实验组企业的配对样本。此外,由于"上证治理板块"的样本企业于每年5—7月进行调整,"深证100指数"成份股于每年6月和12月进行调整,为了使样本更干净,参考Firth等(2014)的做法,本章剔除了事件发生当年($t=0$)的观测值。本章根据事件发生前后5年的窗口期,即$[t-5,t-1]$和$[t+1,t+5]$,最终获得307对实验组和控制组企业,共5408个公司—年度观测值。

表6-1列示了PSM配对结果。A栏报告了PSM前后的回归结果。回归的因变量(Treat)为企业是否进入强制披露组(实验组)。可以看出,配对前实验组与控制组的企业规模(Size)、资产收益率(ROA)、资产负债率(Leverage)、市值账面比(BM)、固定资产投资(PPE)、企业年龄(Age)以及国有性质(SOE_i)特征均有显著差异,而配对后各特征变量均不存在显著差异,说明PSM过程消除了强制披露前实验组与控制组在企业特征方面的差异。配对后,Pseudo R^2由43.2%降低至5.6%,χ^2的p值由0上升至0.862,说明配对后样本企业的特征对于企业进入实验组可能性的解释力较弱。B栏中,我们对事件前各配对变量进行均值差异检验,相关结果进一步说明,配对后实验组与对照组企业的特征均不存在显著差异。

表6-1 PSM配对结果

A栏:PSM匹配前后的回归结果

变量	(1) 匹配前 Treat	(2) 匹配后 Treat
Size	1.477***	0.080
	(0.000)	(0.531)
ROA%	0.067***	0.028
	(0.000)	(0.155)
Leverage	2.009***	0.784
	(0.000)	(0.369)

续表

变量	（1）匹配前 Treat	（2）匹配后 Treat
Cash	−0.598	−0.847
	(0.325)	(0.420)
BM	−2.256***	−0.122
	(0.000)	(0.653)
Capex	1.705	−3.113
	(0.211)	(0.211)
PPE	0.942*	1.348
	(0.092)	(0.115)
Age	−0.147***	0.003
	(0.000)	(0.908)
SOE	1.316***	0.326
	(0.000)	(0.267)
Constant	−35.685***	−2.057
	(0.000)	(0.456)
观测值	8404	614
Pseudo R^2	0.432	0.056
p-value of χ^2	0.000	0.862
行业固定效应	控制	控制
年份固定效应	控制	控制

B栏：匹配后组间差异检验（$t=-1$）

	（1）实验组	（2）控制组	（1）−（2）差异	t统计量
Size	22.571	22.565	0.006	0.066
ROA%	10.301	10.040	0.261	0.467
Leverage	0.508	0.503	0.004	0.311
Cash	−0.006	−0.005	−0.001	−0.076
BM	0.603	0.591	0.012	0.290
Capex	0.069	0.072	−0.003	−0.555
PPE	0.283	0.270	0.013	0.924
Age	11.557	11.365	0.192	0.592
SOE	0.782	0.756	0.026	0.765

二、关键变量定义

参照 Faccio 和 Hsu(2017)的研究,本章采用企业员工规模的变化来度量员工增长,即企业 i 第 t 年的员工人数取自然对数,减去第 $t-1$ 年的员工人数取自然对数。为了控制企业特征对员工增长的影响,本章在回归模型中加入一系列控制变量,包括企业规模(Size)、总资产收益率(ROA)、资产负债率(Leverage)、现金流(Cash)、市值账面比(BM)、资本性支出(Capex)、固定资产投资(PPE)、公司年龄(Age)、国有企业哑变量(SOE)。

三、模型设定

本章采用双重差分多元回归模型来检验社会责任信息强制披露对企业员工增长的影响,具体模型构建如下:

$$\text{Employment Growth}_{i,t} = \alpha_0 + \alpha_1 \text{Treat}_i \times \text{Post}_{i,t} + \alpha_2 \text{Post}_{i,t} + \sum \beta_j \text{Controls}_{i,j,t} + \text{Firm FE} + \text{Year FE} + \varepsilon_{i,t} \tag{6-1}$$

其中:模型的因变量 Employment Growth$_{i,t}$ 表示企业 i 第 t 年的员工增长;Treat$_i$ 表示若企业 i 属于实验组,即被强制披露社会责任报告,则取值为 1,若属于控制组则取值为 0;Post$_{i,t}$ 定义为:对于实验组企业,若公司—年度观测值的时间在企业被强制披露社会责任报告的时间之后则取值为 1,反之为 0;对于控制组企业,若公司—年度观测值的时间在其所匹配的实验组企业被强制披露社会责任报告的时间之后则取值为

1，否则为0。由于"上证治理板块"的样本企业于每年5—7月进行调整，"深证100指数"成份股于每年6月和12月进行调整，为了使样本更干净，参考Firth等(2014)的做法，本章在回归分析中剔除事件发生当年($t=0$)的观测值[①]。为控制其他可能影响企业员工增长的因素，本章加入上一节PSM中所列的一系列控制变量。此外，本章还在模型中加入了公司固定效应(Firm FE)和年份固定效应(Year FE)。由于加入公司固定效应吸收了Treat变量的影响，Treat变量在回归模型中被自动省略。模型中，我们重点关注Treat和Post交乘项的回归系数α_1，它度量了被强制披露社会责任报告的企业与未被强制披露社会责任报告的企业，在披露事件发生前后企业员工增长变动幅度的差异。对于连续变量，本章进行了99%分位和1%分位的缩尾处理。此外，本章使用异方差稳健型标准误。

第四节 实证结果分析

一、描述性统计

各研究变量的描述性统计如表6-2所示。由表6-2可知：员工人数(Employee)均值是6538，表明样本中平均每个企业每年有6538名员工；员工增长(Employment Growth)的均值为0.089，其标准差为0.290，表明不同企业员工的变化幅度存在较大差异。从控制变量来

[①] 本章也保留了事件发生当年的观测值并将其归入事件发生之后的部分进行回归，发现结果依然稳健。

看,平均而言,企业的资产收益率为7.76%,资产负债率为51.9%,自由现金流占比为0.7%,资本性支出占比为6%,固定资产投资占比为29.5%,平均成立年限为13年,有75.8%的样本企业为国有企业。

表6-2 变量的描述性统计结果

变量	观测值	均值	标准差	最小值	中位值	最大值
Employee	5408	6538.417	6779.936	15.000	3855.500	21953.000
Employment Growth	5408	0.089	0.290	−0.693	0.028	1.631
Size	5408	22.618	1.181	19.135	22.569	24.518
ROA%	5408	7.761	6.918	−26.700	6.635	31.200
Leverage	5408	0.519	0.200	0.044	0.542	1.656
Cash	5408	0.007	0.100	−0.612	0.017	0.303
BM	5408	1.266	0.976	0.073	0.947	3.968
Capex	5408	0.060	0.057	−0.070	0.045	0.253
PPE	5408	0.295	0.191	0.002	0.264	0.733
Age	5408	12.870	4.891	3.000	13.000	30.000
SOE	5408	0.758	0.429	0.000	1.000	1.000

二、回归结果分析

表6-3报告了社会责任信息强制披露对企业员工增长的双重差分回归结果。因变量为员工规模变化(Employment Growth)。列(1)中,在未加入年份和公司固定效应、控制变量的情况下,自变量Treat×Post交乘项的回归系数为0.042,且在1%水平上显著;列(2)中,加入了一系列控制变量后,Treat×Post交乘项的回归系数为0.046,且在1%水平上显著;列(3)中,在加入了控制变量以及年份和公司固定效应

之后,自变量 Treat×Post 交乘项的回归系数为 0.038,且在 5% 水平上显著。这一结果的经济意义也是显著的,如列(3)表明,被强制披露社会责任报告的实验组企业从事件前到事件后员工增长的变化幅度,比未被强制披露社会责任报告的控制组企业高出 3.8%,约相当于样本均值(8.9%)的 43%。上述结果支持了本章的假设 6-1a。

表 6-3 社会责任信息强制披露与员工增长

变量	(1)	(2)	(3)
	\multicolumn{3}{c}{Employment Growth}
Treat×Post$_{[-5,+5]}$	0.042***	0.046***	0.038**
	(0.008)	(0.004)	(0.018)
Post$_{[-5,+5]}$	−0.058***	−0.035	−0.022
	(0.000)	(0.200)	(0.424)
Treat	0.000		
	(0.985)		
Size			0.082***
			(0.000)
ROA%			0.007***
			(0.000)
Leverage			0.078*
			(0.096)
Cash			0.041
			(0.467)
BM			−0.015
			(0.107)
Capex			0.361***
			(0.000)
PPE			0.026
			(0.595)

续表

变量	(1)	(2)	(3)
		Employment Growth	
Age			−0.000
			(0.993)
SOE			0.012
			(0.647)
Year FE	未控制	控制	控制
Firm FE	未控制	控制	控制
R^2	0.007	0.134	0.160
观测值	5408	5408	5408

注：(1) ***、**、* 分别表示在 1%、5%、10% 的统计水平上显著；(2) 括号内数字为 p 值。

双重差分模型检验有效性的前提是平行趋势假设，即被强制披露社会责任报告的实验组企业和未被强制披露社会责任报告的控制组企业的员工增长情况在事件发生之前应该具有平行的变化趋势。本章采用动态双重差分方法来检验平行趋势假设是否满足。表 6-4 中，Before$_{1-4}$、After$_1$、After$_2$、After$_{3-5}$ 分别表示：若样本观测值是披露事件发生前 1~4 年、后 1 年、后 2 年、后 3~5 年的则取 1，否则取 0。比较基准年份是披露事件发生之前第 5 年。其余变量的定义与模型 (6-1) 一致。为了与主检验的样本数保持一致，本章在回归分析中也剔除了事件发生当年 ($t=0$) 的观测值。表 6-4 列 (1) 中，未加入控制变量；列 (2) 中，加入了一系列控制变量。结果显示，Treat×Before$_{1-4}$ 的回归系数不显著，而 Treat×After$_1$、Treat×After$_2$ 和 Treat×After$_{3-5}$ 的回归系数分别在 1%、10%、5% 水平上显著为正，说明从被强制披露社会责任报告之后第一年起，实验组企业的员工规模增长幅度相比于控制组企业的员工规模增长幅度有了显著的提升，但是在被强制披露社会责任报告之前,实验组和控制组企业的员工规模变化趋势并不存在显著差异。因此,双重差分检验满足事件发生前的平行趋势假设。

表 6-4 平行趋势检验

变量	(1) Employment Growth	(2) Employment Growth
Treat×Before$_{1-4}$	0.025	0.030
	(0.405)	(0.323)
Treat×After$_1$	0.093***	0.097***
	(0.004)	(0.003)
Treat×After$_2$	0.059*	0.055*
	(0.070)	(0.095)
Treat×After$_{3-5}$	0.061**	0.053*
	(0.047)	(0.088)
Before$_{1-4}$	0.084*	0.066
	(0.094)	(0.155)
After$_1$	0.043	0.040
	(0.588)	(0.592)
After$_2$	0.128	0.141*
	(0.139)	(0.085)
After$_{3-5}$	0.125	0.162
	(0.264)	(0.124)
控制变量	未控制	控制
Year FE	控制	控制
Firm FE	控制	控制
R^2	0.136	0.163
观测值	5408	5408

注:(1)***、**、* 分别表示在 1%、5%、10% 的统计水平上显著;(2)括号内数字为 p 值。

总体而言,本节的双重差分检验结果表明,事件发生后,相比于未被强制披露社会责任报告的企业,被强制披露社会责任报告的企业的员工规模增长幅度有了显著的提升,即社会责任信息强制披露对企业员工增长存在因果关系上的促进作用。这一结果支持了"增加社会责任投入假说",即被强制披露社会责任报告后,企业员工规模增长幅度更大。

三、稳健性检验

对于上述检验结果,本章进行了一系列稳健性检验,并将结果报告于表 6-5。

表 6-5 稳健性检验结果

A 栏:替代窗口

变量	(1)	(2)	(3)
	\multicolumn{3}{c}{Employment Growth}
Treat×Post$_{[-3,+3]}$	0.054***	0.060***	0.050***
	(0.006)	(0.002)	(0.009)
Post$_{[-3,+3]}$	−0.075***	−0.086	−0.065
	(0.000)	(0.130)	(0.248)
Treat	−0.005		
	(0.767)		
控制变量	未控制	未控制	控制
Year FE	未控制	控制	控制
Firm FE	未控制	控制	控制
R^2	0.011	0.212	0.243
观测值	3399	3399	3399

续表

B栏:替代变量

变量	(1) Employment Growth Rate	(2) Employment Growth Rate	(3) Symmetric Employment Growth Rate	(4) Symmetric Employment Growth Rate	(5) Employment Growth to Assets	(6) Employment Growth to Assets
Treat×Post$_{[-3,+3]}$	0.126***		0.044**		0.000***	
	(0.002)		(0.024)		(0.004)	
Post$_{[-3,+3]}$	−0.183		−0.073		−0.000**	
	(0.121)		(0.213)		(0.043)	
Treat×Post$_{[-5,+5]}$		0.081**		0.045***		0.000**
		(0.018)		(0.007)		(0.035)
Post$_{[-5,+5]}$		−0.070		−0.027		−0.000
		(0.175)		(0.337)		(0.133)
控制变量	控制	控制	控制	控制	控制	控制
Year FE	控制	控制	控制	控制	控制	控制
Firm FE	控制	控制	控制	控制	控制	控制
R^2	0.231	0.134	0.234	0.149	0.308	0.231
观测值	3399	5408	3399	5408	3399	5408

C栏:不同的固定效应模型

变量	(1) Employment Growth	(2) Employment Growth
Treat×Post$_{[-5,+5]}$	0.040**	0.032*
	(0.014)	(0.068)
Post$_{[-5,+5]}$	−0.021	−0.027
	(0.432)	(0.328)
控制变量	控制	控制
Year FE	控制	控制
Firm FE	控制	控制
Industry×Year FE	控制	控制
Province×Year FE	未控制	控制
R^2	0.184	0.304
观测值	5408	5408

续表

D栏:以2008年作为单一事件冲击时点

变量	(1)	(2)	(3)	(4)
	Employment Growth			
Treat×Post$_{[-3,+3]}$	0.078***	0.072***		
	(0.000)	(0.001)		
Treat×Post$_{[-5,+5]}$			0.062***	0.058***
			(0.000)	(0.001)
控制变量	未控制	控制	未控制	控制
Year FE	控制	控制	控制	控制
Firm FE	控制	控制	控制	控制
R^2	0.205	0.237	0.123	0.143
观测值	2770	2770	4418	4418

注：(1)***、**、*分别表示在1%、5%、10%的统计水平上显著；(2)括号内数字为 p 值。

1.更改事件的观测窗口

在主回归中，本章检验的是企业被强制披露社会责任信息年份前后5年员工规模增长的变化情况。在稳健性检验中，本章更改事件观测窗口，将观测窗口缩小至企业被强制披露社会责任信息前后3年，缩小观测窗口虽然导致无法观测到事件对企业员工规模的长期影响，但是也减少了长窗口可能带来的与事件无关的噪音影响。在表6-5的A栏中，本章采用事件发生前后3年的时间窗口来考察社会责任信息强制披露对企业员工增长的影响，发现Treat×Post交乘项的符号和显著性并未发生改变。因此，前述实证结论稳健不变。

2.替换被解释变量

本章构建了三个指标作为因变量员工增长的替代变量。第一，参照Falato和Liang(2016)，本章采用的第一个指标是企业的员工增长率(Employment Growth Rate)，即企业i第t年的员工人数与第$t-1$年的员工人数的差值，除以第t年的员工人数；第二，借鉴Davis等(2008)、

Falato 和 Liang(2016),本章采用对称式的员工增长率(Symmetric Employment Growth Rate),即公司 i 第 t 年的员工人数与第 $t-1$ 年的员工人数的差值,除以第 t 年与第 $t-1$ 年的平均员工人数;第三,参考 Falato 和 Liang(2016),本章还采用公司 i 第 t 年的员工人数与第 $t-1$ 年的员工人数的差值,除以第 $t-1$ 年的总资产(Employment Growth to Assets)作为替代变量。表 6-5 B 栏的结果显示,当将模型(6-1)中的因变量替换为上述三类替代变量时,无论采用事件发生前后 3 年的时间窗口,还是事件发生前后 5 年的时间窗口,Treat×Post 交乘项的回归系数均显著为正,即本章的结论依然稳健。

3.不同的固定效应模型检验

主回归中,本章在模型里加入了公司固定效应(Firm FE)和年份固定效应(Year FE)。在稳健性检验中,我们考察本章的实证结论在不同的固定效应中是否依旧稳健。表 6-5 C 栏的列(1)中,在模型(6-1)的基础上加入行业—年份固定效应(Industry×Year FE)以排除行业特征以及产业政策带来的影响,发现结果依然稳健。表 6-5 C 栏的列(2)中,在模型(6-1)的基础上同时加入行业—年份固定效应(Industry×Year FE)、省份—年份固定效应(Province×Year FE)以排除产业政策、区域政策带来的影响,发现本章的结论依然稳健。

4.以 2008 年公布社会责任报告强制披露政策作为单一事件冲击时点的 DID 回归

Chen 等(2018)以 2008 年公布社会责任报告强制披露政策作为单一的事件冲击时点,研究社会责任信息强制披露的影响。因此,本章也采用 2008 年作为单一事件冲击时点进行稳健性检验。结果报告于表 6-5 的 D 栏中。可以发现,无论采用事件发生前后 3 年的时间窗口,还是事件发生前后 5 年的时间窗口,实证结果均与表 6-3 的主回归结果相一致。

第六章 社会责任信息强制披露与企业员工增长

第五节 影响机制分析

本节中,将检验社会责任信息强制披露对员工增长的影响机制。本章认为,主要影响机制是强制披露社会责任报告使得企业在社会责任方面的信息更加透明,政府和相关利益团体对企业的监督性更强,这将会倒逼企业更加重视履行社会责任,进而对员工等利益相关者的权益更加重视,因而将有助于促进企业员工增长。本章将分两个步骤展开检验:第一,检验强制披露社会责任报告是否会促使企业提升社会责任表现;第二,检验企业提升社会责任表现是否有助于企业员工增长幅度提高。

本章首先检验社会责任信息强制披露对企业社会责任表现的影响。前人的研究中,通常使用第三方机构对企业社会责任的评级得分,如 KLD 评级得分来衡量企业的社会责任绩效(例如 Giuli et al.,2014;Krüger,2015;Ferrell et al.,2016;Lins et al.,2017;Liang et al.,2017)。本章基于和讯网公布的企业社会责任数据来度量中国企业的社会责任水平。和讯网基于上市公司公布的年报和社会责任报告等公开报告,从股东责任,员工责任,供应商、客户和消费者责任,环境责任,以及社会责任五个方面来评价企业社会责任的表现。之所以选择和讯网,是因为其所披露的企业社会责任评分能够覆盖所有上市公司。本章采用和讯网公布的上述五个分指标得分总和加 1 取自然对数(CSR Score)来衡量企业的社会责任表现。同时,本章还考察社会责任信息强制披露是否使得企业的社会责任支出增加。社会责任支出数据来自 CSMAR

社会责任信息披露与企业长期竞争力研究

数据库中的中国上市公司企业社会责任报告。由于未披露社会责任报告的企业在社会责任方面支出的数据不可得，因此该部分数据仅包含有进行社会责任信息披露的实验组企业的数据。社会责任支出(CSR Spending)的定义为公司当年在社会责任的总支出除以公司当年年末总资产。

本章仍采用模型(6-1)来检验社会责任信息强制披露对企业社会责任水平的影响。所不同的是，模型因变量替换为企业社会责任得分(CSR Score)和社会责任支出(CSR Spending)。表6-6的A栏报告了模型的回归结果。A栏列(1)中，由于企业社会责任得分(CSR Score)数据的可获得起始年份是2010年，列(1)的回归分析样本减少到2475个。结果显示，自变量Treat×Post交乘项的回归系数显著为正，说明社会责任信息强制披露提升了企业的社会责任表现。A栏列(2)中，由于样本只能包含有进行社会责任信息披露的企业，而且社会责任支出数据的可获得起始年份是2006年，因此列(2)的回归分析样本减少为2176个。结果显示，Post的回归系数显著为正，说明企业在被强制披露社会责任信息之后，增加了社会责任支出。

表6-6 社会责任信息强制披露、社会责任表现与员工增长

A栏

变量	(1) CSR Score	(2) CSR Spending
Treat×Post$_{[-5,+5]}$	0.267**	—
	(0.023)	—
Post$_{[-5,+5]}$	0.078	0.0001**
	(0.361)	(0.028)
控制变量	控制	控制
Year FE	控制	控制

续表

变量	(1) CSR Score	(2) CSR Spending
Firm FE	控制	控制
R^2	0.799	0.566
观测值	2475	2176

B栏

变量	(1)	(2)	(3)	(4)
	DID sample		Full sample	
	$EmploymentGrowth_{t+1}$			
CSR Score$_t$	0.045***		0.043***	
	(0.000)		(0.000)	
CSR Spending$_t$		0.001***		0.002***
		(0.001)		(0.000)
控制变量	控制	控制	控制	控制
Year FE	控制	控制	控制	控制
Firm FE	控制	控制	控制	控制
R^2	0.296	0.174	0.204	0.102
观测值	2475	2176	16318	5421

注:(1)***、**、*分别表示在1%、5%、10%的统计水平上显著;(2)括号内数字为 p 值。

本章进一步检验企业提升社会责任表现是否会促进员工增长。本章仍然从社会责任得分(CSR Score)和社会责任支出(CSR Spending)两个维度来衡量企业的社会责任表现,采用如下 OLS 模型来检验企业社会责任表现和社会责任支出对员工增长的影响:

$$Employment_{i,t+1} = \alpha_0 + \alpha_1 CSR\ Score(CSR\ Spending)_{i,t} + \beta_j Controls_{i,j,t} + Firm\ FE + Year\ FE + \varepsilon_{i,t} \quad (6-2)$$

其中:模型的因变量 $Employment_{i,t+1}$ 表示企业 i 第 $t+1$ 年的员工增长

(Employment Growth)，主要解释变量是企业社会责任评分（CSR Score）或者社会责任支出（CSR Spending）。控制变量与模型（6-1）相同。

表6-6的B栏列示了回归结果。① B栏第（1）列和第（2）列中，采用与表6-6 A栏列（1）和列（2）相同的DID样本。B栏第（3）列和第（4）列中，采用全样本，其中：第（3）列关于社会责任得分的回归分析样本包括2010—2017年16318个公司—年份样本观测值，第（4）列关于社会责任支出的回归分析样本包括2006—2017年5421个公司—年份样本观测值。B栏列（1）和列（3）的结果显示，CSR Score的回归系数为正，并在1%的水平上显著，表明企业的社会责任得分越高，员工规模增长幅度越大。B栏列（2）和列（4）的结果显示，CSR Spending的回归系数为正，并在1%的水平上显著，表明企业的社会责任支出越多，员工规模增长幅度越大。

总体而言，影响机制检验表明，社会责任信息强制披露能促使企业提升社会责任表现，且企业社会责任表现越好、社会责任支出越多，员工规模增长幅度越大。这一结果也进一步支持了假设6-1a。

第六节　异质性分析

前文的研究发现，社会责任信息强制披露会促使企业的员工增长幅度提升。本节中，将进行社会责任信息强制披露影响员工增长的横

---

① 由于无法获取未进行社会责任信息披露的企业在社会责任活动方面的投入数据，加上CSMAR数据库中关于企业社会责任活动的数据始于2006年，和讯网公布的企业社会责任评分的数据始于2010年，此处的样本观测值有所减少。

截面分析,包括人力资本投入、高科技行业与所有权性质的横截面分析,结果如表 6-7 所示。

表 6-7 横截面分析结果

变量	(1) 高人力 资本	(2) 低人力 资本	(3) 高科技 行业	(4) 非高科技 行业	(5) 国有 企业	(6) 非国有 企业
Treat×Post$_{[-5,+5]}$	0.071***	−0.003	0.099***	−0.034	0.051***	0.002
	(0.001)	(0.895)	(0.000)	(0.136)	(0.006)	(0.962)
Post$_{[-5,+5]}$	−0.029	−0.013	−0.038	−0.004	−0.007	−0.002
	(0.401)	(0.755)	(0.288)	(0.924)	(0.828)	(0.976)
控制变量	控制	控制	控制	控制	控制	控制
Year FE	控制	控制	控制	控制	控制	控制
Firm FE	控制	控制	控制	控制	控制	控制
组间差异检验	0.018		0.000		0.232	
R^2	0.198	0.175	0.214	0.157	0.191	0.163
观测值	3088	2320	2688	2720	4087	1289

注:(1) ***、**、* 分别表示在 1%、5%、10% 的统计水平上显著;(2) 括号内数字为 p 值。

一、按照人力资本投入分类

前文研究已证实,当企业被强制披露社会责任信息后,企业主动履行社会责任的意愿会上升,这将增强企业员工的信任感,减弱员工的跳槽倾向。因此,我们首先考察人力资本密集度可能对企业社会责任信息强制披露与员工增长之间关系的影响。在人力资本密集度较高的行业中,社会责任信息强制披露对员工增长的促进作用可能较强。相比于人力资本密集度较低的行业,人力资本密集度高的行业对人才的依赖程度较高,同行业企业对人才的争夺也更加激烈,员工对个人权益的要求也比较高。由于社会责任信息强制披露将有助于企业加强对员工权益的保护,从而使企业在人才竞争中占据优势地位,本章预期,社会责任信息强制披露对员工增长的促进作用,应该在人力资本密集度高的行业中更加明显。

为证实上述理论预测,本章进行如下检验。参考 Borisov 等(2021)的做法,本章采用企业所属行业的平均薪酬水平度量企业的人力资本投入水平。具体而言,根据公司现金流量表中的"支付给职工以及为职工支付的现金"计算得到各个行业的平均人力资本投入,如果企业所属行业的人力资本投入位于前 1/3 水平则划分至高人力资本投入组,反之则划至为低人力资本投入组。本章分别对两组样本进行基于模型(6-1)的回归分析。表 6-7 列(1)和列(2)的结果显示,Treat×Post 交乘项的回归系数在高人力资本投入组才显著为正,在低人力资本投入组并不显著,且两组回归系数的差异显著(p 值=0.018),即高人力资本投入组的回归系数显著高于低人力资本投入组。这一结果支持了理论预测,即社会责任信息强制披露对员工增长的促进作用在人力资本密集度较高的行业中更加显著。

二、按照高科技行业分类

社会责任信息强制披露对企业员工增长的作用效果可能受高新技术产业特征的影响。相比于非高科技行业,高科技行业对高水平人才的需求更大,而高水平人才更看重个人权益,且容易跳槽。如果社会责任信息强制披露可以促使企业更好地履行员工权益保护的社会责任,那么本章预期,社会责任信息强制披露对企业员工增长的促进作用在高科技行业中更强。

为证实上述理论预测,本章进行如下检验。参照 Hall 和 Trajtenberg (2005)的思想,本章根据中国证监会公布的《上市公司行业分类指引》(2001版)对企业所属行业类别进行划分。如果企业所属的行业类别及其前两位代码属于石油化工(C4)、电子(C5)、金属和材料(C6)、机械设备(C7)、制药和生物技术(C8)、信息技术(G)这些行业,则将其划分至为高科技企业,反之则将其划分至非高科技企业。本章分别对两组样本进行基于模型(6-1)的回归分析,结果列于表 6-7 的列(3)和列(4)。可以发现,Treat×Post 交乘项的回归系数仅在高科技行业企业样本中才显著为正,在非高科技行业企业样本中并不显著,且两组的回归系数的差异显著(p 值<0.01),即高科技行业企业样本的回归系数显著高于非高科技行业企业样本。该结果表明,社会责任信息强制披露对企业员工增长的促进作用在高科技行业中更显著。

三、按照所有权性质分类

本章进一步检验社会责任信息强制披露对国有企业和非国有企业员工增长的不同影响。相比于非国有企业,政府更经常要求国有企业承担更多的政治任务和社会责任,如促进就业等(Shleifer et al.,1994)。当企业被强制披露社会责任信息之后,政府监督国有企业可依据的信息将更多,这可以敦促国有企业增加社会责任支出,承担更多社会责任,包括促进就业等。虽然非国有企业被强制披露社会责任信息之后,政府也掌握了更多相关信息,但是因为政府在非国有企业中没有股权,或者股权很少,所以对非国有企业的影响较弱。因此,本章预期,社会责任信息强制披露对国有企业员工增长的促进程度比非国有企业更高。

为证实上述理论预测,本章进行如下检验。本章按照企业的所有权性质将样本进行分组,如果企业实际控制人为中央和国家机关、中央和地方国有企业、地方国资委、地方政府则将其划分至国有企业组,反之则为非国有企业组,然后分别对两组样本进行基于模型(6-1)的回归分析,结果列于表 6-7 的列(5)和列(6)。表 6-7 的结果显示,Treat×Post 交乘项的回归系数仅在国有企业组才显著为正,在非国有企业组并不显著(两组回归系数的差异不显著)。这一结果支持了理论预测,即相比于非国有企业,社会责任信息强制披露更可能促进国有企业的员工增长。

第七节　进一步分析

根据前文的分析,可以发现社会责任信息强制披露对本企业的员工增长具有正面的影响,那么这一影响是否会对与本企业位于同一行业、同一地区,但没有被强制披露社会责任信息的同侪企业的员工规模产生挤出效应？已有文献表明,劳动力流动更有可能发生在同一行业的本地企业之间(Almeida et al. 1999;Kim et al.,2005)。因此,本章预期,社会责任信息强制披露在促使本企业员工增长的同时,还可能会导致同侪企业员工增长幅度降低,即员工从同侪企业流向被强制披露社会责任信息的企业。

为了检验上述理论预测,本章将模型(6-1)的因变量替换为同侪企业的员工增长(Mean Employment Growth of Peer Firms),即与实验组企业位于同一城市、同一行业,且未被强制披露社会责任报告的企业的

第六章　社会责任信息强制披露与企业员工增长

平均员工增长。实证结果列于表 6-8 中。列(1)中,采用事件前发生后 3 年的时间窗口,发现 Treat×Post 交乘项的回归系数为 −0.008,在 5% 的水平上显著。这一结果表明当一家企业被强制披露社会责任报告,与该企业位于同一行业、同一地区,且没有被强制披露社会责任报告的同侪企业事件发生后三年的员工增长幅度比事件发生前三年每年平均下降了 0.8%。因此,强制社会责任信息披露对同侪企业的员工增长产生了显著的挤出效应。列(2)中,本章采用事件发生前后 5 年的时间窗口,也有了同样的结果。这一结果表明,社会责任信息强制披露促使劳动力重新分配。

表 6-8　社会责任信息强制披露的挤出效应

变量	(1)	(2)
	Mean Employment Growth of Peer Firms	
Treat×Post$_{[-3,+3]}$	−0.008**	
	(0.012)	
Post$_{[-3,+3]}$	−0.007	
	(0.390)	
Treat×Post$_{[-5,+5]}$		0.006*
		(0.054)
Post$_{[-5,+5]}$		−0.003
		(0.597)
控制变量	控制	控制
Year FE	控制	控制
Firm FE	控制	控制
R^2	0.977	0.941
观测值	1471	2374

注:(1)***、**、* 分别表示在 1%、5%、10% 的统计水平上显著;(2)括号内数字为 p 值。

第八节 本章小结

本章以2003—2017年中国上市公司为样本,利用企业被强制披露社会责任报告这一外生场景,采用时间错列的PSM-DID方法,检验强制披露社会责任信息对企业员工增长的作用效果,发现相比于未被强制披露社会责任信息的公司,被强制披露社会责任信息的企业的员工增长幅度有了显著的提升。影响机制检验发现,社会责任信息强制披露主要通过提升企业的社会责任表现和增加企业的社会责任支出来促进企业员工增长。横截面分析表明,企业社会责任信息强制披露对企业员工增长的影响在人力资本密集程度较高的企业、高科技行业企业和国有企业中更显著。此外,社会责任信息强制披露对与本企业位于同一地区、同一行业,且未被强制披露社会责任信息的同侪企业的员工增长会产生挤出效应。

本章之所以以中国企业为样本检验社会责任信息强制披露对企业员工增长的影响,是因为中国的社会责任信息强制披露制度为检验提供了理想的准自然实验场景。由于越来越多的国家也开始强制企业披露社会责任信息,本章关于社会责任信息强制披露促进企业员工增长的结论,也可能适用于其他国家。未来,可以基于其他国家的样本对这一问题做进一步的研究。

本章的主要贡献包括以下两方面:第一,在我们的知识范围内,本章首次研究社会责任信息强制披露对企业员工增长的影响这一问题。通过对这一问题的研究,本章拓展了企业社会责任信息强制披露的实际效应这一领域的研究。第二,本章对会计和财务决策与劳动力这一新兴领域文献进行了有益补充。近年来,企业会计和财务决策如何影响公司员工增长研究的数量呈现上升趋势。前人研究考察了如下因素对企业员工增长、劳动力的影响:会计质量(Jung et al.,2014)、管理层激励(Dierynck et al.,2012)、研发支出(Capasso et al.,2015)、融资约束和银行信贷(Benmelech et al.,2021;Garmaise,2008;Michaels et al.,2019;Brown et al.,2017;Bai et al.,2018)、企业公开上市(Borisov et al.,2021)、并购与私募股权交易(Lagaras,2019;Davis et al.,2008;Boucly et al.,2011)。然而,前人对于企业信息披露如何影响企业员工增长的研究甚少。本章探讨了企业的非财务信息披露行为,即社会责任信息披露行为对企业和同侪企业员工增长的因果效应,从而揭示了企业非财务信息披露在劳动力市场配置中的重要作用。

第七章 社会责任信息强制披露与企业创新绩效

第一节 问题提出

企业履行社会责任是一个长期的过程,相较于短期的财务业绩,企业的长期绩效更能反映出社会责任信息披露产生的真实效应。选择企业创新作为研究目标具有重要意义,因为创新能力不仅是企业长期竞争力的体现,更是经济发展的重要引擎。

理论上,社会责任信息披露对创新绩效可能产生正反两方面影响:一方面,企业披露社会责任报告后,融资成本下降,能吸引到更多创新人才,获得更多政府科研补贴与环保专利,可能导致创新产出提高;另一方面,由于有研究表明,社会责任信息披露会牺牲股东的利益以产生积极的外部效应(Chen et al.,2018),因此社会责任信息披露也有可能降低企业创新水平。

基于此,本章以2008—2012年首次进入被强制披露社会责任报告名单的中国深沪A股上市公司作为受事件影响的实验组企业,以其他未被强制披露社会责任报告的上市公司作为控制组企业,通过PSM方法匹配得到225对实验组和控制组公司样本,然后采用时间错列的DID方法,考察实验组企业相比于控制组企业在被强制披露社会责任报告的前后5年内企业创新水平的变化。实证结果表明:相比于未被强制披露社会责任报告的企业,在事件发生后,被强制披露社会责任报告的企业创新的数量和质量有了显著的增长和提升。本章还进一步检验了强制披露社会责任报告对企业创新的影响机制:第一,强制披露社会责任报告显著地降低了企业的股权资本成本;第二,强制披露社会责任报告使得企业提升了社会责任水平,进而吸引更多研发人员,提高员工创新效率,从而提升企业创新水平;第三,强制披露社会责任报告使企业获得更多的政府科研补贴,从而为提高创新实力奠定基础;第四,社会责任信息强制披露促使企业通过增加环保型专利产出来提升企业的总体创新水平。

本章的研究丰富和拓展了社会责任信息强制披露的实际效应这一领域的研究,也对社会责任信息强制披露真实效应的研究做了有益的拓展。目前已有一些文献探讨了各类强制披露政策的实际效应(Hayes et al.,2012;Chuk,2013;Dyreng et al.,2016;Agarwal et al.,2017;Kim et al.,2021),本章则是着眼于社会责任信息披露,通过深入分析社会责任信息强制披露对企业创新的影响来拓展相关研究。此外,本章也是对企业创新这一新兴研究领域文献的补充。目前大量文献从微观、中观、宏观层面探讨了企业创新的影响因素,特别是企业层面这一微观角度的影响因素。本章从社会责任信息披露的角度出发,为信息和人才对企业创新的影响效应研究提供了支持,并在一定程度上深化和拓展了中国制度背景下的社会责任报告强制披露政策对企业创新影响的相关研究。

第二节 理论分析与假设提出

企业社会责任信息强制披露对企业创新的影响并非显而易见的。首先,社会责任信息强制披露可能从以下四个方面促进企业创新:第一,社会责任信息披露是非财务信息披露的重要组成部分,对于评估企业价值具有重要的揭示作用,能够降低企业与投资者之间的信息不对称程度(Dhaliwal et al.,2014),进而降低企业的资本成本(Healy et al.,2001)。进一步地,资本成本的降低将有利于扩大企业的融资规模,为企业的研发活动提供资金支持。此外,由于研发活动具有较高的不确定性和高失败率(Holmstrom,1989),在创新项目上投资更多的公司被迫只能做部分的信息披露,导致企业面临更大程度的信息不对称(Bhattacharya et al.,1983),更有可能被投资者低估。强制披露社会责任报告通过降低信息不对称程度减少股价的低估情况,促使高管更加积极地投资研发活动。第二,社会责任信息强制披露使得企业的社会责任信息更加透明,因此政府和相关利益团体更可能督促企业履行社会责任(Chen et al.,2018)。而且,员工权益保护是企业履行社会责任的内容之一,企业对员工权益保护得越好,就越可能吸引到高质量的创新人才。Flammer 和 Kacperczyk(2019)的研究就表明,企业积极参与社会责任活动会减弱员工加入竞争公司的倾向,进而减少知识溢出,这为企业进行创新活动奠定了人才基础。第三,企业被强制披露社会责任报告之后,将增加在企业社会责任方面的投入,其中也包括在社会公益方面的投入,而企业投入社会公益事业,将使其更容易获得政府的信任,进而获得更多的政府科研补贴。根据 Fang 等(2023)的研究,将近 1/4(22.3%)的中国企业的研发费用是政府补贴的。政府补贴能够提高企业的创新效率,这为企业创新实力的提升提供了重要保障。第四,从履行社会责任的目的出发,企业被强制披露社会责任报告后,很可能改变生产技术,加强环保型技术的研发工作,从而通过增加环保型专利产出提升企业的总体创新水平。Chen 等(2018)就发现,企业社会责任信息强制披露使得企业增加在环保方面的支出。Hong 等(2020)、王晓祺和宁金辉(2020)的研究也都发现强制披露社会责任信息能够提高企业的绿色专利产出,并驱动企业绿色转型。因此,注重履行社会责任的企业增加的专利,很可能有一部分是环保型专利。基于以上推测,本章提出以下假设:

假设 7-1a:被强制披露社会责任报告后,企业的融资成本下降,能吸引到更多创新人才,获得更多政府补贴与环保专利,从而提高创新产出数量和质量。

其次,社会责任信息强制披露也可能抑制企业创新水平,原因在于:社会责任信息强制披露虽然会产生积极的外部效应,使得企业当地的污染水平降低,但同时也会导致企业的盈利能力下降,牺牲股东的利益(Chen et al.,2018)。企业盈利能力的下降,将使得企业投入研发活动的资金减少,从而可能降低创新产出。基于上述分析,本章提出以下备择假设:

假设 7-1b:被强制披露社会责任报告后,企业盈利能力下降,从而导致企业创新产出数量减少、质量降低。

第三节　研究设计

一、样本选择与数据来源

本章以2008—2012年首次进入被强制披露社会责任报告名单的企业作为受事件影响企业的初始样本,并根据如下标准筛选样本:(1)由于外资股面临不同的监管与市场交易制度,而金融类企业的报表存在特殊性,因此本章的样本企业仅包含"上证公司治理板块"企业以及"深证100指数"企业;(2)为了检验强制企业披露社会责任报告这一事件发生对事件前后5年企业创新的影响,本章要求样本企业从首次被强制披露社会责任报告之后的5年内,没有因退出"上证公司治理板块"或"深证100指数"而退出被强制披露社会责任报告的企业名单;(3)由于本章研究的是企业创新问题,参考Moshirian等(2021)的做法,本章剔除了样本期间(事件发生前后5年内)企业专利数为0的公司—年份观测样本;(4)要求每家企业在事件发生前后至少1年内不存在关键研究变量的缺失;(5)剔除了金融行业企业、公共事业行业企业、退市企业、ST企业。最后,得到2008—2012年首次进入被强制披露社会责任报告名单的225家企业。其中,各年份新进入被强制披露社会责任报告名单的企业数分别为181家(2008年)、7家(2009年)、6家(2010年)、18家(2011年)、13家(2012年)。由于DID检验需考察事件发生前后5年的观测值,因此总样本期间为2003—2017年。

本章进而采用倾向得分匹配(PSM)方法,为被强制披露社会责任报告的企业寻找未被强制披露社会责任报告的企业作为与之匹配的控制组样本。对于控制组企业,首先作如下筛选:(1)要求未被强制披露社会责任报告的企业在整个样本期间内未被纳入强制披露名单;(2)剔除了样本期间企业专利数为 0 的公司—年份观测样本;(3)要求每家企业在事件发生前后至少 1 年内的关键研究变量没有缺失;(4)剔除了金融行业企业、公共事业行业企业、退市企业、ST 企业;(5)剔除了自愿披露社会责任报告的企业。满足上述条件的未被强制披露社会责任报告的企业总共 1269 家。

进一步地,为每一家在第 t 年被强制披露社会责任报告的企业配对一家在同一年份、同一行业且倾向得分最接近的、未被强制披露社会责任报告的企业。倾向得分匹配采用 Logit 回归模型,用强制披露事件发生前一年(第 -1 年)的公司特征变量和强制披露事件发生前三年(第 -3 年至第 -1 年)的专利变动情况估计企业进入实验组的概率。具体配对指标包括:资产总额的自然对数(Size);总资产收益率(ROA),即净利润除以资产总额;资产负债率(Leverage),即总负债除以资产总额;现金满足投资比率(Cash/inv),定义为:经营活动产生的现金流量净额的近 5 年总和除以企业近 5 年新增投资总额(新增投资额是指企业在购建固定资产、无形资产和其他长期资产,以及分配股利、偿付利息、存货净额这些方面最近 5 年的增加额之和);企业年龄(Age),即企业成立至事件发生当年的年份数;国有企业虚拟变量(SOE),定义为:若企业实际控制人为中央和国家机关、中央和地方国有企业、地方国资委、地方政府则取值为 1,否则为 0。此外,本章还采用实验组和控制组企业在事件发生之前专利数量和质量的变动情况($Patent_{IPCadj}\ Growth_{-3\ to\ -1}$ 和 $Citation_{IPCadj}\ Growth_{-3\ to\ -1}$)来衡量两组企业在事件发生之前创新水平的变化趋势。此外,本章还控制了年份固定效应与行业固定效应。本章采用近邻匹配法,有放回地选择事件发生前一年与实验组企业倾向得分值最接近的企业作为实验组企业的配对样本,最终获得 225 对实验组和控制组企业,[①]共 450 家企业,以及 2003—2017 年共 4105 个公司—年度观测值。

本章使用的企业专利数和专利被引用数的数据来自国家知识产权局网站[②];各年被强制披露社会责任报告的企业调整名单的初始数据来自上海证券交易所和深圳证券交易所公告;企业基本信息、财务特征和股权性质数据来自 CSMAR 数据库和中国研究数据服务平台(CNRDS 数据库);社会责任支出数据来自 CSMAR 数据库中的上市公司社会责任报告明细表;公司员工数据来自 RESSET 数据库。

表 7-1 列示了 PSM 配对结果。A 栏报告了 PSM 前后的回归结果。回归的因变量(Treat)为企业是否进入强制披露组(实验组)。可以看出,配对前实验组与控制组的企业规模(Size)、资产收益率(ROA)、资产负债率(Leverage)以及国有性质(SOE)特征存在显著差异,而配对后所有变量均不显著,说明本章的 PSM 过程消除了社会责任信息强制披露前实验组与控制组企业在企业特征方面的差异。配对后,Pseudo R^2 由 32.4% 降低至 4.6%,χ^2 的 p 值由 0 上升至 0.745,说明配对后样本企业的企业特征对于企业进入实验组可能性的解释力较弱。B 栏中,本章对事件发生前各配对变量进行均值差异检验,检验结果进一步说明,配对后实验组与控制组企业的企业特征不存在显著差异。

[①] 本章也采用无放回的方法来选择实验组企业的配对样本,获得 225 对实验组和控制组企业,以此样本进行检验也得到同样的实证结果。

[②] 网站链接:http://epub.sipo.gov.cn/gicx.jsp。

表 7-1　PSM 配对结果

A 栏:匹配前和匹配后的回归结果

变量	（1）匹配前 Treat	（2）匹配后 Treat
Size	1.222***	−0.080
	(0.000)	(0.459)
ROA	12.430***	3.240
	(0.000)	(0.134)
Leverage	−1.558**	0.481
	(0.033)	(0.516)
Cash/inv	−0.046	−0.035
	(0.359)	(0.572)
Age	0.003	−0.024
	(0.917)	(0.354)
Patent$_{\text{IPCadj}}$ Growth$_{-3\,to\,-1}$	0.072	0.006
	(0.374)	(0.925)
Citation$_{\text{IPCadj}}$ Growth$_{-3\,to\,-1}$	0.155	−0.018
	(0.329)	(0.912)
SOE	0.481**	0.147
	(0.032)	(0.581)
Constant	−28.385***	2.888
	(0.000)	(0.256)
观测值	782	450
PseudoR^2	0.324	0.046
p-value of χ^2	<0.001	0.745
Year FE	控制	控制
Firm FE	控制	控制

续表

B栏:各特征变量的均值差异检验($t=-1$)

	(1) 实验组	(2) 控制组	(1)-(2) 差异	t 统计量
Size	22.523	22.473	0.050	-0.461
ROA	0.072	0.068	0.004	0.779
Leverage	0.491	0.492	0.000	-0.029
Cash/inv	0.556	0.543	0.013	0.088
Age	11.182	11.622	-0.440	-1.160
$Patent_{IPCadj}\ Growth_{-3\ to\ -1}$	0.668	0.665	0.004	0.026
$Citation_{IPCadj}\ Growth_{-3\ to\ -1}$	0.165	0.153	0.012	0.194
SOE	0.764	0.738	0.027	0.653

注:(1)***、**、*分别表示在1%、5%、10%的统计水平上显著;(2)括号内数字为 p 值。

二、变量构建

1.企业创新水平

参照 Bernstein(2015)等文献,本章采用如下两个指标来衡量企业创新能力。

第一,经年份和技术类别调整后的专利数($Patent_{IPCadj}$),等于企业 i 在第 t 年申请并最终获得授权的发明专利数量,除以当年度同一技术类别的所有上市企业申请并最终获得授权的平均发明专利数。该指标衡量企业创新产出的数量。由于专利从申请到最终被授权之间存在2~3年的时间间隔,因此最近2~3年(2015—2017年)申请的专利可能因尚未得到授权而无法观测到,导致原始的专利数存在"删尾偏差"。本章对原始专利数进行年份和技术类别调整,从而减弱了这一偏差的影响。

第二,经年份和技术类别调整后的专利被引用数(Citation$_{\text{IPCadj}}$),以企业 i 在第 t 年申请并最终获得授权的发明专利的被引用次数,除以当年度同一技术类别的所有上市企业申请并最终获得授权的发明专利的平均被引用次数,得到企业 i 的发明专利被引用数,用于衡量企业创新产出的质量。由于专利从授权之日起未来很长一段时间都会被引用,而本章的研究区间截至 2017 年,也即 2017 年以后的专利被引用情况无法观测到,这会导致"删尾偏差"产生。本章对原始专利引用数进行年份和技术类别调整,是为了减少这一偏差的影响。

2.控制变量

为控制其他可能影响企业创新的因素,本章还加入了一系列控制变量,具体包括:企业规模(Size);总资产收益率(ROA),即净利润除以资产总额;资产负债率(Leverage),即总负债除以资产总额;现金满足投资比(Cash/inv),定义为:经营活动产生的现金流量净额的近 5 年总和除以企业近 5 年新增投资总额(新增投资额是指企业在购建固定资产、无形资产和其他长期资产,以及分配股利、偿付利息、存货净额这些方面最近 5 年的增加额之和);企业年龄(Age),即企业成立至事件发生当年的年份数;国有企业虚拟变量产权性质(SOE),定义为:若企业实际控制人为中央和国家机关、中央和地方国有企业、地方国资委、地方政府则取值为 1,否则为 0。此外,控制变量还包括年份固定效应(Year FE)和公司固定效应(Firm FE)。各变量的定义与描述见表 7-2。

表 7-2 变量定义及描述

变量名称	变量表达式	变量定义
经年份和技术类别调整后的专利数	Patent$_{\text{IPCadj}}$	企业 i 在第 t 年申请并最终获得授权的发明专利数量,除以当年度同一技术类别所有上市企业申请并最终获得授权的平均发明专利数

续表

变量名称	变量表达式	变量定义
经年份和技术类别调整后的专利被引用数	Citation$_{IPCadj}$	企业i在第t年申请并最终获得授权的发明专利的被引用次数,除以当年度同一技术类别所有上市企业申请并最终获得授权的发明专利的平均被引用次数
投资者权益保护支出	Stakeholdspend/asset	企业i第t年的股东权益保护与债权人权益保护方面的总支出除以企业当年年末总资产
员工权益保护支出	Staffspend/asset	企业i第t年员工权益保护方面的总支出除以当年年末总资产
社会公益保护支出	Publicrespend/asset	企业i第t年的公共关系和社会公益事业方面的总支出除以当年年末总资产
环保支出	Envirspend/asset	企业i第t年环境和可持续发展方面的总支出除以当年年末总资产
企业社会责任表现	CSRscore	和讯网社会责任综合评分
捐赠支出水平	Donation	企业i第t年的捐赠金额总数(单位:十万人民币)
企业研发人员比例	R&D personal	企业i第t年的研发人员数量除以年末员工总人数
员工创新效率	R&D Personal Efficiency	企业i第t年申请并最后获得授权的发明专利数除以年末研发人员总数
政府科研补贴	Grant/asset	企业i第t年获得的政府补助总额(元)除以年末总资产(千元)
环保专利数	EPatent$_{IPCadj}$	企业i第t年申请并最终获得授权的、经年份和技术类别调整后的环保专利数
环保专利被引用数	ECitation$_{IPCadj}$	企业i第t年申请并最终获得授权的、经年份和技术类别调整后的环保专利平均被引用数
资本成本	COC%	参照GLS模型贴现计算得到企业i在第t年的权益资本成本
企业规模	Size	资产的自然对数值
资产负债率	Leverage	总负债除以资产总额

续表

变量名称	变量表达式	变量定义
现金满足投资比	Cash/inv	近5年企业经营活动产生的现金流量净额总和除以近5年企业新增投资总额
总资产收益率	ROA	净利润除以资产总额
企业年龄	Age	企业成立至事件发生当年的年份数
产权性质	SOE	企业实际控制人为中央和国家机关、中央和地方国有企业、地方国资委、地方政府则取值为1,否则为0
年份固定效应	Year FE	年份虚拟变量
公司固定效应	Firm FE	公司虚拟变量

三、模型设定

本章采用错列式的双重差分(staggered DID)多元回归模型来检验社会责任信息强制披露对企业创新的影响,构建的具体模型如下：

$$Innovation_{i,t} = \alpha_0 + \alpha_1 Post_{i,t} \times Treat_i + \alpha_2 Post_{i,t} + \sum \beta_j Controls_{i,j,t} + Year\ FE + Firm\ FE + \varepsilon_{i,t} \quad (7-1)$$

其中:模型的因变量 $Innovation_{i,t}$ 为企业 i 第 t 年经年份和技术类别调整后的专利数($Patent_{IPCadj}$),或者经年份和技术类别调整后的专利被引用数($Citation_{IPCadj}$)。$Treat_i$ 表示若企业 i 属于实验组,即被强制披露社会责任报告的企业,则取值为1,若属于控制组则取值为0。$Post_{i,t}$ 定义为:对于实验组企业,若公司—年度观测值是企业被强制披露社会责任报告之后的则取值为1,反之则为0;对于控制组企业,若公司—年度观测值是在其所匹配的实验组企业被强制披露社会责任报告之后的则取值为1,否则为0。在回归分析中,本章剔除事件发生当年($t=0$)的观测值,因为将事件发生当年的观测值归入事件之前或之后都不合适。

为控制其他可能影响企业创新的变量,本章加入一系列控制变量,包括企业规模 Size、总资产收益率 ROA、资产负债率 Leverage、现金满足投资比 Cash/inv、公司年龄 Age 以及产权性质 SOE。本章还加入了年份固定效应(Year FE)以控制各年份的宏观经济和政策因素对结果的影响,并加入了公司固定效应(Firm FE)。由于本章加入的目标公司固定效应吸收了 Treat 变量的影响,Treat 变量在回归模型中被自动省略。对于连续变量,本章进行了 99%分位和 1%分位的缩尾处理。模型中,本章重点关注 Treat 和 Post 交乘项的回归系数 α_1,它度量了被强制披露社会责任报告的企业与未被强制披露社会责任报告的企业,在披露事件发生前后企业创新水平提升幅度的差异。

第四节 实证结果分析

本节实证检验社会责任信息强制披露是否影响企业创新水平。首先,采用 DID 单变量检验方法考察强制性社会责任披露对企业创新的影响;其次,对社会责任信息强制披露对企业创新水平的影响进行双重差分回归检验以及平行趋势检验。此外,本章还对回归分析方法和结果进行了一系列稳健性检验。

一、描述性统计

各研究变量的描述性统计结果如表 7-3 所示。由表 7-3 可知:发明专利数(Patent)均值为 3.46,表明平均每个企业每年有将近 3 个发明专利产出;发明专利平均被引用数(Citation)均值为 0.84,表明平均每个企业每年的专利被引用数为 1 次;经调整的专利数(Patent$_{IPCadj}$)和专利被引用数(Citation$_{IPCadj}$)均值分别为 1.413 和 0.418[①],标准差分别为 2.617 和 0.669,说明不同企业的创新产出数量和质量均存在较大差异。其他数据表明,样本公司的资产收益率均值为 4.8%,资产负债率均值为 50.4%,现金满足投资比率的均值为 76.3%,平均成立年限为 13 年,样本中有 73.3%的公司为国有企业。

表 7-3 关键变量的描述性统计结果

变量	均值	标准差	最小值	中位值	最大值	观测值
Patent	3.460	6.749	0.000	0.000	24.000	4105
Citation	0.840	1.431	0.000	0.000	6.000	4105
Patent$_{IPCadj}$	1.413	2.617	0.000	0.000	9.141	4105
Citation$_{IPCadj}$	0.418	0.669	0.000	0.000	3.545	4105
Stakeholdspend/asset	0.005	0.024	0.000	0.000	0.211	1162
Staffspend/asset	0.003	0.012	0.000	0.000	0.083	1162
Publicrespend/asset	0.001	0.003	0.000	0.000	0.023	1162
Envirspend/asset	0.002	0.006	0.000	0.000	0.040	1162
CSRscore	37.279	21.387	0.000	29.780	64.200	1809
Donation	12.969	27.012	0.000	1.000	100.800	4105
R&D personal	0.143	0.099	0.008	0.125	0.625	3827
R&D Personal Efficiency	0.528	1.030	0.000	0.000	3.786	4105
Grant/asset	3.067	6.107	0.000	0.610	46.840	4105
EPatent$_{IPCadj}$	0.023	0.099	0.000	0.000	0.524	4105
ECitation$_{IPCadj}$	0.031	0.158	0.000	0.000	0.880	4105

① 剔除发明专利数为 0 的公司—年度观测值后,实验组企业的专利被引用数(Citation$_{IPCadj}$)均值为 1.009,控制组企业的专利被引用数(Citation$_{IPCadj}$)均值为 0.938。

续表

变量	均值	标准差	最小值	中位值	最大值	观测值
COC%	7.670	8.380	0.000	5.168	42.160	4105
Size	22.526	1.234	18.886	22.419	24.530	4105
ROA	0.048	0.055	−0.335	0.041	0.210	4105
Leverage	0.504	0.188	0.044	0.512	1.151	4105
Cash/inv	0.763	2.224	−11.927	0.505	13.265	4105
Age	12.598	4.980	4.000	12.000	29.000	4105
SOE	0.733	0.442	0.000	1.000	1.000	4105

二、回归结果分析

表7-4中,本章采用DID单变量检验方法来考察强制性社会责任信息披露对企业创新的影响。由表7-4可知,从调整后的专利数($Patent_{IPCadj}$)来看,被强制披露社会责任报告的实验组企业的调整后平均专利数,从事件发生前5年的0.913显著上升到事件发生后5年的2.081;未被强制披露社会责任报告的控制组企业的调整后平均专利数,则从事件发生前5年的1.167显著降低到事件后5年的1.419。两组样本的专利数变化幅度差异,即DID估计值为0.916,这一差异的t统计量在1%水平上显著。此外,从调整后的专利被引用次数($Citation_{IPCadj}$)来看,被强制披露社会责任报告的实验组企业,其经调整后的专利被引用次数均值显著上升了0.214,而未被强制披露社会责任报告的控制组企业,其经调整后的专利被引用次数均值显著上升了0.092。两组样本的专利被引用次数下降幅度差异为0.122,这一差异的t统计量在1%水平上显著。总体而言,双重差分法单变量检验结果初步表明,强制性社会责任信息披露对企业创新的数量和质量都具有显著的促进作用。

表 7-4 DID 单变量检验

变量	实验组均值差异			控制组均值差异			DID 均值
	(1)	(2)	(3)=(2)-(1)	(4)	(5)	(6)=(5)-(4)	(7)=(3)-(6)
	事件前	事件后	事件前后差异	事件前	事件后	事件前后差异	实验组-控制组
$Patent_{IPCadj}$	0.913	2.081	1.168***	1.167	1.419	0.252**	0.916***
$Citation_{IPCadj}$	0.346	0.561	0.214***	0.329	0.421	0.092***	0.122***

注：***、**、*分别表示在1％、5％、10％的统计水平上显著。

为进一步控制其他变量对实证结果的影响，本章采用错列式的双重差分（Staggered DID）多元回归模型来检验社会责任信息强制披露对企业创新的影响。表 7-5 中的列（1）、列（2）报告了社会责任信息强制披露对企业创新水平的双重差分回归结果。列（1）的因变量为经年份和技术类别调整后的专利数（$Patent_{IPCadj}$）。可以发现，Treat×Post 交乘项的回归系数为 0.593，在 1％水平上显著，说明在强制披露社会责任报告事件发生后，被强制披露社会责任报告的实验组企业的发明专利产出数量的上升幅度，比未被强制披露社会责任报告的控制组企业高出 59.3％，约相当于样本均值（3.46）的 17％。列（2）的因变量为经年份和技术类别调整后的专利被引用数（$Citation_{IPCadj}$），自变量 Treat×Post 交乘项的回归系数为 0.126，在 1％水平上显著，说明在强制披露社会责任报告事件发生后，被强制披露社会责任报告企业的发明专利被引用数的上升幅度，比未被强制披露社会责任报告的控制组企业高出 12.6％，相当于样本均值（0.84）的 15％。

表 7-5 社会责任信息强制披露与企业创新水平

变量	(1) $Patent_{IPCadj}$	(2) $Citation_{IPCadj}$	(3) $Patent_{IPCadj}$	(4) $Citation_{IPCadj}$
Treat×Post	0.593***	0.126***		
	(0.000)	(0.001)		
Post	−0.363*	−0.047		
	(0.062)	(0.499)		
Treat×Before$_{-2}$			−0.012	0.020
			(0.941)	(0.724)
Treat×Before$_{-1}$			0.048	0.006
			(0.788)	(0.919)
Treat×After$_1$			0.690***	0.184***
			(0.001)	(0.002)
Treat×After$_2$			0.568***	0.168***
			(0.001)	(0.009)
Treat×After$_{3-5}$			0.579***	0.099*
			(0.000)	(0.054)
Before$_{-2}$			0.106	0.079
			(0.652)	(0.398)
Before$_{-1}$			0.275	0.166
			(0.349)	(0.160)
After$_1$			−0.026	0.099
			(0.957)	(0.588)
After$_2$			−0.130	0.167
			(0.808)	(0.441)
After$_{3-5}$			−0.005	0.217
			(0.995)	(0.444)
Size	0.191**	0.000	0.185**	−0.002
	(0.012)	(0.988)	(0.015)	(0.949)
ROA	3.299***	0.315	3.246***	0.287
	(0.000)	(0.194)	(0.000)	(0.238)

续表

变量	(1) Patent$_{IPCadj}$	(2) Citation$_{IPCadj}$	(3) Patent$_{IPCadj}$	(4) Citation$_{IPCadj}$
Leverage	1.033***	0.286**	1.040***	0.285**
	(0.000)	(0.011)	(0.000)	(0.012)
Cash/Inv	0.024**	0.002	0.024**	0.002
	(0.013)	(0.607)	(0.014)	(0.613)
Age	−0.114	0.009	−0.118	0.007
	(0.451)	(0.693)	(0.439)	(0.748)
SOE	−0.305**	−0.014	−0.308**	−0.013
	(0.017)	(0.770)	(0.016)	(0.782)
Year FE	控制	控制	控制	控制
Firm FE	控制	控制	控制	控制
R^2	0.660	0.330	0.660	0.331
观测值	4105	4105	4105	4105

注：(1)***、**、*分别表示在1%、5%、10%的统计水平上显著；(2)括号内数字为 p 值。

双重差分法检验有效性的前提是平行趋势假设，即被强制披露社会责任报告的实验组企业和未被强制披露社会责任报告的控制组企业的创新水平在事件发生之前应该具有平行的变化趋势。本章采用动态DID方法来检验平行趋势假设是否满足，模型如下：

$$\begin{aligned}Innovation_{i,t} = &\beta_0 + \beta_1 Treat_i \times Before(-2)_t + \beta_2 Treat_i \times \\ &Before(-1)_t + \beta_3 Treat_i \times After(1)_t + \beta_4 Treat_i \times \\ &After(2)_t + \beta_5 Treat_i \times After(3-5)_t + \\ &\beta_6 Before(-2)_t + \beta_7 Before(-1) + \beta_8 After(1)_t + \\ &\beta_9 After(2)_t + \beta_{10} After(3-5)_t + \beta_{11} Controls_{i,j,t} + \\ &Firm\ FE\mid Year\ FE + \varepsilon_{i,t}\end{aligned} \quad (7\text{-}2)$$

其中：Before(−2)、Before(−1)、After(1)、After(2)、After(3−5)分别

表示若公司一年度观测值分别是事件发生前2年、前1年、后1年、后2年、后3~5年则取1,否则为0。比较基准年份是事件发生前第3~5年。其余变量的定义与模型(7-1)一致。

表7-5列(3)和列(4)的结果显示,Treat×Before$_{-2}$、Treat×Before$_{-1}$的回归系数均不显著,而Treat×After$_1$、Treat×After$_2$和Treat×After$_{3-5}$的回归系数均在1%(或10%)水平上显著为正,说明在强制披露社会责任报告之前,实验组和控制组企业的创新水平变化趋势并不存在显著差异,即在事件发生前具有平行的变化趋势,而在被强制披露社会责任报告之后,实验组企业的创新水平和控制组企业创新水平才有了显著的差异。因此,本章的双重差分法检验满足平行趋势假设。

总体而言,本节的DID检验结果支持了假设7-1a,即事件发生后,相比于未被强制披露社会责任信息的企业,被强制披露社会责任信息的企业创新的数量和质量有了显著的增加和提升,这表明强制披露社会责任信息对企业创新存在因果关系上的促进作用。

三、稳健性检验

对于上述DID检验结果,本章进行了一系列稳健性检验。

1.以2008年首次公布社会责任报告强制披露政策作为单一事件冲击时点的DID回归

本章的主回归中采用2008—2012年时间错列的一系列事件冲击进行DID检验。但是采用时间错列事件进行检验可能存在如下问题:企业是因为被纳入"上证公司治理板块"和"深证100指数"这两个板块而被强制要求披露社会责任报告,因此虽然2008年这两个板块的企业是被动强制披露社会责任报告的,但是在2008年以后,企业可能通过主观操纵退出或加入这两个板块,从而退出或进入强制披露社会责任报告名单。然而,这一问题并不严重,因为企业进行这种操纵的难度很大而且成本很高。根据《深证100指数编制方案》,企业是否进入"深证100指数"是根据企业过去一段时期(一般为评选当月前6个月)的平均流通市值与平均成交金额来决定的。而根据《上证公司治理板块评选办法》,上证公司治理板块每年度的入选公司,是由上证公司治理特别评议单位根据一套公司治理评分指标进行评议的和决定的。因此,如果企业需要操纵加入这两个板块,就需要付出很大的成本来操纵流通市值或者企业治理结构;如果企业需要操纵退出这两个板块,就需要抑制企业未来的市值增长和企业治理的改善。因此本章认为,企业不大可能因为社会责任信息披露会影响企业创新而去进行这些高成本的操纵。但是为了避免这一问题的影响,本章仍以2008年首次公布社会责任报告强制披露政策作为单一的事件冲击时点进行DID检验。当这一政策在2008年12月31日公布时,处于这两个板块的企业已经存在至少1年了,因此这一政策对于这些企业更可能是一个外生性的政策冲击。

本章采用2008年首次发布社会责任报告强制披露政策这一单一事件重新进行DID检验,结果报告于表7-6中。无论是采用PSM的匹配样本还是全样本进行检验,本章都发现实证结果与表7-5的主回归结果相一致。值得说明的是,采用2008年首次公布强制披露社会责任报告政策这一事件作为外生场景意味着所有公司都有相同的冲击时点。由于本章在模型中加入了年份固定效应(Year FE)和公司固定效应(Firm FE),加入公司固定效应吸收了Treat变量的影响,加入了年份固定效应吸收了Post变量的影响,因此Treat和Post变量在表7-6的回归模型中被自动省略。

表 7-6　稳健性检验一（以 2008 年作为单一事件冲击时点的 DID 回归）

变量	（1） PSM 样本 Patent$_{IPCadj}$	（2） PSM 样本 Citation$_{IPCadj}$	（3） 全样本 Patent$_{IPCadj}$	（4） 全样本 Citation$_{IPCadj}$
Treat×Post	0.745***	0.176***	0.693***	0.038**
	(0.000)	(0.000)	(0.000)	(0.037)
Size	0.154*	−0.011	0.295***	0.069***
	(0.066)	(0.695)	(0.000)	(0.000)
ROA	3.393***	0.093	−0.122	−0.140
	(0.000)	(0.738)	(0.633)	(0.152)
Leverage	1.241***	0.302**	0.206**	−0.010
	(0.000)	(0.016)	(0.043)	(0.840)
Cash/Inv	0.035***	−0.000	0.014**	0.002
	(0.001)	(0.925)	(0.021)	(0.429)
Age	−0.081	−0.012	−0.005	0.006
	(0.644)	(0.612)	(0.960)	(0.897)
SOE	−0.282**	−0.014	−0.064	0.021
	(0.036)	(0.776)	(0.370)	(0.651)
Year FE	控制	控制	控制	控制
Firm FE	控制	控制	控制	控制
R^2	0.668	0.325	0.673	0.377
观测值	3426	3426	9072	9072

注：(1) ***、**、* 分别表示在 1%、5%、10% 的统计水平上显著；(2) 括号内数字为 p 值。

2.全样本回归

采用 PSM 方法为实验组公司寻找配对样本,虽然使得两组样本更具有可比性,但是也可能带来样本选择偏差。因此,本章采用全样本重新进行 DID 检验。全样本中包含 225 家实验组企业(2154 个公司—年度观测值)和 1269 家控制组企业(7307 个公司—年度观测值),共 9461 个公司—年度观测值。实证检验结果见表 7-7。结果显示,Treat×

Post 交乘项的符号和显著性并未发生改变,该结果与基于 PSM 配对样本的回归结果一致,说明本章的结果具有稳健性。值得说明的是,由于此处没有进行实验组与控制组样本的匹配,控制组企业没有对应的实验组企业,因此不存在相对应的伪事件年份(pseudo-event year),模型中也不存在 Post 变量;此处将 Treat×Post 视为一个变量,若企业 i 第 t 年被强制披露社会责任报告,则企业观测值在第 t 年以后的年份都取 1,否则取 0。

表 7-7　稳健性检验二(全样本回归)

变量	(1) $\text{Patent}_{\text{IPCadj}}$	(2) $\text{Citation}_{\text{IPCadj}}$
Treat×Post	0.636***	0.031**
	(0.000)	(0.028)
Size	0.309***	0.068***
	(0.000)	(0.001)
ROA	−0.069	−0.116
	(0.795)	(0.204)
Leverage	0.203*	−0.007
	(0.050)	(0.899)
Cash/Inv	0.013**	0.002
	(0.029)	(0.367)
Age	−0.022	0.012
	(0.814)	(0.792)
SOE	−0.072	0.023
	(0.320)	(0.619)
Year FE	控制	控制
Firm FE	控制	控制
R^2	0.669	0.378
观测值	9461	9461

注:(1)***、**、* 分别表示在 1%、5%、10% 的统计水平上显著;(2)括号内数字为 p 值。

3.更改事件的观测窗口

在主回归中,本章检验的是企业被强制披露社会责任报告年份前后5年企业创新水平的变化。在稳健性检验中,本章更改事件观测窗口,将观测窗口缩小至企业被强制披露社会责任报告年份前后3年,缩小观测窗口虽然导致无法观测事件对创新水平的长期影响,但是也减少了长窗口可能带来的与事件无关的噪声的影响。本章采用事件发生前后3年的时间窗口来考察强制披露社会责任报告对企业创新的影响,发现Treat×Post交乘项的符号和显著性并未发生改变。因此,本章的实证结论稳健不变。详细实证结果见表7-8。

表7-8 稳健性检验三(更改事件观测窗口)

变量	(1) $Patent_{IPCadj}$	(2) $Citation_{IPCadj}$
Treat×Post	0.709***	0.194***
	(0.000)	(0.000)
Post	−0.134	−0.068
	(0.623)	(0.579)
Size	0.249*	−0.065
	(0.053)	(0.130)
ROA	2.517***	0.290
	(0.004)	(0.365)
Leverage	−0.443	0.324**
	(0.332)	(0.035)
Cash/Inv	−0.003	0.001
	(0.767)	(0.778)
Age	0.123	0.123**
	(0.240)	(0.015)
SOE	−0.418**	−0.003
	(0.020)	(0.967)
Year FE	控制	控制

续表

变量	(1) Patent$_{\text{IPCadj}}$	(2) Citation$_{\text{IPCadj}}$
Firm FE	控制	控制
R^2	0.714	0.435
观测值	2534	2534

注：(1) ***、**、* 分别表示在 1％、5％、10％ 的统计水平上显著；(2) 括号内数字为 p 值。

4.按交易所分组回归

由于实验组样本企业来自"上证公司治理板块"与"深证 100 指数"，不同交易所有不同的交易制度，因此在不同交易所上市的企业可能存在差异。基于此，本章按照股票代码区分公司的交易所，将样本分为"上海证券交易所"组和"深圳证券交易所"组分别进行 DID 回归。详细实证结果列于表 7-9 中。列(1)和列(2)为上交所样本，列(3)和列(4)为深交所样本。结果表明，无论是上交所还是深交所的样本，Treat×Post 交乘项回归系数均显著为正[除了在列(4)中不显著]。因此，无论是"上证公司治理板块"样本企业还是"深证 100 指数"样本企业，社会责任信息强制披露政策对其创新水平均有显著的提升作用。

表 7-9　稳健性检验四（按交易所分组回归）

变量	(1)	(2)	(3)	(4)
	上海证券交易所		深圳证券交易所	
	Patent$_{\text{IPCadj}}$	Citation$_{\text{IPCadj}}$	Patent$_{\text{IPCadj}}$	Citation$_{\text{IPCadj}}$
Treat×Post	0.703***	0.153***	0.352*	0.036
	(0.000)	(0.000)	(0.086)	(0.620)
Post	−0.339*	−0.037	0.064	−0.079
	(0.075)	(0.667)	(0.890)	(0.564)
Size	0.156	−0.023	0.348***	0.049
	(0.105)	(0.482)	(0.004)	(0.257)

续表

变量	(1)	(2)	(3)	(4)
	上海证券交易所		深圳证券交易所	
	Patent$_{IPCadj}$	Citation$_{IPCadj}$	Patent$_{IPCadj}$	Citation$_{IPCadj}$
ROA	3.906***	0.321	2.650**	0.370
	(0.000)	(0.283)	(0.032)	(0.387)
Leverage	1.378***	0.475***	0.654	0.050
	(0.000)	(0.001)	(0.146)	(0.796)
Cash/Inv	0.025*	0.004	0.016	−0.006
	(0.076)	(0.377)	(0.238)	(0.343)
Age	−0.125	0.052	0.114*	−0.004
	(0.518)	(0.333)	(0.057)	(0.862)
SOE	−0.173	−0.035	−0.693**	0.003
	(0.195)	(0.519)	(0.029)	(0.976)
Year FE	控制	控制	控制	控制
Firm FE	控制	控制	控制	控制
R^2	0.669	0.331	0.648	0.347
观测值	2959	2959	1146	1146

注：(1)***、**、*分别表示在1%、5%、10%的统计水平上显著；(2)括号内数字为p值。

5.按环保型专利分组回归

由于 Hong 等(2020)发现社会责任强制披露会促进绿色创新，而本章探讨的是所有类型的企业创新，因此，本章进一步验证社会责任信息强制披露是否不仅提升了绿色创新，还提升了其他类型的创新。本章将专利分为环保型专利和非环保型专利分别进行 DID 回归。具体而言，本章计算了企业在某一年度所申请并最终获得授权的、经年份和技术类别调整后的环保型专利数(EPatent$_{IPCadj}$)和环保型专利平均被引用数(ECitation$_{IPCadj}$)，调整方法分别与 Patent$_{IPCadj}$ 和 Citation$_{IPCadj}$ 的调整方法相同(参见本章第三节)。环保型专利的定义为：专利名称、摘要中包含"环保""绿色""清洁""废水""废气""净化"字样的专利。详细实证结果列于表7-10中。列(1)和列(2)为环保型专利变量,列(3)和列(4)为非环保型专利变量。结果表明,无论是哪一类专利,Treat×Post交乘项回归系数均显著为正。由此可知,社会责任信息强制披露政策对所有类型的企业创新均有显著提升作用。

表7-10 稳健性检验五(按环保专利分组回归)

变量	(1)	(2)	(3)	(4)
	环保型专利		非环保型专利	
	EPatent$_{\text{IPCadj}}$	ECitation$_{\text{IPCadj}}$	NonEPatent$_{\text{IPCadj}}$	NonECitation$_{\text{IPCadj}}$
Treat×Post	0.026***	0.039***	2.873***	0.130***
	(0.000)	(0.000)	(0.000)	(0.002)
Post	−0.018*	−0.035**	−1.865***	−0.034
	(0.068)	(0.047)	(0.000)	(0.680)
Size	0.003	0.003	0.609*	0.011
	(0.404)	(0.563)	(0.052)	(0.686)
ROA	0.040	0.025	3.926	0.256
	(0.265)	(0.699)	(0.120)	(0.316)
Leverage	0.022	0.052*	0.799	0.258**
	(0.166)	(0.058)	(0.478)	(0.039)
Cash/Inv	−0.000	−0.000	0.122***	0.001
	(0.627)	(0.687)	(0.000)	(0.864)
Age	−0.010	−0.004	−0.712	0.017
	(0.248)	(0.585)	(0.349)	(0.484)
SOE	−0.018**	−0.005	−2.890*	−0.008
	(0.035)	(0.662)	(0.053)	(0.889)
Year FE	控制	控制	控制	控制
Firm FE	控制	控制	控制	控制
R^2	0.309	0.294	0.632	0.291
观测值	4105	4105	4105	4105

注:(1)***、**、*分别表示在1%、5%、10%的统计水平上显著;(2)括号内数字为p值。

第五节 影响机制分析

从前文的研究可知,企业社会责任信息强制披露会提升企业创新水平。本节中,将进一步分析社会责任信息强制披露对企业创新的影响机制。下面分两个步骤来检验强制披露社会责任信息是否会提升企业创新水平:第一,检验强制披露社会责任信息是否会使得被强制披露的企业提升社会责任水平;第二,检验企业社会责任水平的提升通过什么机制影响企业创新。

一、社会责任信息强制披露与企业社会责任水平

由于未披露社会责任报告的企业在社会责任方面支出的数据不可得,因此无法采用社会责任支出来度量企业的社会责任水平,但是可以通过其他两个指标来度量企业社会责任水平:企业社会责任得分和企业慈善捐赠水平。

前人在定义企业社会责任表现时,通常使用 KLD 评级来衡量企业的社会责任绩效(例如 Giuli et al.,2014;Krüger,2015;Ferrell et al.,2016;Lins et al.,2017;Liang et al.,2017),因此本章将第三方评级作为企业社会责任水平的第一个度量指标。本章采用和讯网公布的企业社会责任得分(CSRscore)来度量企业的社会责任水平。和讯网则主要基于企业年报来度量企业的社会责任水平,因此其所披露的企业社会责任评分覆盖所有上市企业。和讯网从股东责任,员工责任,供应商、客

户和消费者责任,环境责任,以及社会责任五个方面来评价企业社会责任方面的表现,因此,本章采用这五个分指标的得分总和来衡量企业的社会责任履行程度。

Carroll(1979)指出,企业履行社会责任的表现之一是对慈善事业的贡献,因此社会责任水平的另一个度量指标是企业慈善捐赠水平(Donation),采用CSMAR数据库"财务报表附注"的营业外收入或支出明细项目中包含"捐赠"字样的金额总数(单位:十万人民币)。

本章采用DID回归模型(模型7-1)来检验社会责任信息强制披露对企业社会责任水平的影响。所不同的是,模型因变量变为企业社会责任得分(CSRscore)或企业慈善捐赠水平(Donation)。表7-11报告了模型的回归结果[①]。结果显示,当采用不同的指标来度量企业社会责任水平时,Treat×Post交乘项的回归系数均为正,且在1%水平上显著。这一结果表明,在事件发生后,相比于未被强制披露社会责任报告的企业,被强制披露社会责任报告的企业的社会责任水平有了显著的提升。

表7-11 社会责任信息强制披露与企业社会责任水平

变量	(1) CSRscore	(2) Donation
Treat×Post	20.151***	4.578***
	(0.000)	(0.001)
Post	−4.937**	−3.284
	(0.019)	(0.219)
Size	3.369***	13.251***
	(0.000)	(0.000)

---

① 由于和讯网自2010年才开始对上市企业进行社会责任报告评测,因此列(1)的观测值减少为1809个。

续表

变量	(1) CSRscore	(2) Donation
ROA	81.097***	59.442***
	(0.000)	(0.000)
Leverage	−1.166	−21.060***
	(0.727)	(0.000)
Cash/Inv	0.187	0.054
	(0.109)	(0.654)
Age	−0.135	0.490**
	(0.304)	(0.016)
SOE	−1.019	−0.915
	(0.274)	(0.439)
Year FE	控制	控制
Firm FE	控制	控制
R^2	0.841	0.481
观测值	1809	4105

注:(1) ***、**、* 分别表示在1%、5%、10%的统计水平上显著;(2)括号内数字为 p 值。

二、社会责任水平对企业创新的影响机制

上述研究表明社会责任信息强制披露可以提升企业的社会责任水平。进一步地,我们提出企业社会责任水平提升将从如下四条途径影响企业创新。第一,企业通过更多的投资者权益保护支出,降低企业的资本成本,使得企业可以为创新活动获得低成本的外部资金,从而促进企业创新;第二,企业通过更多的员工权益保护支出,吸引更多研发人员,提高员工创新效率,从而促进企业创新;第三,企业通过更多的公共

关系和社会公益事业支出,与政府保持较好的关系,获得更多政府补贴,进而促进企业创新;第四,企业通过更多的环境保护支出,促进在环境保护方面的技术创新。

1.降低资本成本

首先,本章考察企业社会责任信息的强制披露能否通过降低企业的资本成本,使得企业获得更多的低成本资金来支持研发活动,从而提升企业创新水平。企业被强制披露社会责任信息对企业资本成本的影响主要体现在以下两个方面:第一,社会责任信息披露是非财务信息披露的重要组成部分,能为投资者评估企业价值提供重要信息,因此能够降低企业与投资者之间的信息不对称程度(Dhaliwal et al.,2014),进而降低企业的资本成本(Healy et al.,2001)。第二,社会责任信息强制披露使得企业的社会责任信息更加透明,因此政府和相关利益团体更可能督促企业履行社会责任(Chen et al.,2018),而投资者权益保护是企业社会责任的重要内容,因此社会责任信息强制披露也可能促使企业加强对投资者利益的保护,从而降低投资者要求的资本成本。由于研发创新活动更多依靠股权资本而非债务资本(Fazzari et al.,1988;Hsu et al.,2014),因此本章推测,股权资本成本的降低,将有利于企业创新活动融资,从而促进企业的创新产出。

下面对上述理论推测进行实证检验。本章采用 DID 回归模型(模型 7-1)进行检验。模型的因变量是参照 Gebhardt 等(2001),并根据以下公式贴现计算构建的公司股权资本成本(COC%):

$$P_t = B_t + \sum_{i=1}^{\infty} \frac{(\text{ROE}_{t+i} - \text{COC}\%)B_{(t+i)-1}}{(1+\text{COC}\%)^i} \quad (7\text{-}3)$$

其中:P_t 为第 t 期的股票价格,B_t 为第 t 期的每股净资产,ROE_{t+i} 为第 $t+i$ 期的净资产收益率。

首先,对资本成本进行 DID 检验。表 7-12 的列(1)中,因变量为股权资本成本(COC%),其回归系数为 −2.089,在 1% 水平上显著。这一结果表明,相比于未被强制披露社会责任信息的企业,被强制披露社会责任报告的企业的股权资本成本显著降低。

表 7-12 资本成本机制

变量	(1) COC%	(2) COC%
Treat×Post	−2.089***	
	(0.000)	
Treat1stakeholder$_{high}$×Post		−2.356***
		(0.000)
Treat2stakeholder$_{low}$×Post		−1.923***
		(0.000)
Post	0.347	0.348
	(0.630)	(0.630)
Size	−3.835***	−3.830***
	(0.000)	(0.000)
ROA	−22.993***	−23.033***
	(0.000)	(0.000)
Leverage	4.498***	4.515***
	(0.000)	(0.000)
Cash/Inv	0.030	0.031
	(0.434)	(0.429)
Age	0.846***	0.843***
	(0.002)	(0.002)
SOE	−0.036	−0.016
	(0.950)	(0.978)
组内差异检验		(0.359)
Year FE	控制	控制

续表

变量	(1) COC%	(2) COC%
Firm FE	控制	控制
R^2	0.574	0.574
观测值	4105	4105

注：(1)***、**、* 分别表示在 1%、5%、10% 的统计水平上显著；(2)括号内数字为 p 值。

其次，检验企业在投资者权益保护投入方面投入越多，是否会在更高程度上降低企业的资本成本。由于强制披露政策出台前，除非是自愿披露，否则企业在社会责任方面投入的数据是不可得的，因此我们无法直接考察强制披露对社会责任投入的影响，只能根据强制披露后企业在股东权益保护与债权人权益保护方面的总社会责任支出进行检验。具体而言，本章根据企业被强制披露社会责任信息后 1~5 年在投资者权益保护方面的支出(Stakespend/asset)均值与样本中位值的关系来划分，将企业划分为高投资者支出组 Stakeholder$_{high}$（均值≥样本中位值）和低投资者支出组 Stakeholder$_{low}$（均值＜样本中位值）[1]，并将模型(7−1)中的实验组虚拟变量 Treat 替换为 Treat 与 Stakeholder$_{high}$、

---

[1] 企业社会责任报告披露内容主要包括以下八个类别：安全生产内容、公共关系和社会公益事业、供应商权益保护、股东权益保护、环境保护和可持续发展、客户及消费者权益保护、债权人权益保护、职工权益保护。本章重点关注企业在员工权益保护、社会公益、环境保护、投资者保护四方面的投入，因为与其余四个方面的投入不同，企业在上述四方面的投入更多是因为法律和制度的要求而进行的投入。企业在上述四个方面的社会责任投入度量指标如下：投资者权益保护支出(Stakespend/asset)是以企业在股东权益保护与债权人权益保护方面的总支出除以企业当年年末总资产来衡量的；员工权益保护支出(Staffspend/asset)是以企业在员工权益保护方面的总支出除以企业当年年末总资产来衡量的；公共关系和社会公益事业支出(Publicspend/asset)是以企业在公共关系和社会公益事业方面的总支出除以企业当年年末总资产来衡量的；环境和可持续发展支出(Envirspend/asset)是以企业在环境和可持续发展方面的总支出除以企业当年年末总资产来衡量的。

Stakeholder$_{low}$ 的交乘项，即 Treat1stakeholder$_{high}$ 与 Treat2stakeholder$_{low}$。因此，Treat1stakeholder$_{high}$ 的定义为：进入社会责任信息强制披露组（纳入"上证公司治理板块"和"深证100指数"的样本公司），且企业强制披露后1~5年的投资者权益保护支出均值大于等于整体中位值，则取值为1，反之为0；Treat2stakeholder$_{low}$ 的定义为：进入社会责任信息强制披露组（纳入"上证公司治理板块"和"深证100指数"的样本公司），且企业强制披露后1~5年的投资者权益保护支出均值小于整体中位值，则取值为1，反之为0。表7-12列(2)的DID回归结果显示，Treat1stakeholder$_{high}$×Post 的回归系数为-2.356，虽然低于 Treat2stakeholder$_{low}$×Post 的回归系数(-1.923)，但两个回归系数的差异并不显著。该结果表明，高投资者权益保护支出组企业在被强制披露社会责任信息之后，其股权融资成本的下降幅度虽然高于低投资者权益保护支出组企业，但二者差异不显著。

总体而言，该部分的研究结果表明，相较于未被强制披露社会责任报告的企业，被强制披露社会责任报告的企业的股权资本成本下降得更多。

2.吸引人才

其次，本章将检验强制披露社会责任报告能否通过吸引人才这一机制促进企业创新。人才资源是推动企业技术创新的核心动力。强制披露社会责任信息能够提升企业社会责任水平已得到验证，而企业社会责任水平的提升，将从以下三个方面提高企业员工的创新积极性：第一，当企业注重员工权益的保护、履行员工保护的社会责任时，将更可能获得员工的信任感，进而吸引更多高质量的研发人才的加入，而Cooke 和 Wills(1999)发现，优秀人才的加入能够为企业提供强大的创新支持。第二，Nahapiet 和 Ghoshal(1998)发现工作环境会影响员工社交与知识交换的积极性。因此,当企业履行更多员工保护方面的社会责任,以及投入更多资金为员工创造良好的工作环境时,会提高员工的创新效率。第三,Flammer和Kacperczyk(2019)发现,企业提升社会责任活动的参与度,会减弱员工加入竞争对手企业的倾向,而且就算员工加入竞争对手企业,也会降低他们将原企业宝贵信息泄露给竞争对手的可能性,这将减少原企业的知识溢出。基于上述分析,本章推测:企业被强制披露社会责任信息后,更可能增加在职工权益保护方面的投入,因此更容易吸引研发人才和提升员工创新效率,进而提高企业创新水平。

为检验这一理论预测,本章首先检验企业被强制披露社会责任报告后,是否更可能吸引研发人才和提升员工创新效率。本章仍然采用DID回归模型(模型7-1)来进行检验。所不同的是,模型中的因变量变为企业研发人员比例(R&D personal)和员工创新效率(R&D Personal Efficiency)。企业研发人员比例(R&D personal)定义为:企业i某一年的研发人员数量除以年末员工总人数。该指标用于衡量企业的研发人才水平。员工创新效率(R&D Personal Efficiency)定义为:企业i某一年申请并最后获得授权的发明专利数除以年末研发人员总数。检验结果列示于表7-13的列(1)和列(2)中。列(1)中,Treat×Post交乘项的回归系数为0.029,且在1%水平上显著。这一结果表明:相比于未被强制披露社会责任信息的企业,被强制披露社会责任信息的企业在事件后的研发人员比例显著提升了2.9%。列(2)中,Treat×Post交乘项的回归系数为0.197,且在1%水平上显著。这表明:事件发生后,相比于未被强制披露社会责任报告的企业,被强制披露社会责任报告的企业的员工创新效率显著提升。

表 7-13　人才保护机制

变量	(1) R&D Personal	(2) R&D Personal Efficiency	(3) R&D Personal	(4) R&D Personal Efficiency
Treat×Post	0.029***	0.197***		
	(0.000)	(0.000)		
Treat1staff$_{high}$×Post			0.037***	0.416***
			(0.002)	(0.000)
Treat2staff$_{low}$×Post			0.026***	0.144***
			(0.003)	(0.001)
Post	0.003	−0.193**	0.003	−0.186**
	(0.658)	(0.012)	(0.564)	(0.016)
Size	−0.007*	0.062**	−0.007	0.063**
	(0.057)	(0.015)	(0.318)	(0.013)
ROA	0.106***	1.023***	0.107**	1.044***
	(0.000)	(0.001)	(0.022)	(0.001)
Leverage	0.053***	0.305***	0.054*	0.330***
	(0.001)	(0.008)	(0.062)	(0.004)
Cash/Inv	−0.000	0.011***	−0.000	0.011**
	(0.888)	(0.007)	(0.893)	(0.011)
Age	0.005	−0.065	0.005*	−0.071
	(0.160)	(0.288)	(0.058)	(0.244)
SOE	−0.002	−0.083*	−0.002	−0.087*
	(0.730)	(0.093)	(0.778)	(0.073)
组内差异检验			(0.043)	(0.001)
Year FE	控制	控制	控制	控制
Firm FE	控制	控制	控制	控制
R^2	0.697	0.661	0.697	0.662
观测值	3827	4105	3827	4105

注：(1) ***、**、* 分别表示在 1%、5%、10% 的统计水平上显著；(2) 括号内数字为 p 值。

第七章　社会责任信息强制披露与企业创新绩效

　　进一步地,本章检验企业在员工保护方面的投资是否会提升企业研发人员的比例和员工的创新效率。同样地,由于未披露社会责任报告的企业在社会责任方面投入的数据不可得,我们无法直接考察强制披露社会责任信息对企业社会责任投入的影响,因此,本章根据被强制披露后企业在员工权益保护方面的社会责任支出进行检验。具体而言,本章将在被强制披露社会责任信息后1~5年的员工权益保护支出(Staffspend/asset)均值大于等于(或小于)整体中位值的企业划分至高员工权益保护支出组$Staff_{high}$(或低员工权益保护支出组$Staff_{low}$),并将模型(7-1)中的实验组虚拟变量Treat替换为Treat与$Staff_{high}$、$Staff_{low}$的交乘项,即$Treat1staff_{high}$与$Treat2staff_{low}$。$Treat1staff_{high}$定义为:进入社会责任强制披露组(纳入"上证公司治理板块"和"深证100指数"的样本企业),且企业在社会责任信息强制披露后1~5年的员工权益保护支出均值大于等于整体中位值,则取值为1,反之为0;$Treat2staff_{low}$定义为:进入社会责任强制披露组(纳入"上证公司治理板块"和"深证100指数"的样本企业),且企业强制披露后1~5年的员工权益保护支出均值小于整体中位值,则取值为1,反之为0。表7-13的列(3)、列(4)分组DID回归结果显示,无论因变量是研发人员占比(R&D personal),还是员工创新效率(R&D Personal Efficiency),$Treat1staff_{high} \times Post$的回归系数(分别为0.037和0.416)均显著大于$Treat2staff_{low} \times Post$的回归系数(分别为0.026和0.144),且统计上存在显著差异(Wald检验p值<0.1)。这一结果表明,在员工权益保护方面支出较多的实验组企业在被强制披露社会责任报告之后,其研发人才比例和员工创新效率的提升幅度,显著大于在员工权益保护支出较少的实验组企业。

　　总体而言,上述研究结果表明,强制披露社会责任报告之后,企业的研发人员占比显著提升,员工创新效率显著提升。

3.获得政府科研补贴

再次,考察企业社会责任信息强制披露能否通过增加政府给予企业的科研补贴,提升企业创新水平。从前文的分析可知,企业被强制披露社会责任信息之后,将使企业增加在社会责任方面的投入,其中也包括社会公益方面的投入,而企业投入社会公益事业,将使其更容易获得政府的信任,进而获得更多的政府科研补贴。根据Fang等(2023)的研究,将近1/4(22.3%)的中国企业的研发费用来自政府补助,而且政府补贴能够提高企业的创新效率。因此,本章推测,企业被强制披露社会责任信息后,更容易获得政府的科研补贴。

下面对上述理论推测进行实证检验。本章仍然采用DID回归模型(模型7-1)来进行检验。模型的因变量为政府科研补贴(Grant/asset),定义为企业i在某一年内获得的政府补助总额(单位:元),除以企业i年末总资产(单位:千元)。检验结果列示于表7-14的列(1)中。可以发现,Treat×Post交乘项的回归系数为0.575,且在5%水平上显著。这一结果表明:事件发生后,相比于未被强制披露社会责任信息的企业,被强制披露社会责任信息的企业的政府科研补贴显著增加,增加值为总资产的0.06%。

进一步地,本章检验企业在社会公益方面的投入能否使企业获得的政府补贴增加。同样地,由于未披露社会责任报告的公司在社会责任方面投入的数据不可得,无法直接考察强制披露对企业社会责任方面投入的影响,因此本章根据被强制披露后企业在公共关系和社会公益事业方面的社会责任支出进行检验。具体而言,本章将被强制披露后1~5年的社会公益支出(Publicrespend/asset)均值大于等于(或小于)整体中位值的企业划分至高社会公益支出组$Public_{high}$(或低社会公益支出组$Public_{low}$),并将模型(7-1)中的实验组虚拟变量Treat替换为

Treat 与 Public$_{high}$、Public$_{low}$ 的交乘项，即 Treat1public$_{high}$ 与 Treat2public$_{low}$。Treat1public$_{high}$ 定义为：若进入社会责任强制披露组（纳入"上证公司治理板块"和"深证 100 指数"的样本企业），且强制披露后 1～5 年企业的社会公益支出均值大于等于整体中位值，则取值为 1，反之为 0；Treat2public$_{low}$ 定义为：若进入社会责任强制披露组（纳入"上证公司治理板块"和"深证 100 指数"的样本企业），且强制披露后 1～5 年企业的社会公益支出均值小于整体中位值，则取值为 1，反之为 0。表 7-14 列（2）的分组 DID 回归结果显示，Treat1public$_{high}$×Post 的回归系数为 0.834，大于 Treat2public$_{low}$×Post 的回归系数（0.285），但 Wald 检验表明两个回归系数的差异并不显著。总体而言，上述结果表明企业的社会公益支出越多，企业获得的政府补贴越多。

表 7-14　政府支持机制

变量	(1) Grant/asset	(2) Grant/asset
Treat×Post	0.575**	
	(0.041)	
Treat1public$_{high}$×Post		0.834**
		(0.016)
Treat2public$_{low}$×Post		0.285
		(0.409)
Post	0.097	0.083
	(0.838)	(0.862)
Size	−0.510***	−0.522***
	(0.002)	(0.002)
ROA	3.608**	3.445**
	(0.039)	(0.049)
Leverage	−1.405*	−1.349*
	(0.054)	(0.066)

续表

变量	(1) Grant/asset	(2) Grant/asset
Cash/Inv	0.009	0.008
	(0.732)	(0.740)
Age	0.417***	0.425***
	(0.003)	(0.002)
SOE	−0.317	−0.300
	(0.358)	(0.383)
组内差异检验		(0.173)
Year FE	控制	控制
Firm FE	控制	控制
R^2	0.553	0.553
观测值	4105	4105

注:(1)***、**、*分别表示在1%、5%、10%的统计水平上显著;(2)括号内数字为 p 值。

总体而言,以上研究结果表明,被强制披露社会责任信息的企业可以获得更多的政府补贴,且被强制披露社会责任报告的企业在社会公益方面的支出越多,获得的政府补贴也越多。

4.促进环保型专利产出

最后,本章考察企业社会责任信息强制披露能否通过影响企业环保型专利产出,进而提升企业创新水平。Chen等(2018)发现,企业社会责任信息强制披露使得企业增加在环保方面的支出。因此,本章推测,从履行社会责任的目的出发,企业将转变生产技术,注重环保型技术的研发工作,从而增加环保型专利数目。

本章仍然采用DID回归模型(模型7-1)对上述理论推测进行检验。模型的因变量替换为企业在某一年度所申请并最终获得授权的、经年份和技术类别调整后的环保专利数($EPatent_{IPCadj}$)和环保专利平均被引用数(ECitation$_{\text{IPCadj}}$),调整方法分别与 Patent$_{\text{IPCadj}}$ 和 Citation$_{\text{IPCadj}}$ 的调整方法相同(参见本章第三节)。环保型专利的定义为:专利名称、摘要中包含"环保""绿色""清洁""废水""废气""净化"字样的专利。模型回归结果列示于表 7-15 的列(1)和列(2)中,可知 Treat×Post 交乘项的回归系数分别均为 0.026 和 0.039,且均在 1% 水平上显著。这一结果表明:事件发生后,相比于未被强制披露社会责任信息的企业,被强制披露社会责任信息的企业经年份和技术类别调整后的环保专利数和环保专利被引用数的增幅更大。

进一步地,本章检验在被强制披露社会责任信息之后,企业在环境保护和可持续发展方面投入越多,环保专利和专利引用数是否增加得越多。同样地,由于未披露社会责任信息的企业在社会责任方面投入的数据不可得,无法直接考察强制披露对企业社会责任方面投入的影响,因此本章根据强制披露后企业在环境保护和可持续发展方面的社会责任支出进行检验。具体而言,本章将强制披露后 1~5 年在环境保护和可持续发展方面的环保支出(Envirspend/asset)均值大于等于(或小于)整体中位值的企业划分至高环保支出组 Envir$_{\text{high}}$(或低环保支出组 Envir$_{\text{low}}$),并将模型(7-1)中的实验组虚拟变量 Treat 替换为 Treat 与 Envir$_{\text{high}}$、Envir$_{\text{low}}$ 的交乘项,即 Treat1envir$_{\text{high}}$ 与 Treat2envir$_{\text{low}}$。Treat1envir$_{\text{high}}$ 定义为:进入社会责任信息强制披露组(纳入"上证公司治理板块"和"深证 100 指数"的样本企业),且强制披露后 1~5 年企业的环保支出均值大于等于整体中位值,则取值为 1,反之为 0;Treat2envir$_{\text{low}}$ 定义为:进入社会责任强制披露组(纳入"上证公司治理板块"和"深证 100 指数"的样本企业),且强制披露后 1~5 年企业的环保支出均值小于整体中位值,则取值为 1,反之为 0。表 7-15 列(3)、列(4)的分组 DID 回归结果显示,Treat1envir$_{\text{high}}$×Post 的回归系数显著为正(分别为 0.037 和 0.057),大于 Treat2envir$_{low}$×Post 的回归系数(分别为 0.013 和 0.017),且统计上存在显著差异(Wald 检验 p 值<0.1)。该结果表明,高环保支出组的实验组企业在被强制披露社会责任信息之后,其环保专利和环保专利引用数的增加量,显著高于低环保支出组的实验组企业。

表 7-15 环保创新机制

变量	(1) EPatent$_{IPCadj}$	(2) ECitation$_{IPCadj}$	(3) EPatent$_{IPCadj}$	(4) ECitation$_{IPCadj}$
Treat×Post	0.026***	0.039***		
	(0.000)	(0.000)		
Treat1envir$_{high}$×Post			0.037***	0.057***
			(0.000)	(0.000)
Treat2envir$_{low}$×Post			0.013**	0.017*
			(0.044)	(0.088)
Post	−0.018*	−0.035**	−0.018*	−0.035**
	(0.068)	(0.047)	(0.069)	(0.046)
Size	0.003	0.003	0.003	0.003
	(0.404)	(0.563)	(0.364)	(0.515)
ROA	0.040	0.025	0.039	0.023
	(0.265)	(0.699)	(0.276)	(0.717)
Leverage	0.022	0.052*	0.023	0.053*
	(0.166)	(0.058)	(0.148)	(0.051)
Cash/Inv	−0.000	−0.000	−0.000	−0.000
	(0.627)	(0.687)	(0.593)	(0.650)
Age	−0.010	−0.004	−0.009	−0.003
	(0.248)	(0.585)	(0.293)	(0.686)
SOE	−0.018**	−0.005	−0.019**	−0.005
	(0.035)	(0.662)	(0.033)	(0.650)
组内差异检验			(0.004)	(0.003)

续表

变量	(1) EPatent$_{IPCadj}$	(2) ECitation$_{IPCadj}$	(3) EPatent$_{IPCadj}$	(4) ECitation$_{IPCadj}$
Year FE	控制	控制	控制	控制
Firm FE	控制	控制	控制	控制
R^2	0.309	0.294	0.311	0.296
观测值	4105	4105	4105	4105

注：(1)***、**、*分别表示在1%、5%、10%的统计水平上显著；(2)括号内数字为 p 值。

总体而言，上述研究结果表明，相较于未被强制披露社会责任信息的企业，被强制披露社会责任信息的企业的环保型专利数量和质量增加和提升得更多，而且被强制披露社会责任信息的企业在环境保护和可持续发展方面的支出越多，其环保型专利的数量和质量增加和提升得越多。

5.影响机制的中介效应

前文已讨论了企业社会责任水平影响企业创新的四种潜在机制。在这一部分，将讨论除了上述四种机制外，是否存在残差效应。换言之，需要检验社会责任信息强制披露是否仅通过上述四种机制影响企业创新。

为了解决这个问题，本章仍然采用DID回归模型（模型7-1）来进行检验。所不同的是，我们将上述影响机制，即股权资本成本（COC%）、研发人员比例（R&D personal）、员工创新效率（R&D Personal Efficiency）、政府科研补贴（Grant/asset）以及环保创新水平（EPatent$_{IPCadj}$ 和 ECitation$_{IPCadj}$)作为自变量，加入模型(7-1)的回归分析中，以观察 Treat×Post 交乘项回归系数的大小及其显著性是否改变。本章将检验 Treat×Post 交乘项的显著性是否仅由这四种机制因素驱动，或是不能完全被这些机制所解释。

结果列示于表 7-16 中,因变量为经年份和技术类别调整后的专利数($Patent_{IPCadj}$),以及经年份和技术类别调整后的专利被引用数($Citation_{IPCadj}$)。列(1)和列(3)中,在不控制任何机制变量的情况下,可以发现 Treat×Post 交乘项的回归系数分别为 0.593 和 0.126,且在 1% 水平上显著,这与表 7-5 报告的结果相同,说明强制披露社会责任信息会使企业专利数和被引用数的上升幅度增大。列(2)中加入了所有的影响机制变量,可以发现 Treat×Post 交乘项回归系数减小至 0.014,约相当于社会责任信息强制披露对企业创新数量影响的 98%[(0.593−0.014)/0.593],且统计上不再显著。列(4)中,同样加入了所有的影响机制变量,发现 Treat×Post 交乘项回归系数减小到 0.055,约相当于社会责任信息强制披露对创新质量影响的 56%[(0.126−0.055)/0.126],且统计上也不再显著。此外,模型的解释力度(R^2)由原来的 66% 和 33% 分别提升至 92.7% 和 34.3%[①]。以上结果说明前文讨论的四种机制变量,能在很大程度上解释强制披露社会责任报告影响企业创新的效应,并提高模型的解释力度。

表 7-16 影响机制的中介检验

变量	(1) $Patent_{IPCadj}$	(2) $Patent_{IPCadj}$	(3) $Citation_{IPCadj}$	(4) $Citation_{IPCadj}$
Treat×Post	0.593***	0.014	0.126***	0.055
	(0.000)	(0.712)	(0.001)	(0.178)
Post	−0.363*	−0.012	−0.047	0.038
	(0.062)	(0.789)	(0.499)	(0.428)

① 值得说明的是,由于机制变量中包含员工创新效率(R&D Personal Efficiency)变量,其定义为企业 i 在某一年内申请并最后获得授权的发明专利数除以年末研发人员总数,而表 7-16 列(2)回归模型的因变量为经年份和技术类别调整后的专利数($Patent_{IPCadj}$),上述两变量均属于企业创新表现的度量指标,二者的高度相关导致表 7-16 列(2)所示结果的解释力度(R^2)高达 92.7%。

续表

变量	(1) Patent$_{IPCadj}$	(2) Patent$_{IPCadj}$	(3) Citation$_{IPCadj}$	(4) Citation$_{IPCadj}$
COC%		−0.004***		−0.003**
		(0.007)		(0.043)
R&D Personal		0.611***		−0.176
		(0.003)		(0.213)
R&D Personal Efficiency		2.374***		0.218***
		(0.000)		(0.000)
Grant/asset		0.002		0.001
		(0.351)		(0.655)
EPatent$_{IPCadj}$		0.004		
		(0.984)		
ECitation$_{IPCadj}$				0.269***
				(0.000)
Size	0.191**	0.132***	0.000	−0.057***
	(0.012)	(0.000)	(0.988)	(0.009)
ROA	3.299***	0.542*	0.315	0.094
	(0.000)	(0.066)	(0.194)	(0.688)
Leverage	1.033***	0.008	0.286**	0.408***
	(0.000)	(0.942)	(0.011)	(0.000)
Cash/Inv	0.024**	0.002	0.002	0.001
	(0.013)	(0.695)	(0.607)	(0.887)
Age	−0.114	−0.014***	0.009	0.004
	(0.451)	(0.000)	(0.693)	(0.537)
SOE	−0.305**	−0.008	−0.014	0.061
	(0.017)	(0.810)	(0.770)	(0.174)
Year FE	控制	控制	控制	控制
Firm FE	控制	控制	控制	控制
R^2	0.660	0.927	0.330	0.343
观测值	4105	3827	4105	3827

注:(1)***、**、*分别表示在1%、5%、10%的统计水平上显著;(2)括号内数字为 p 值。

总体而言,上述结果表明,前文讨论的四种影响机制,即企业权益资本成本的下降、企业研发人员占比的上升与员工创新效率的提升、政府科研补贴的增加以及企业环保创新水平的提升,能够解释强制披露社会责任信息为何能够提升企业创新水平。

第六节 本章小结

本章以2003—2017年中国上市企业为样本,利用企业被强制披露社会责任报告这一外生场景,采用时间错列的PSM-DID方法,检验强制披露社会责任信息对企业创新的作用效果和影响机制,发现:社会责任信息强制披露能够提升企业的创新产出数量和质量。

进一步地,本章检验了社会责任信息强制披露对企业创新的四种影响机制。第一,社会责任信息强制披露可以降低企业股权资本成本,使得企业有能力获得更多外部融资,从而促进企业创新。第二,社会责任信息强制披露使得企业更可能履行社会责任,从而吸引更多的研发人员,提升研发人员的创新效率,进而促进企业创新。第三,进行社会责任信息披露的企业更容易获得政府的支持,进而获得更多政府科研补贴,从而提升创新能力。第四,进行社会责任信息披露的企业为了降本增效和节约能源,其环保型专利产出水平会相应提高,进而总体创新产出水平也会提高。这一系列影响机制最终能够促使企业创新水平提升,并为社会责任信息强制披露影响企业创新提供有力解释。

此外,本章还在DID方法的基础上进行了多方面的稳健性检验,考虑了错列式DID方法的局限性、PSM偏差问题、区间选择问题、交易所差异因素以及专利类型差异,相关检验结果表明上述实证结果具有稳健性。

本章的研究证实了社会责任信息强制披露对经济发展引擎——企业创新的正面影响,为社会责任信息强制披露影响实体经济提供了新颖的证据。此外,本章的研究结果对于政府监管部门和企业都有重要启发。首先,本章的研究表明政府可以通过强制企业披露社会责任报告,促进企业提升社会责任水平,从而促进企业创新水平的提升;其次,虽然一些研究表明强制披露社会责任信息在短期内会对企业盈利能力产生不利影响(Chen et al., 2018),但本章的结论说明社会责任信息强制披露有助于提升企业创新能力,因此在长期内可能有助于企业业绩的提升。

第八章　社会责任信息强制披露与企业核心技术突破

第一节　问题提出

资本和劳动力是经济长期增长的重要决定因素,考察社会责任信息披露对这两个决定因素的影响和作用机制非常重要,但显然不够全面。对于微观企业而言,利益相关者关注的还有企业价值是否提升。在当前我国面临关键核心技术攻关需求的形势下,微观企业作为经济增长重要的贡献者,其技术突破能力对我国的技术攻关至关重要,企业"卡脖子"技术创新也将成为企业实现长期价值提升的重要引擎。

2000—2022年,中国的专利申请数量飞速增长,连续多年位居世界第一,见图8-1。然而,中国科技领域却存在亟须解决的困境和难题。根据《2023年全球创新指数报告》,从创新质量上来看,2023年中国整体的创新能力并未跻身全球前十名(见图8-2),说明中国与世界科技强国仍存在较大差距;从全球价值链分工体系来看,中国虽然是"世界工厂",但一部分制造业由于缺乏核心技术,长期处于全球价值链中低端,这意味着中国面临制造业被"低端锁定"的困局,迫切需要推动"中国制造"向"中国创造"转变;从逆全球化的角度来看,西方国家的技术封锁阻碍了中国推进核心技术研发的进程,导致中国有核心技术缺乏这一致命短板[①]。随着全球化竞争和国家间科技摩擦的加剧,中国核心技术被"卡脖子"的局面亟须改变,自主创新能力的提升刻不容缓。企业作为实现科技自立自强的创新主体和微观基础,自主创新能力的提升对中国实现关键核心技术的根本性创新突破具有重要意义。

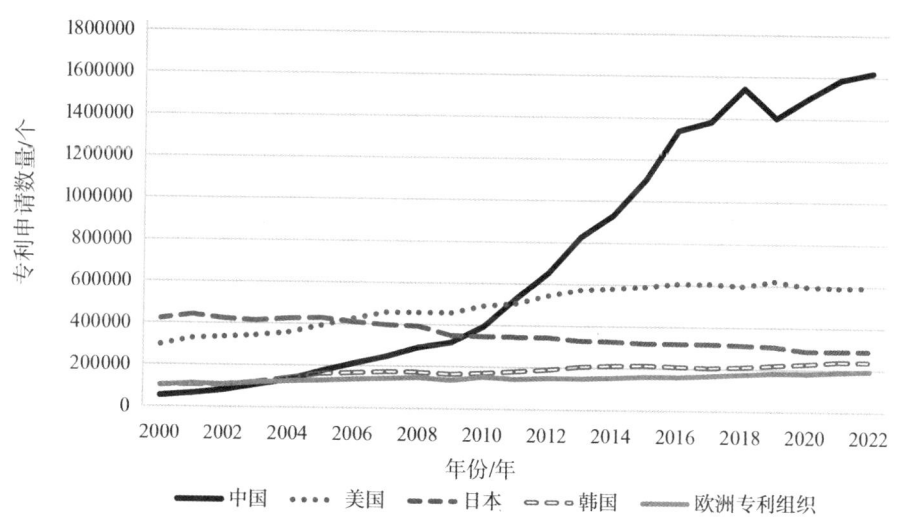

图 8-1　2000—2022 年部分国家和欧洲专利组织专利申请数量

数据来源:世界知识产权组织知识产权统计数据中心(截至 2023 年 8 月)。

目前关于"卡脖子"技术创新的研究主要集中于"卡脖子"技术突破的概念识别和案例分析(陈劲 等,2020;贺远琼 等,2022;胡登峰 等,2022;宋娟 等,2023;罗瑾琏 等,2024;李树文 等,2024),微观层面的实证研究(聂力兵 等,2023;吴超鹏 等,2023)较为缺乏。

---

① 例如:中国的高铁运营里程世界第一,但核心的动力系统、控制系统来自西门子、ABB 等国外公司;中国的电脑产量第一,但计算机的芯片基本被美国 Intel 和 AMD 公司垄断;中国的钢铁产量是世界第一,但特种钢铁却需要大量依赖进口。上述例子均体现了中国技术面临"卡脖子"的局面。

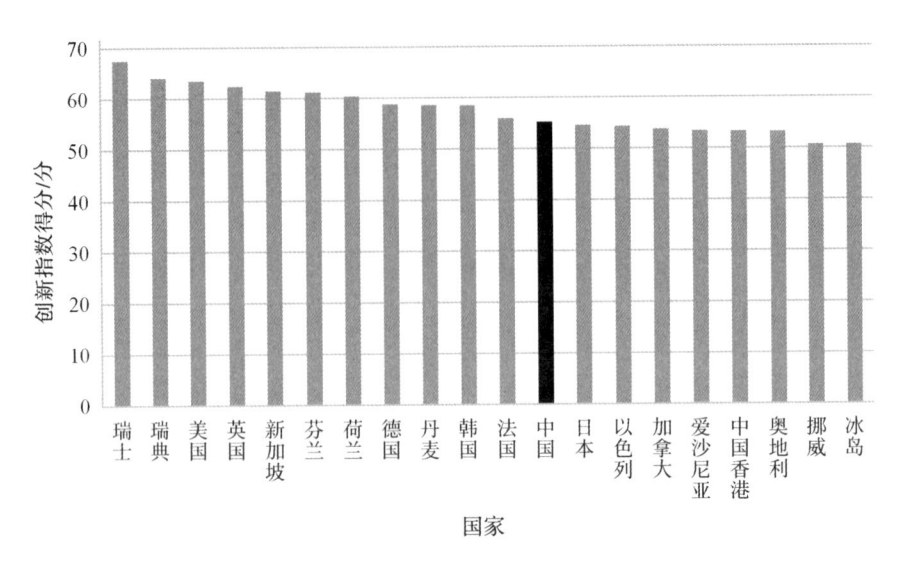

图 8-2 2023 年全球创新指数排行榜

数据来源:世界知识产权组织发布的《2023 年全球创新指数报告》。

本章利用社会责任报告强制披露这一准自然实验场景,基于"卡脖子"技术突破的视角,识别社会责任信息强制披露对企业自主创新的因果效应,并探究潜在的影响机制。具体而言,首先,本章以 2008—2012 年首次进入被强制披露社会责任报告名单的中国深沪 A 股上市企业作为受事件影响的实验组企业,以其他未被强制披露社会责任报告的上市企业作为对照组企业,基于匹配后的 203 对实验组和控制组企业样本,采用时间错列的 DID 方法,考察在被强制披露社会责任报告的前后 5 年内,实验组企业相比于控制组企业"卡脖子"技术创新产出的变化。其次,本章还检验了社会责任信息强制披露对企业自主创新的影响机制。最后,本章还考察了社会责任信息强制披露的创新效应是否存在于其他类型的技术创新中。

相比现有文献,本章的主要贡献如下:第一,本章的研究拓展了社会责任强制披露经济后果的研究。现有文献考察了社会责任强制披露对企业财务业绩、公司价值、投资效率、会计决策和环境保护行为的影响(Chen et al.,2018;Wang et al.,2018;Nair et al.,2019;Ni et al.,2019;Lu et al.,2020;Liu et al.,2021;Xu et al.,2021;Xue,2023;Pan et al.,2021)。与上述文献不同的是,本章研究了社会责任信息强制披露的自主创新效应,即对企业"卡脖子"技术创新的影响,从而丰富和拓展了这一领域的研究,为社会责任信息强制披露创新效应的相关研究提供了新的视角与解释。第二,本章突破了传统的创新绩效定义,专注企业关键核心技术创新问题,从而丰富了企业创新领域的研究。关于公司财务与技术创新的研究方兴未艾,大量文献从微观层面探讨了企业创新的激励问题。但是,针对核心技术创新的研究十分匮乏,而核心技术创新对于逆全球化浪潮下关键核心技术被"卡脖子"的中国来说又意义重大。现有为数不多的研究主要停留在规范和案例研究上,例如陈劲等(2020)采用规范分析建立了"卡脖子"技术的识别框架,贺远琼等(2022)、胡登峰等(2022)、宋娟等(2023)、罗瑾琏等(2024)、李树文等(2024)采用案例分析方法研究了企业核心技术创新问题。基于微观层面的企业"卡脖子"技术创新的大样本实证研究非常有限,仅有聂力兵等(2023)、吴超鹏和严泽浩(2023)研究知识重组、政府引导基金对企业关键技术创新的影响。同时,现有研究大多是基于技术和创新生态的视角。因此,本章基于对企业在各个技术领域被"卡脖子"程度的刻画,通过大样本的实证研究,从企业非财务信息披露的视角探讨如何促进企业关键核心技术突破,揭示企业社会责任信息披露对企业"卡脖子"技术创新的因果效应,从而对企业自主创新影响因素的相关研究进行了有益补充。

第二节 理论分析与假设提出

企业要提高核心技术突破实力以实现自主创新,首先要为自主创新活动融资(Hall et al.,2010),其次要具备创新人力资本(Cooke et al.,1999)。因此,获得资金和人力支持是企业增强自身技术突破实力的重要途径。但同时,资金和人力又是企业在自主创新的过程中极有可能面临障碍的两个方面。其一,资金短缺的问题。进行科技创新的企业需要具备先进技术和研发人员等无形资产,由于缺乏必要的融资抵押条件,自主创新的企业可能难以通过传统借贷的方式获得银行信贷资金。进一步地,由于科技创新活动具有较高的不确定性和高失败率(Holmstrom,1989),在创新项目上投资更多的企业被迫只能做部分的信息披露,会面临更高程度的信息不对称(Bhattacharya et al.,1983),在创新融资上也会面临更大的风险,可能难以获得低成本的融资,进而影响"卡脖子"技术创新。其二,人才短缺的问题。创新企业所需的研发人员属于高水平人才。相比于其他员工,属于高水平人才的员工更看重个人权益,且容易跳槽。而自主创新的企业对研发人才的依赖程度较大,同行业企业对人才的争夺战也非常激烈。如果自主创新的企业在人力资本方面投入不足,将难以吸引和留住高水平人才,进而阻碍"卡脖子"技术突破。

社会责任信息强制披露可以有效解决上述问题。第一,降低融资成本,提供融资支持。社会责任信息是非财务信息披露的重要组成部分,它能够反映企业在履行社会责任方面的表现,降低企业与投资者之间的信息不对称程度,对于评估企业价值具有重要的揭示作用,便于投资者对企业进行价值评估(Dhaliwal et al.,2014),进而降低企业资本成本(Healy et al.,2001)。同时,社会责任信息强制披露使企业社会责任信息更加透明,让更多的投资者对企业进行监督,从而降低代理成本,减少企业财务违约的风险,使得投资者更愿意提供资本。投资者提供资本的意愿越强,越可能降低融资成本,从而使企业获得的融资越多,这为企业实现"卡脖子"技术突破提供了资金支持。

第二,吸引研发人才,储备人力资本。社会责任信息强制披露使得企业在履行社会责任方面的信息更加透明,政府和相关利益团体对企业的监督性更强,这有助于企业增强履行社会责任的意愿,增加社会责任方面的支出(Chen et al.,2018)。而企业社会责任的重要内容之一是对员工权益的保护。当企业社会责任信息披露中体现出对员工权益保护的注重时,将使企业在劳动力市场上获得更好的声誉,更可能赢得员工的信任感,进而吸引更多研发人才的加入。Cooke等(1999)就发现,优秀人才的加入能够为企业提供强大的创新支持。此外,社会责任信息强制披露促使企业增加员工权益保护方面的社会责任投资(Chen et al.,2018),这既提升了企业的社会责任活动参与度,也有利于减弱企业员工加入竞争对手企业的倾向,提高员工保留率(Nyborg et al.,2013;Flammer et al.,2017;Flammer et al.,2019)。因此,社会责任信息强制披露通过体现企业对社会责任的履行情况,倒逼企业重视社会责任,有助于企业吸引和留住创新人才,从而为"卡脖子"技术突破奠定人才基础。

除此之外,在企业自主创新的过程中,社会责任信息强制披露还可能在以下两个方面发挥作用:一方面,由于社会责任信息强制披露使得外部利益相关者获得了更多信息,企业面临的外部监管压力增加。已有研究表明,信息披露有利于公司外部参与者(例如分析师、机构投资者)对管理者进行监督,从而改善管理决策,提高公司投资效率(Bushman et al.,2001;Lambert et al.,2007)。社会责任报告能够降低企业有害监管行为的风险(Hillman et al.,2001),促使企业迎合相关利益团体(Christensen et al.,2022)。进一步地,社会责任信息强制披露不仅使投资者更容易追究管理者的责任,还能够提高除投资者以外的利益相关者的监督能力,由此对企业形成的压力能够对企业形成一定的约束(Christensen et al.,2022)。另一方面,社会责任信息强制披露使同行企业之间互相学习、参照和比较,对企业形成约束与激励。现有文献表明,企业管理者能够从同行企业的社会责任报告中学习并调整决策(Beatty et al.,2013;Chen et al.,2013;Shroff,2017),尤其是学习或参照同行企业的社会责任实践活动,以调整企业的社会责任实践活动(Cao et al.,2019)。同时,社会责任信息披露能够促进企业间互相学习,降低企业设定基准的成本(Tomar,2023)。上述两方面作用很可能督促企业管理者保证企业内部有效运行,提升治理水平。而内外部治理机制是影响企业技术突破和创新效率的重要因素(例如:温军 等,2012;Aghion et al.,2013;石晓军 等,2017;朱冰 等,2018;Chemmanur et al.,2019),因此治理水平的提升将有助于企业实现"卡脖子"技术的突破。

基于以上分析,本章提出以下假设:

假设 8-1a:被强制披露社会责任报告后,企业的"卡脖子"技术创新水平显著提升。

然而,社会责任信息强制披露也可能抑制企业进行自主创新,原因在于:科技创新活动具有较高的不确定性和调整成本(Holmstrom,1989;Hall,2002;鞠晓生 等,2013),需要足够的资金支持。社会责任信息强制披露虽然会产生积极的外部效应,但它增加了企业在社会责任方面的支出,进而导致企业营业费用的上升和盈利能力的下降,牺牲了股东的利益(Chen et al.,2018;Lu et al.,2020)。企业利润率的下降,一方面,使得企业投入自主创新活动的资金减少;另一方面,由于外部求职者可以准确地感知企业的财务状况(Brown et al.,2016;Caskey et al.,2017),将导致就业需求的降低(DeHaan et al.,2023),企业可能较难吸引外部人才。上述原因将阻碍企业"卡脖子"技术突破能力的提升。

基于此,本章提出以下备择假设:

假设 8-1b:被强制披露社会责任报告后,企业的"卡脖子"技术创新水平显著降低。

第三节 研究设计

一、样本选择及数据来源

本章以 2003—2017 年所有深沪上市公司为初始样本,并按照如下标准进行样本初步筛选:(1)由于本章关注的是企业社会责任信息强制披露的作用效果,因此剔除了自愿披露社会责任报告的企业—年份观测样本;(2)由于本章主要研究企业创新问题,因此剔除了在样本期间(事件发生前后 5 年内)企业专利总数为 0 的企业样本,即保证每个企业在整个样本观测期间至少有一项专利;[①](3)由于金融类企业的报表存在特殊性,本章剔除了金融行业企业;(4)剔除了关键研究变量缺失的观测值样本、退市企业样本和 ST 企业样本。进一步地,由于"上证公司治理板块"和"深证 100 指数"这两个板块的企业每年都会进行动态调整,2008 年以后每年都有一小部分新企业进入和一小部分企业退出被强制披露社会责任报告的企业名单[②],因此,本章将初始总样本分为受社会责任信息强制披露事件影响的实验组企业和未受到事件影响的非实验组企业。实验组企业包括 2008—2012 年首次进入被强制披露社会责任报告名单的企业(即"上证公司治理板块"以及"深证 100 指数"的非外资、非金融企业)。为了保证能观察到社会责任报告强制披露事件发生前后 5 年企业自主创新水平的变化,本章要求实验组企业从首次被强制披露社会责任报告之后的 5 年内没有因退出"上证公司治理板块"或"深证 100 指数"而退出被强制披露企业名单。此外,还要求每家实验组企业在事件发生前后至少 1 年内的关键研究变量没有缺失。最后,得到 203 家实验组样本企业。其中,各年份新进入被强制披露社会责任报告名单的企业数分别为 167 家(2008 年)、4 家(2009 年)、6 家(2010 年)、16 家(2011 年)、10 家(2012 年)。

进一步地,采用 PSM 方法,为每家实验组企业配对一家同一年份、倾向得分最接近的、未被纳入强制披露名单、未自愿披露的非实验组企业。对于非实验组样本,同样要求每家企业在事件发生前后至少 1 年内的关键研究变量观测值没有缺失。匹配前,非实验组样本企业共 928 家。倾向得分匹配采用 Logit 回归模型,参考 Chen 等(2018),本章使

[①] 本章也以整个样本期间专利总数为 0 的上市公司样本进行了实证检验,发现实证结果不受影响。

[②] 企业是否进入"上证公司治理板块"和"深证 100 指数"这两个板块并且被强制要求披露社会责任报告,是难以进行主观操纵的。原因在前文已做详细阐述。

第八章 社会责任信息强制披露与企业核心技术突破

用强制披露前一年($t=-1$)的以下三类特征变量估计企业进入实验组的概率:(1)表征指数(或板块)企业特征的变量:市值(MV),即企业的股权市场价值(单位:千万元);股票收益率(Return),即企业的年度个股回报率;净资产收益率(ROE),即净利润除以股东权益;资产总额的自然对数(Size)。(2)表征公司治理、政治、社会特征的变量:国有持股(State Ownership),即企业的国有股股数除以总股数;政治关联(Political Connection),即企业的董事、监事、高管曾经或现在市级(含)以上政府机构任职;捐赠(Donation),即企业当年的捐赠金额加1取自然对数。(3)表征受金融机构关注程度的变量:分析师跟踪(Analyst),即年度内对该企业进行过跟踪的分析师数量。此外,本章还控制了年份固定效应与行业固定效应。本章采用1∶1近邻匹配法,有放回地选择政策前一年倾向得分值最接近的企业作为实验组企业的配对样本。[①]

表8-1列示了PSM配对结果。A栏报告了PSM前后的回归结果。回归的因变量(Treat)为企业是否进入强制披露组(实验组)。可以看出,配对前实验组与控制组的市值(MV)、股票收益率(Return)、净资产收益率(ROE)、政治关联(Political Connection)、捐赠(Donation)、国有持股(State Ownership)以及分析师跟踪(Analyst)特征均有显著差异,而配对后所有变量均不显著(捐赠指标除外),说明本章的PSM过程消除了强制披露前实验组与控制组在企业特征方面的差异。配对后,Pseudo R^2 由37.8%降低至12%,χ^2 的 p 值由0上升至0.842,说明配对后样本企业的企业特征对于企业是否进入实验组可能性的解释力较弱。B栏中,本章对事件发生前($t=-1$)各配对变量进行均值差异

[①] 本章也采用无放回的方法来选择实验组企业的配对样本,获得203对实验组和控制组企业,以此样本进行检验也得到同样的实证结果。

检验,发现匹配后各配对变量的差异均显著降低,这一结果进一步了说明本章采用 PSM 方法配对的有效性。

表 8-1　PSM 配对结果

A 栏:匹配前后的回归结果

变量	(1) 匹配前 Treat	(2) 匹配后 Treat
MV	0.000***	0.000
	(0.005)	(0.236)
Return	−0.219*	0.023
	(0.087)	(0.896)
ROE	0.025***	−0.016
	(0.008)	(0.369)
Political Connection	1.773**	0.340
	(0.015)	(0.753)
Donation	0.047**	0.067**
	(0.043)	(0.014)
State Ownership	1.335**	−0.003
	(0.019)	(0.997)
Analyst	0.587***	0.009
	(0.000)	(0.966)
Size	0.237	−0.177
	(0.141)	(0.452)
Constant	−8.646***	3.981
	(0.010)	(0.431)
观测值	655	406
Pseudo R^2	0.378	0.120
p-value of χ^2	0.000	0.842
FixedEffects	Industry, Firm	Industry, Firm

续表

B栏:企业特征变量的均值差异检验($t=-1$)

		(1) 实验组	(2) 控制组	(1)−(2) 差异	t统计值
MV	匹配前	1.060	0.290	0.770	16.035***
	匹配后	1.043	1.136	−0.093	−0.970
Return	匹配前	1.648	1.797	−0.149	−1.678*
	匹配后	1.668	1.600	0.068	0.597
ROE	匹配前	16.215	6.030	10.185	6.919***
	匹配后	15.928	18.962	−3.035	−2.378**
Political connection	匹配前	0.166	0.031	0.135	6.311***
	匹配后	0.158	0.153	0.005	0.137
Donation	匹配前	10.036	7.443	2.593	5.316***
	匹配后	9.994	7.754	2.240	3.791***
State ownership	匹配前	0.306	0.236	0.069	3.717***
	匹配后	0.307	0.320	−0.013	−0.549
Analyst	匹配前	1.518	0.693	0.825	11.016***
	匹配后	1.533	1.634	−0.100	−0.946
Size	匹配前	22.446	21.345	1.101	13.457***
	匹配后	22.431	22.411	0.020	0.180

注:(1)***、**、*分别表示在1%、5%、10%的统计水平上显著;(2)括号内数字为p值。

此外,由于"上证公司治理板块"的样本企业于每年5—7月进行调整,"深证100指数"成份股于每年6月和12月进行调整,为了使样本更干净,参考Firth等(2014)的做法,本章剔除了事件发生当年($t=0$)的观测值。本章使用事件发生前后5年的窗口期,即$[t-5,t-1]$和$[t+1,t+5]$,最终获得203对实验组和控制组企业,共3492个公司—年度观测值。

本章使用的企业专利数据来自中国研究数据服务平台(CNRDS);

企业基本信息、财务和股权性质数据来自 CSMAR 数据库和 CNRDS；企业员工数据来自 RESSET 数据库；各年被强制披露社会责任报告的企业调整名单的初始数据来自上海证券交易所和深圳证券交易所公告。

二、关键变量定义

"卡脖子"技术是指需要通过长期高投入的研发，具备关键性与独特性，决定一国科技发展战略与创新能力的关键核心技术（陈劲 等，2020；夏清华 等，2020）。基于此，本章根据 2016 年中华人民共和国工业和信息化部、中华人民共和国发展改革委、中华人民共和国科技部、中华人民共和国财政部联合发布的《工业"四基"发展目录》中涉及的 11 个先进制造业领域，共 287 项核心零部件、268 项关键基础原材料、86 项先进基础工艺和 45 项产业技术基础来确定"卡脖子"技术，并将"卡脖子"技术与国际专利分类（international patent classification，简称 IPC）中的关键词进行匹配，得到每项"卡脖子"技术对应的 IPC 代码，然后根据国家知识产权局网站上的国际专利分类表（2019 版）进行匹配。匹配过程如下。

首先，IPC 按部（1 个字母）、大类（2 个数字）、小类（1 个字母）、主组（1~3 个数字）、分组（2~4 个数字）这五级分类。将关键词的匹配细分至 IPC 第五级"分组"，如果关键技术中的关键词与 IPC 分组中的关键词相同，则匹配成功，例如关键基础材料"光刻胶"对应 IPC"H01L 21/312"和"H01L 21/47"。匹配后，得到 2769 个与关键技术相关的 IPC 分组。

其次，本章将企业各年申请并最终获得授权的发明专利的 IPC 代

第八章　社会责任信息强制披露与企业核心技术突破

码与上述关键技术的 IPC 代码进行匹配，从而识别出企业的"卡脖子"技术专利。

最后，本章采用如下指标来衡量企业的自主创新能力：经年份和技术类别调整后的"卡脖子"技术专利数（Bottleneck Technology），等于企业 i 在第 $t+1$ 年申请并最终获得授权的"卡脖子"专利数量，除以同一年度、同一技术类别的所有上市企业申请并最终获得授权的平均发明专利数。该指标衡量了企业自主创新产出的数量。由于发明专利从申请到最终被授权平均存在 3 年的时间间隔，加之"卡脖子"技术攻坚难度更大，可能使得授权周期更长，因此样本期间最近 3 年申请的部分"卡脖子"专利可能因尚未得到授权而无法观测到，导致原始的"卡脖子"专利数存在删尾偏差。为了最大程度地减少这一偏差的影响，本章对原始"卡脖子"专利数进行了年份和技术类别的调整。

表 8-2　变量定义与描述

变量名称	变量符号	变量定义
"卡脖子"技术突破	Bottleneck Technology	企业 i 在第 $t+1$ 年申请并最终获得授权的"卡脖子"专利数量，除以所有上市企业在同一年度同一技术类别获得的平均专利数
企业规模	Size	企业资产的自然对数值
总资产收益率	ROA	净利润除以资产总额
资产负债率	Leverage	总负债除以资产总额
现金流	Cash	货币资金除以资产总额
托宾 Q	Tobin's Q	市值除以资产总额
资本性支出	Capex	资本性支出除以资产总额
固定资产投资	PPE	固定资产净值除以资产总额
机构持股	Ins	机构投资者持股比例
产品市场竞争度	HHI	赫芬达尔指数
	HHI²	赫芬达尔指数的平方

续表

变量名称	变量符号	变量定义
企业年龄	Age	企业成立至事件发生当年的年份数
产权性质	SOE	企业实际控制人为中央和国家机关、中央和地方国有企业、地方国资委、地方政府则取值为1,否则为0

三、模型设定

本章采用双重差分(DID)法多元回归模型来检验社会责任信息强制披露对企业"卡脖子"技术突破的影响,具体模型构建如下:

$$\text{Bottleneck Technology}_{i,t+1} = \alpha_0 + \alpha_1 \text{Treat}_i \times \text{Post}_{i,t} + \alpha_2 \text{Post}_{i,t} + \sum \beta_j \text{Controls}_{i,j,t} + \text{Firm FE} + \text{Year FE} + \varepsilon_{i,t} \tag{8-1}$$

其中:模型的因变量是企业 i 第 $t+1$ 年经年份和技术类别调整后的"卡脖子"技术专利数(Bottleneck Technology)。Treat_i 表示若企业 i 属于实验组,即企业被强制披露社会责任信息,则取值为1,若属于控制组则取值为0。$\text{Post}_{i,t}$ 定义为:对于实验组企业,若公司—年度观测值是企业被强制披露社会责任报告之后的则取值为1,反之则为0;对于控制组企业,若公司—年度观测值是其所匹配的实验组企业被强制披露之后的,则取值为1,否则为0。

在回归分析中,参考 Firth 等(2014),本章剔除事件发生当年($t=0$)的观测值,因为事件发生当年的观测值归入事件之前或之后都不合适。为控制其他可能影响企业自主创新的变量,参考 He 和 Tian(2013)、Fang 等(2014),本章加入一系列控制变量,包括企业规模 Size、总资产收益率 ROA、资产负债率 Leverage、现金流 Cash、托宾 Q Tobin's Q、资本性支出 Capex、固定资产投资 PPE、机构持股 Ins、赫芬达尔指数 HHI、赫芬达尔指数的平方 HHI²、公司年龄 Age 以及国有企业哑变量 SOE。本章还加入了年份固定效应(Year FE)以控制各年份的宏观经济和政策因素对结果的影响。此外,还在模型中加入了公司固定效应(Firm FE)。本章在公司层面对标准差进行了聚类调整。由于加入的目标公司固定效应吸收了 Treat 变量的影响,因此 Treat 变量在回归模型中被自动省略。[①] 模型中,本章重点关注 Treat 和 Post 交乘项的回归系数 α_1,它度量了被强制披露社会责任报告的企业与未被强制披露社会责任报告的企业,在披露事件发生前后企业"卡脖子"技术创新水平提升幅度的差异。

第四节 实证结果分析

一、描述性统计

本章针对所有连续变量进行了 99% 分位和 1% 分位的缩尾处理。各研究变量的描述性统计结果如表 8-3 所示。由表 8-3 可知:"卡脖子"技术专利数(Bottleneck Technology)均值是 0.204,表明平均每个企业每年的"卡脖子"技术专利数不足 1 个;经调整的"卡脖子"技术专利数

[①] 由于本书采用不同企业在不同年份,因首次被纳入"上证公司治理板块"和"深证 100 指数",从而被强制披露社会责任报告的外生冲击事件,构建时间错列的多期双重差分模型,因此不同企业被强制披露的年份不统一。同时,我们为每一个实验组企业均匹配了相应的控制组企业,不同处理时点的实验组企业与控制组企业,其 Post 的取值不同,这与不涉及匹配问题的广义双重差分模型(Generalized DID)有一定差异。此时,Post 变量与年份并不共线,因此在模型(8-1)中不会被年份固定效应(Year FE)所吸收。

(Bottleneck Technology$_{adj}$)的均值为 0.182,其标准差为 0.501,说明不同企业的"卡脖子"技术专利产出水平存在较大差异。从企业特征来看,样本中企业的年均资产收益率为 5.9%,年均资产负债率为 50%,年均货币资金占比为 19%,年均新增资本性支出、固定资产投资占比分别为 6.6% 和 27.6%。从股权比例来看,样本企业每年平均机构持股比例为 41.49%。样本企业平均成立年限为 13 年。从实际控制人的均值可知,样本中有 75.6% 的企业为国有企业。①

表 8-3　关键变量的描述性统计结果

变量	均值	标准差	最小值	中位数	最大值	观测值
Bottleneck Technology	0.204	0.543	0.000	0.000	2.000	3492
Bottleneck Technology$_{adj}$	0.182	0.501	0.000	0.000	2.000	3492
Size	22.599	1.202	19.637	22.591	24.538	3492
ROA	0.059	0.065	−0.355	0.044	0.227	3492
Leverage	0.499	0.201	0.048	0.510	0.879	3492
Cash	0.190	0.132	0.010	0.153	0.677	3492
Tobin's Q	1.993	2.245	0.248	1.218	13.047	3492
Capex	0.066	0.053	−0.073	0.056	0.256	3492
PPE	0.276	0.175	0.002	0.226	0.742	3492
Ins	41.489	26.116	0.000	43.420	77.720	3492
HHI	26.331	19.774	1.240	21.165	99.620	3492
HHI^2	1084.207	1688.605	1.538	447.957	9924.145	3492
Age	12.721	4.920	3.000	12.000	29.000	3492
SOE	0.756	0.429	0.000	1.000	1.000	3492

---

①　由于本书采用的是经 PSM 匹配后的样本进行回归分析,即为每家实验组企业配对一家与其企业特征相似的控制组企业。而在本书研究的原始样本中,75.2% 被强制披露社会责任报告的实验组企业为国有企业,意味着与之相匹配的控制组企业有较大的概率也为国有企业,这就导致产权性质(SOE)的均值较高。

第八章 社会责任信息强制披露与企业核心技术突破

二、回归结果分析

1.社会责任信息强制披露与"卡脖子"技术突破

表 8-4 报告了社会责任信息强制披露对企业"卡脖子"技术创新水平的双重差分回归结果。因变量为经年份和技术类别调整后的"卡脖子"技术专利数(Bottleneck Technology$_{adj}$)。列(1)中,在尚未添加控制变量的情况下,Treat×Post 交乘项的回归系数为 0.155,在 1% 水平上显著。列(2)中,在加入了一系列控制变量后,Treat×Post 交乘项的回归系数为 0.143,在 1% 水平上显著。这一结果的经济意义是显著的,它表明在强制披露社会责任报告事件发生后,被强制披露社会责任报告的实验组企业的"卡脖子"技术专利产出数量的上升幅度,比未被强制披露社会责任报告的控制组企业高出 0.143,相当于样本均值(0.182)的 79%。上述结果支持了本章假设 8-1a。

表 8-4 社会责任信息强制披露对企业"卡脖子"技术突破的影响

变量	(1)	(2)
	Bottleneck Technology$_{adj}$	
Treat×Post	0.155***	0.143***
	(0.001)	(0.003)
Post	−0.002	−0.011
	(0.972)	(0.867)
Size		0.086
		(0.136)
ROA		0.041
		(0.890)
Leverage		0.068
		(0.677)

续表

变量	(1)	(2)
	Bottleneck Technology$_{adj}$	
Cash		−0.143
		(0.426)
Tobin's Q		0.001
		(0.943)
Capex		−0.064
		(0.813)
PPE		−0.143
		(0.417)
Ins		−0.000
		(0.592)
HHI		−0.001
		(0.631)
HHI^2		0.000
		(0.548)
Age		−0.011
		(0.780)
SOE		0.014
		(0.814)
固定效应	Firm FE, Year FE	Firm FE, Year FE
R^2	0.505	0.510
观测值	3492	3492

注：(1) ***、**、* 分别表示在 1%、5%、10% 的统计水平上显著；(2) 括号内数字为 p 值。

2.平行趋势检验

DID 检验有效性的前提是平行趋势假设，即被强制披露社会责任报告的实验组企业和未被强制披露社会责任报告的控制组企业的"卡脖子"技术创新水平，在事件发生之前应该具有平行的变化趋势。本章采用动态 DID 方法来检验平行趋势假设是否满足。

表 8-5 中，Before$_{[-2]}$、Before$_{[-1]}$、After$_{[+1]}$、After$_{[+2]}$、After$_{[+3,+5]}$ 分别表示，若样本观测值是披露事件发生前 2 年、前 1 年、后 1 年、后 2 年、后 3~5 年的则取 1，否则取 0；比较基准年份是披露事件发生前第 3~5 年。其余变量的定义与模型(8-1)一致。表 8-5 的结果显示，Treat×Before$_{[-2]}$、Treat×Before$_{[-1]}$ 的回归系数均不显著，Treat×After$_{[+2]}$ 和 Treat×After$_{[+3,+5]}$ 的回归系数均在 1% 水平上显著为正，说明在强制披露社会责任报告之前，实验组和控制组企业的"卡脖子"技术创新水平变化趋势并不存在显著差异，即满足事件发生前的平行趋势假设；在被强制披露社会责任报告后的第 2 年，实验组企业的"卡脖子"技术创新水平相比于控制组企业"卡脖子"技术创新水平有了显著的提升。因此，本章的 DID 检验满足平行趋势假设。

表 8-5 平行趋势检验

变量	(1)	(2)
	Bottleneck Technology$_{adj}$	
Treat×Before$_{[-2]}$	−0.072	−0.073
	(0.425)	(0.418)
Treat×Before$_{[-1]}$	−0.150	−0.148
	(0.204)	(0.192)
Treat×After$_{[+1]}$	0.029	0.022
	(0.735)	(0.802)
Treat×After$_{[+2]}$	0.212***	0.200***
	(0.000)	(0.000)
Treat×After$_{[+3,+5]}$	0.217***	0.201***
	(0.000)	(0.001)
Before$_{[-2]}$	0.057	0.058
	(0.439)	(0.436)

续表

变量	(1)	(2)
	Bottleneck Technology$_{adj}$	
Before$_{[-1]}$	0.062	0.063
	(0.567)	(0.559)
After$_{[+1]}$	0.026	0.028
	(0.842)	(0.827)
After$_{[+2]}$	−0.084	−0.081
	(0.594)	(0.611)
After$_{[+3,+5]}$	−0.041	−0.037
	(0.825)	(0.843)
控制变量	未控制	控制
固定效应	Firm FE, Year FE	Firm FE, Year FE
R^2	0.477	0.483
观测值	3492	3492

注：(1)***、**、*分别表示在1%、5%、10%的统计水平上显著；(2)括号内数字为 p 值。

总体而言，本节的DID检验结果表明，事件发生后，相比于未被强制披露社会责任报告的企业，被强制披露社会责任报告的企业"卡脖子"技术创新的数量有了显著的增加，即强制披露社会责任报告对企业自主创新存在因果关系上的促进作用。

三、稳健性检验

对于上述DID检验结果，本章进行了一系列稳健性检验，并将结果列示于表8-6中。

表 8-6　稳健性检验

A 栏:以 2008 年社会责任报告强制披露政策作为单一事件冲击时点的 DID 回归

变量	(1)	(2)
	Bottleneck Technology$_{adj}$	
Treat×Post	0.187***	0.179***
	(0.000)	(0.001)
控制变量	未控制	控制
固定效应	Firm FE, Year FE	Firm FE, Year FE
R^2	0.505	0.509
观测值	2933	2933

B 栏:安慰剂检验

变量	(1)	(2)
	Bottleneck Technology$_{adj}$	
	以 $t-3$ 年为政策虚拟年	以 $t+3$ 年为政策虚拟年
Treat×Post	0.406	0.494
	(0.146)	(0.106)
Post	−0.035	−0.139
	(0.914)	(0.541)
控制变量	控制	控制
固定效应	Firm FE, Year FE	Firm FE, Year FE
R^2	0.687	0.703
观测值	1953	3638

C 栏:更改事件观测窗口

变量	(1)	(2)
	Bottleneck Technology$_{adj}$	
Treat×Post$_{[-3,+3]}$	0.178***	0.170**
	(0.003)	(0.011)
Post$_{[-3,+3]}$	0.072	0.069
	(0.382)	(0.411)
控制变量	未控制	控制
固定效应	Firm FE, Year FE	Firm FE, Year FE
R^2	0.566	0.567
观测值	2196	2196

续表

D栏:全样本检验

变量	(1)	(2)
	Bottleneck Technology$_{adj}$	
Treat×Post	0.153***	0.130***
	(0.000)	(0.000)
Post	−0.013	−0.004
	(0.806)	(0.943)
控制变量	未控制	控制
固定效应	Firm FE, Year FE	Firm FE, Year FE
R^2	0.458	0.460
观测值	12332	12332

E栏:替代变量检验

变量	(1)	(2)
	ln(1+Bottleneck Technology)	Bottleneck Technology/asset
Treat×Post	0.103***	0.005**
	(0.003)	(0.010)
Post	−0.009	−0.003
	(0.856)	(0.193)
控制变量	控制	控制
固定效应	Firm FE, Year FE	Firm FE, Year FE
R^2	0.507	0.378
观测值	3492	3492

F栏:采用未来2期、3期的专利数据检验

变量	(1)	(2)
	Bottleneck Technology$_{adjt+2}$	Bottleneck Technology$_{adjt+3}$
Treat×Post	0.224***	0.195**
	(0.000)	(0.017)
Post	−0.049	−0.074
	(0.459)	(0.323)
控制变量	控制	控制
固定效应	Firm FE, Year FE	Firm FE, Year FE
R^2	0.523	0.529
观测值	3492	3492

续表

G栏:采用不同的固定效应模型

变量	(1)	(2)
	Bottleneck Technology$_{adj}$	
Treat×Post	0.118**	0.129***
	(0.020)	(0.007)
Post	−0.032	−0.051
	(0.582)	(0.393)
Treat	0.041	0.070**
	(0.175)	(0.041)
控制变量	控制	控制
固定效应	Industry FE, Year FE	Industry FE, Year FE, Province FE
R^2	0.224	0.281
观测值	3492	3492

注:(1)***、**、*分别表示在1%、5%、10%的统计水平上显著;(2)括号内数字为p值。

1.以2008年社会责任报告强制披露政策作为单一事件冲击时点的DID回归

Chen等(2018)以2008年公布社会责任报告强制披露政策作为单一的事件冲击时点研究社会责任信息强制披露的影响。因此,本章也采用以2008年作为单一的事件冲击时点进行DID检验。当然,本章在主回归中采用2008—2012年时间错列的一系列事件冲击,有助于避免只以2008年作为单一的事件冲击时点存在的问题(即2008年颁布的其他政策也可能影响企业的自主创新行为)。检验结果报告于表8-6的A栏中。可见,实证结果均与表8-4的主回归结果一致。

2.安慰剂检验

本章进一步进行安慰剂检验,使用虚假的社会责任报告强制披露时间点,观察自主创新效应是否依然存在。具体而言,本章将社会责任报告强制披露时点向前平推3年($t-3$)和向后平推3年($t+3$)进行检验。若上述研究结论是由于实验组和控制组之间不可观测的固有差异导致的,那么用虚假的社会责任报告强制披露时点也能得到相同的结果。表 8-6 B 栏的结果说明,通过设置虚假的社会责任报告强制披露时点,交乘项 Treat×Post 的系数均不显著,说明自主创新效应是由社会责任信息强制披露带来的。

3.更改事件的观测窗口

在主回归中,本章检验的是企业被强制披露社会责任报告年份前后 5 年"卡脖子"技术创新水平的变化。在稳健性检验中,我们更改事件观测窗口,将观测窗口缩小至企业被强制披露社会责任报告前后 3 年。缩小观测窗口虽然导致无法观测强制披露事件对自主创新的长期影响,但是也减小了长窗口可能带来的与事件无关的噪声的影响。在表 8-6 的 C 栏中,本章采用事件发生前后 3 年的时间窗口来考察强制披露社会责任报告对企业"卡脖子"技术创新的影响,发现 Treat×Post 交乘项的符号和显著性并未发生改变。因此,本章的实证结论稳健不变。

4.全样本回归

采用 PSM 方法为实验组寻找配对样本,虽然使得两组样本更具有可比性,但是也可能带来样本选择偏差。因此,本章采用全样本来重新进行 DID 检验。全样本中包含 220 家实验组企业(1949 个公司—年度观测值)和 1426 家控制组企业(10383 个公司—年度观测值),共 12332 个公司—年度观测值。表 8-6 D 栏的结果显示,Treat×Post 交乘项的符号和显著性并未发生改变,该结果与基于 PSM 配对样本的主回归结果(见表 8-4)一致,说明本章结果具有稳健性。

5.替代变量检验

本章构建了两个指标作为因变量企业技术突破水平的替代变量。第一,采用企业当年申请并最终获得授权的"卡脖子"技术专利数加 1

的自然对数 ln(1+Bottleneck Technology);第二,采用企业当年申请并最终获得授权的"卡脖子"技术专利数除以企业资产总额(Bottleneck Technology/asset)。表 8-6 E 栏的结果显示,当将模型(8-1)中的因变量替换为上述两个替代变量时,交乘项 Treat×Post 的回归系数均显著为正,即本章的结论依然稳健。

6.采用未来 2 期、3 期的专利数据检验

考虑到创新产出需要较长的周期,加之"卡脖子"技术的攻坚难度更大,可能需要更长的周期,虽然本章已尽可能降低这一偏差(例如:对"卡脖子"专利数进行了年份和技术类别的调整,并采用 $t+1$ 年的专利数据进行检验),但仍不能完全避免后期企业的"卡脖子"技术专利因尚未得到授权而无法被观测到。因此,本章分别采用未来 2 期、未来 3 期的,且经年份和技术类别调整后的"卡脖子"技术专利数(Bottleneck Technology$_{adjt+2}$、Bottleneck Technology$_{adjt+3}$)作为因变量进行检验。表 8-6 的 F 栏报告了这一实证结果。结果表明,当将模型(8-1)中的因变量替换为上述两个替代变量时,交乘项 Treat×Post 的回归系数均显著为正,说明社会责任信息强制披露对于企业未来 3 期内的"卡脖子"技术创新产出的变动存在显著的正向作用。

7.采用不同的固定效应模型

本章进一步采用不同的固定效应模型,以检验本章的研究结果是否局限于特定的固定效应模型。具体而言,表 8-6 G 栏的列(1)中,本章在模型(8-1)中加入行业、年份固定效应以排除产业政策等因素的影响;列(2)中,本章在列(1)的基础上继续加入省份固定效应(Province FE)以排除区域政策等因素的影响。表 8-6 G 栏的结果显示,在上述不同固定效应模型下,Treat×Post 交乘项的回归系数均显著为正,这表明本章的结果并不局限于特定的固定效应模型。

第五节　影响机制分析

从前文的研究可知,社会责任信息强制披露会提升企业的自主创新能力。本节中,我们将进一步分析社会责任信息强制披露对企业自主创新的影响机制:融资支持机制、人才吸引机制和治理提升机制。

一、融资支持机制

社会责任信息强制披露促进企业自主创新的第一条机制是:强制企业披露社会责任信息可以降低企业的外部融资成本,从而使得企业更容易获得满足自主创新活动的外部资金。

进行自主创新活动的企业需要有先进的技术和研发人员等无形资产。由于缺乏必要的融资抵押条件,自主创新的企业可能难以通过传统借贷的方式获得银行信贷资金,融资成本也会相应增加。同时,由于创新活动具有较大的不确定性和高失败率(Holmstrom,1989),创新融资有更大的风险。

社会责任信息强制披露可能从以下两个方面影响企业的融资成本:第一,社会责任信息披露是非财务信息披露的重要组成部分,为投资者评估企业价值提供重要信息,因此能够降低企业与投资者之间的信息不对称程度(Dhaliwal et al.,2014),进而降低企业的资本成本(Healy et al.,2001)。第二,社会责任信息强制披露使得企业社会责任信息更加透明,政府和相关利益团体更可能督促企业履行社会责任

(Chen et al.,2018);投资者权益保护也是企业社会责任的重要内容,社会责任信息强制披露也可能因为促使企业加强对投资者利益的保护,从而降低投资者要求的资本成本。

为证实上述理论预测,本章首先进行如下检验。本章构建企业的加权平均资本成本(WACC)这一变量。其中,参照 Gebhardt 等(2001),本章根据每期股票价格、每股净资产、净资产收益率,通过贴现计算得到公司各年的权益资本成本。参照 Minnis(2011),本章采用企业 i 在第 t 年的利息支出除以年末和年初负债的平均值,计算得到企业各年的债务资本成本。本章根据权益、债务的占比计算出企业各年的加权平均资本成本。表 8-7 的列(1)中,因变量为加权平均资本成本(WACC),其回归系数显著为 -0.809,在 5% 水平上显著。这一结果表明,事件发生后,相比于未被强制披露社会责任报告的控制组企业,被强制披露社会责任报告的实验组企业的融资成本显著降低。

进一步地,如果企业在事件发生前的融资约束程度较高,企业进行自主创新的融资需求更大,那么社会责任信息强制披露带来的融资促进作用,将对企业"卡脖子"技术创新产出有直观的推动作用,即可以大幅度提高企业自主创新能力。反之,如果企业在事件前的融资约束程度较低,此时社会责任信息强制披露带来的融资促进作用的边际效用就较低,其提升企业自主创新能力的作用有限。

本章通过分组回归来验证这一理论预测。具体而言,参考 Hadlock 和 Pierce(2009)、鞠晓生等(2013),本章构建 SA 指数以衡量企业的融资约束程度。如果事件发生前企业的融资约束程度位于行业平均值以下,则被划分至高融资约束组,反之则被划分至低融资约束组。本章分别对两组样本进行基于模型(8-1)的回归分析。表 8-7 列(2)为高融资约束组的回归结果,Treat×Post 交乘项的回归系数为 0.27,在 1% 的水

267

平上显著;列(3)为低融资约束组的回归结果,Treat×Post 交乘项的回归系数为 0.046,并不显著;两组回归系数的差异显著($p<0.000$),即高融资约束组的回归系数显著高于低融资约束组。这一结果支持了我们的预测,即社会责任信息强制披露对企业"卡脖子"技术创新的促进作用在融资约束程度较大的企业中更加显著。

表 8-7 融资机制检验

变量	(1) WACC	(2) Bottleneck Technology$_{adj}$ 高融资约束	(3) Bottleneck Technology$_{adj}$ 低融资约束
Treat×Post	−0.809**	0.270***	0.046
	(0.038)	(0.002)	(0.309)
Post	0.324	−0.068	0.076
	(0.593)	(0.636)	(0.277)
控制变量	控制	控制	控制
固定效应	Firm FE, Year FE	Firm FE, Year FE	Firm FE, Year FE
组间差异检验		0.224***	
		(0.000)	
R^2	0.777	0.560	0.447
观测值	3492	1737	1755

注:(1)***、**、* 分别表示在 1%、5%、10% 的统计水平上显著;(2)括号内数字为 p 值。

总体而言,上述结果支持了社会责任信息强制披露对企业"卡脖子"技术创新的第一条影响机制,即社会责任信息强制披露可以降低企业的融资成本,通过提升企业的融资能力,使企业更容易获得满足自主创新活动的外部资金,从而提高企业的"卡脖子"技术创新水平。

二、人才吸引机制

社会责任信息强制披露对企业自主创新的第二条影响机制是：社会责任信息强制披露通过体现企业对社会责任的履行，从而使企业吸引更多满足自主创新需求的研发人才。强制披露社会责任报告促进企业披露更多社会责任活动相关的信息，因而将从以下两个方面影响企业研发人力资本的储备：第一，当企业社会责任信息披露体现出企业对员工权益保护的注重时，企业将更可能获得员工的信任感，进而吸引更多高质量研发人才的加入，而 Cooke 等（1999）发现，优秀人才的加入能够为企业提供强大的创新支持；第二，Flammer 等（2019）发现，企业社会责任活动参与度提升，会减弱企业员工加入竞争对手公司的倾向，即使员工加入竞争对手企业，他们将原企业宝贵信息泄露给竞争对手企业的可能性也会降低，这将减少原企业的知识溢出。基于上述分析，本章推测：企业被强制披露社会责任报告后，更容易吸引研发人才。

为证实上述理论预测，本章首先进行如下检验。本章采用企业研发人员的数量变化来度量研发员工增长（R&D Employment Growth），即企业 i 第 t 年的研发人员数量取自然对数，减去第 $t-1$ 年的研发人员数量取自然对数。表 8-8 的列（1）中，因变量为研发员工增长（R&D Employment Growth），其回归系数显著为 0.571，在 1% 水平上显著。这一结果表明，事件发生后，相比于未被强制披露社会责任报告的控制组企业，被强制披露社会责任报告的实验组企业的创新人才规模增幅显著提升。

进一步地，对于人才需求较大的企业之间的人才争夺战也更加激烈。同时，高水平人才更看重个人权益，且容易跳槽。Chen 等（2018）的研究发现,被强制披露社会责任信息后,企业的员工工伤率显著降低,这说明社会责任信息强制披露有助于企业加强对员工权益的保护,从而使企业在人才竞争中占据优势地位。因此本章预期,如果企业所属行业是高科技行业或是人才需求较高的行业,企业社会责任信息强制披露吸引的人才将对企业"卡脖子"技术创新产出有明显的推动作用。反之,如果企业所属行业是非高科技行业或是对人才需求程度较低的行业,社会责任信息强制披露带来的人才吸引作用的边际效用就较低,对提升企业自主创新能力的作用也有限。

本章通过分组回归来验证这一理论预测。具体而言,本章选择两类指标进行分组检验。首先,参照 Hall 和 Trajtenberg(2005)的思想,本章根据中国证监会发布的《上市公司行业分类指引》(2001 版)对企业的行业类别进行分类。如果企业所属的行业类别及其前两位代码属于石油化工(C4)、电子(C5)、金属和材料(C6)、机械设备(C7)、制药和生物技术(C8)、信息技术(G)这些行业,则划分至高科技企业,反之则划分至非高科技企业。本章分别对两组样本进行基于模型(8-1)的回归分析。表 8-8 列(2)为高科技企业组的回归结果,Treat×Post 交乘项的回归系数为 0.158,在 5% 的水平上显著;列(3)为非高科技企业组的回归结果,Treat×Post 交乘项的回归系数为 0.024,并不显著;两组回归系数的差异显著($p=0.003$),即高科技企业组的回归系数显著高于非高科技企业组。其次,本章计算事件发生前各个行业的平均研发人员规模。如果企业所属行业的研发人员规模位于行业平均值以上,则将企业划分至高人才需求组,反之则将企业划分至低人才需求组。本章同样分别对两组样本进行基于模型(8-1)的回归分析。表 8-8 列(4)为高人才需求组的回归结果,Treat×Post 交乘项的回归系数为 0.232,在 1% 的水平上显著;列(5)为低人才需求组的回归结果,Treat

×Post 交乘项的回归系数为 0.042,并不显著;两组回归系数的差异显著($p<0.000$),即高人才需求组的回归系数显著高于低人才需求组。上述结果均支持了本章的预测,即社会责任信息强制披露对企业"卡脖子"技术创新的促进作用在人才需求程度较大的企业中更加显著。

表 8-8 人才机制检验

变量	(1) R&D Employment Growth	(2) 高科技企业	(3) 非高科技企业	(4) 高人才需求	(5) 低人才需求
		\multicolumn{4}{c}{Bottleneck Technology$_{adj}$}
Treat×Post	0.571***	0.158**	0.024	0.232***	0.042
	(0.006)	(0.038)	(0.406)	(0.000)	(0.466)
Post	−0.394	0.071	−0.053	−0.011	−0.020
	(0.237)	(0.527)	(0.399)	(0.914)	(0.783)
控制变量	控制	控制	控制	控制	控制
固定效应	Firm FE, Year FE	Firm FE, Year FE	Firm FE, Year FE	Firm FE, Year FE	Firm FE, Year FE
组间差异检验		\multicolumn{2}{c}{0.134*** (0.003)}	\multicolumn{2}{c}{0.190** (0.000)}
R^2	0.598	0.541	0.363	0.552	0.448
观测值	1754	2009	1483	1831	1661

注:(1)***、**、*分别表示在 1%、5%、10%的统计水平上显著;(2)括号内数字为 p 值。

总体而言,本节的研究结果支持了社会责任信息披露强制对"卡脖子"技术创新的第二个影响机制,即社会责任信息强制披露使企业的研发人员规模增幅更大,企业获得更多进行自主创新活动的人力资本,从而提高"卡脖子"技术创新水平。

三、治理提升机制

社会责任信息强制披露对企业自主创新的第三条影响机制是社会责任信息强制披露通过提升企业的治理水平,缓解企业治理问题对企业实现关键核心技术突破产生的不利影响。社会责任信息强制披露可能在两个方面发挥作用:第一,由于披露了更多信息,企业所面临的来自外部利益相关者的监管压力增加。已有研究表明,信息披露有利于各类外部参与者对企业管理者进行监督,从而促进管理者改善管理决策,提高企业投资效率(Bushman et al. 2001;Lambert et al.,2007),且社会责任信息披露能够降低有害监管行为的风险(Hillman et al.,2001),由此产生的压力反过来又能够激励企业(Christensen et al.,2022)。第二,社会责任信息强制披露会使同行企业之间加强学习、参照和比较,这会对企业形成约束与激励。现有文献表明,管理者能够从同行的社会责任报告中学习并调整管理决策(Beatty et al.,2013;Chen et al.,2013;Shroff,2017)。同时,社会责任信息披露能够促进企业间互相学习,降低企业设定基准的成本(Tomar,2023)。基于上述分析,本章推测:社会责任信息强制披露能够督促企业管理者保证企业内部有效运行,使企业的内部治理水平提升。

为证实上述理论预测,本章首先进行如下检验。我们采用迪博中国上市公司内部控制指数来衡量企业的内部控制水平(IC Index)。该指标越大,表明企业的内部控制水平越高。表 8-9 的列(1)中,因变量为内部控制水平(IC Index),其回归系数为 0.293,在 1% 水平上显著。这一结果表明,事件发生后,相比于未被强制披露社会责任报告的控制组企业,被强制披露社会责任报告的实验组企业的内部控制水平增幅显著提升。

进一步地,本章从两个视角展开异质性分析。从内部治理的视角来看,如果事件发生前企业的代理问题较严重,那么可以预期,此情景下社会责任信息强制披露对企业治理的改善,以及由此对企业"卡脖子"技术创新产出产生的促进作用将更明显,即企业社会责任信息强制披露可以通过缓解代理问题提高企业自主创新能力。反之,如果事件发生前企业的代理问题较轻微,则社会责任信息强制披露对企业治理的改善作用的边际效应较弱,即社会责任信息强制披露对企业自主创新能力的提升作用有限。从外部治理的视角来看,如果事件发生前企业的外部监督程度较低,那么社会责任信息强制披露对企业治理的推动,以及由此对企业"卡脖子"技术创新产出的促进作用将更明显,即企业社会责任信息强制披露可以通过加强外部治理效应来提高企业的自主创新能力。反之,如果事件发生前企业的外部监督程度较强,则社会责任信息强制披露对企业治理的推动作用的边际效应较弱,即社会责任信息强制披露对企业自主创新能力的提升作用有限。

本章选择两类指标对上述理论预测进行分组检验。第一,从内部治理的视角来看,由于大股东之间的关联交易行为是内部代理问题严重的表现之一(Jiang et al.,2010;窦欢 等,2017),本章采用企业当年关联交易总额除以总资产来度量企业的代理问题。如果事件前企业的关联交易额位于行业平均值以上则划分至高关联交易组,反之则划分至低关联交易组。本章分别对两组样本进行基于模型(8-1)的回归分析。表8-9列(2)为关联交易额较高的企业的回归结果,Treat×Post 交乘项的回归系数为0.210,在1%的水平上显著;列(3)为关联交易额较低的企业的回归结果,Treat×Post 交乘项的回归系数为0.042,并不显著;两组回归系数的差异显著($p=0.001$),表明高关联交易组的回归系数显著高于低关联交易组。

第二,从外部治理的视角来看,作为外部股东的代表,机构投资者能够发挥积极的治理作用(Aggarwal et al.,2011;窦欢 等,2017),因此本章采用机构投资者持股比例来度量企业的外部监督效果。如果事件发生前企业的机构投资者持股比例位于行业平均值以上,则划分至高机构持股组,反之则划分至低机构持股组。本章同样分别对两组样本进行基于模型(8-1)的回归分析。表 8-9 列(4)为机构持股比例较高的企业的回归结果,Treat×Post 交乘项的回归系数为 0.087,并不显著;列(5)为机构持股比例较低的企业的回归结果,Treat×Post 交乘项的回归系数为 0.183,在 1%的水平上显著;两组回归系数的差异显著($p=0.059$),表明高机构持股组的回归系数显著低于低机构持股组。

上述结果支持了本章的预测,即社会责任信息强制披露对于治理问题较严重的企业的"卡脖子"技术创新有更加显著的促进作用。

表 8-9 治理机制检验

变量	(1)	(2)	(3)	(4)	(5)
	IC Index	BottleneckTechnology$_{adj}$			
		关联交易额较高	关联交易额较低	机构持股比例较高	机构持股比例较低
Treat×Post	0.293***	0.210***	0.042	0.087	0.183***
	(0.007)	(0.003)	(0.499)	(0.238)	(0.001)
Post	0.098	0.011	−0.006	0.088	−0.219***
	(0.620)	(0.918)	(0.947)	(0.278)	(0.006)
控制变量	控制	控制	控制	控制	控制
固定效应	Firm FE,Year FE	Firm FE,Year FE	Firm FE,Year FE	Firm FE,Year FE	Firm FE,Year FE
组间差异检验		0.168***		−0.096*	
		(0.001)		(0.059)	
R^2	0.647	0.533	0.509	0.556	0.477
观测值	3492	1703	1789	1843	1649

注:(1)***、**、* 分别表示在 1%、5%、10%的统计水平上显著;(2)括号内数字为 p 值。

总体而言,本节的研究结果支持了社会责任信息披露强制对企业"卡脖子"技术创新的第三条影响机制,即社会责任信息强制披露使企业的内部控制水平提升,通过改善企业内外部治理情况,提升企业的"卡脖子"技术创新水平。

第八章 社会责任信息强制披露与企业核心技术突破

第六节 进一步分析

根据前文的分析可知,社会责任信息强制披露对企业的"卡脖子"技术创新水平具有正面的影响,那么这一效应是否存在于其他类型的技术创新中?为了进一步检验社会责任信息强制披露是否对非关键核心技术创新产生影响,本章将模型(8-1)的因变量替换为经调整的一般技术专利数,即经调整的企业 i 第 $t+1$ 年的发明专利数减去经调整的"卡脖子"技术专利数。为进行对比,表 8-10 的列(1)列示了社会责任信息强制披露对"卡脖子"技术创新的影响(同表 8-4);列(2)列示了社会责任信息强制披露对一般技术创新的影响,结果显示,Treat×Post 交乘项的回归系数并不显著。上述结果表明,社会责任信息强制披露对企业"卡脖子"技术创新存在显著的促进作用,对企业非关键核心技术创新没有显著的影响。换言之,社会责任信息强制披露之所以具有创新提升效应,是因为它提高了企业的自主创新能力。

表 8-10 社会责任信息强制披露对企业"卡脖子"技术创新与一般技术创新的影响

变量	(1) "卡脖子"技术创新	(2) 一般技术创新
Treat×Post	0.143***	1.391
	(0.003)	(0.112)
Post	−0.012	0.538
	(0.859)	(0.551)
控制变量	控制	控制
固定效应	Firm FE, Year FE	Firm FE, Year FE
R^2	0.510	0.683
观测值	3492	3492

注:(1)***、**、* 分别表示在 1%、5%、10% 的统计水平上显著;(2)括号内数字为 p 值。

既然社会责任信息强制披露能够帮助企业获得更多资金和人力支持，又为何仅仅提升促进了企业"卡脖子"技术创新，而对企业一般技术创新没有影响？本章从以下两方面进行阐释：第一，从微观层面来看，"卡脖子"技术由于其稀缺性与重要性，导致其更可能是通过企业内部自主研发获得，这极大地增加了企业对资金和研究技术人员人力的需求。企业的技术获取通常有两类途径：一类是通过内部自主创新获得，另一类是通过外部并购获得。对于"卡脖子"技术创新而言，由于面临着专利壁垒、技术封锁、投资限制等困境，企业更多是通过自主研发的途径获得，这需要强有力的资金和人力支持；而对于一般技术创新，通过外部并购获取技术是更快速和便捷的途径，因而资金和人力的支持相对被弱化。第二，从宏观层面来看，实现关键核心技术突破是当前我国发展的重大需求，政府也推出了相应政策性工具引导资金和人才流向国家重点支持的产业，即更可能形成"卡脖子"技术的产业。而政府对资金和人才的引导对科技创新的主体——企业的关键技术研发具有重要影响。受政府的引导，资金和人才很可能主要流入关键核心技术突破产业，因此这些产业内的企业更可能因为社会责任信息强制披露而吸引资本市场与劳动力市场的关注，融资与人力条件得以改善，企业"卡脖子"技术创新进而增加。

本章也分别对以上两方面的分析进行了实证检验。首先，根据企业是否有外部并购行为，对样本进行分组。具体而言，本章收集了样本期间内发生的并购事件，并根据以下条件进行筛选：第一，并购事件的实施进度为"完成"；第二，上市公司的交易地位为"买方"；第三，并购双方无关联关系；第四，剔除并购交易金额小于100万元人民币的并购事件。根据上述条件筛选获得并购事件，然后将每家企业同一年度的并购事件进行合并。若企业在事件发生前存在并购行为则划分至并购

第八章 社会责任信息强制披露与企业核心技术突破

组,否则划分至非并购组。表8-11的A栏报告了实证结果。可以发现,对于"卡脖子"技术创新,Treat×Post交乘项的回归系数仅在非并购组中显著为正,在并购组中并不显著;对于一般技术创新,Treat×Post交乘项的回归系数仅在并购组中显著为正,在非并购组中并不显著。这一结果表明,企业很可能通过对资金和人力需求极大的自主研发这一途径获得"卡脖子"创新技术,通过外部并购获得其他类型的创新技术。

其次,本章根据企业所在地的政府引导基金的活跃程度,来判断企业所在地区政府对于战略性新兴产业和关键核心技术领域的引导力度,因为政府引导基金旨在为契合国家发展主线的重大产业提供资金支持,是解决核心技术突破难题的有效政策性金融工具(吴超鹏 等,2023)。如果企业所在地区的政府宏观引导作用较大,因披露企业社会责任信息而吸引的资源将更容易流向关键核心技术突破产业,进而引导相应产业的企业进行"卡脖子"技术突破。本章按照企业所在城市是否为政府引导基金活跃地区对样本进行分组检验。[①] 实证结果报告于表8-11的B栏。可以发现,对于"卡脖子"技术创新,Treat×Post交乘项的回归系数仅在政府引导力度较大的组中显著为正;对于一般技术创新,Treat×Post交乘项的回归系数不显著。上述结果说明宏观政策的引导促使更多资源流向了战略性新兴产业,促使该产业内的企业进行关键核心技术突破,进而提升企业的"卡脖子"技术创新水平。

[①] 根据清科研究中心公布的"中国政府引导基金50强榜单",本章将苏州市、深圳市、上海市、杭州市、广州市、南京市、武汉市、北京市、厦门市、无锡市定义为政策引导力度较大的地区,即这些地区的政府更可能引导当地企业进行关键核心技术突破。

社会责任信息披露与企业长期竞争力研究

表 8-11　不同情形下社会责任信息强制披露对"卡脖子"技术创新与一般技术创新的影响

A栏:外部并购行为

变量	(1)	(2)	(3)	(4)
	"卡脖子"技术创新		一般技术创新	
	并购组	非并购组	并购组	非并购组
Treat×Post	0.064	0.154***	2.399**	0.876
	(0.405)	(0.006)	(0.019)	(0.388)
Post	0.073	−0.037	−0.338	0.544
	(0.395)	(0.711)	(0.786)	(0.630)
控制变量	Yes	Yes	Yes	Yes
固定效应	Firm FE, Year FE	Firm FE, Year FE	Firm FE, Year FE	Firm FE, Year FE
组间差异检验	−0.090*		1.523**	
	(0.077)		(0.022)	
R^2	0.570	0.498	0.695	0.691
观测值	1098	2394	1098	2394

B栏:宏观政策引导

变量	(1)	(2)	(3)	(4)
	"卡脖子"技术创新		一般技术创新	
	政府引导力度较大	政府引导力度较小	政府引导力度较大	政府引导力度较小
Treat×Post	0.189***	0.097	1.808	0.758
	(0.002)	(0.119)	(0.260)	(0.449)
Post	−0.038	0.026	0.178	0.644
	(0.731)	(0.708)	(0.918)	(0.517)
控制变量	控制	控制	控制	控制
固定效应	Firm FE, Year FE	Firm FE, Year FE	Firm FE, Year FE	Firm FE, Year FE
组间差异检验	0.092*		1.050	
	(0.082)		(0.101)	
R^2	0.574	0.496	0.721	0.678
观测值	1245	2247	1245	2247

注:(1)***、**、*分别表示在1%、5%、10%的统计水平上显著;(2)括号内数字为p值。

第八章　社会责任信息强制披露与企业核心技术突破

第七节　本章小结

首先,本章以中国上市公司为研究样本,利用企业被强制披露社会责任报告这一外生场景,采用时间错列的 PSM-DID 方法,检验强制披露社会责任报告对企业自主创新的作用效果和影响机制,发现社会责任信息强制披露能够提升企业的"卡脖子"技术创新水平。其次,本章检验了社会责任信息强制披露对企业自主创新能力的三种影响机制:第一,社会责任信息强制披露通过降低企业的融资成本,使得企业更容易获得进行自主创新的低成本资金,从而提高"卡脖子"技术创新产出;第二,社会责任信息强制披露通过吸引更多研发人员,使得企业获得更多进行自主创新的人才,从而提高"卡脖子"技术创新水平;第三,社会责任信息强制披露通过提升企业的内部控制水平,使得企业的内外部治理问题有所缓解,从而提升"卡脖子"技术创新产出。最后,本章检验上述机制是否存在于一般类型的技术创新中,发现社会责任信息强制披露对企业非"卡脖子"技术创新不存在显著影响。

本章的研究结论具有重要的理论意义和现实意义。首先,本章的研究揭示出社会责任信息强制披露对经济高质量发展引擎——企业"卡脖子"技术创新的正面影响,为社会责任信息强制披露的自主创新效应提供了直接证据。其次,本章研究表明,政府可以通过强制企业披露社会责任报告,提升企业的自主创新实力,在全球化竞争和国家间科技摩擦加剧的严峻形势下,这一研究结论对于我国解决关键核心技术突破难题具有重要意义。最后,本章结论对于企业具有重要启示。虽然一些研究表明社会责任信息强制披露短期内对企业盈利能力有不利影响(Chen et al.,2018),但本章的发现说明社会责任信息强制披露有助于企业实现关键核心技术的根本性创新,因此社会责任信息披露很可能是企业实现长远发展的基石。

第九章 研究结论、启示与展望

第一节 研究结论

随着世界各国对经济和环境的可持续发展的关注，越来越多的国家要求企业披露社会责任信息。社会责任信息披露对于监管层、投资者和利益相关者都非常重要。虽然现有文献对社会责任信息披露的经济后果做了一些讨论，但由于社会责任信息披露具有独特性，其社会政治效益在中国背景下可能更加突出。一个很重要但却尚未经系统研究的问题产生：在中国制度背景下，社会责任信息披露究竟对企业的长期竞争力有何种影响？换言之，从投融资角度来看，社会责任信息披露如何与中国（或发展中国家）相关的制度因素相互作用？这个问题非常重要，不仅仅因为社会责任信息强制披露已经成为世界各国促进经济和环境可持续发展的一种重要举措，而且因为企业的投融资行为决定了企业的长期竞争力及其为利益相关者创造价值的方向。

本书以中国的上市公司为样本，利用不同企业在不同的时点被强制披露社会责任报告这一外生冲击，采用双重差分的方法，检验了强制披露社会责任报告（信息）对企业融资能力、投资战略、员工增长、创新绩效和核心技术突破能力的作用效果,即对企业的资金来源、资金使用以及产出绩效这一过程的影响,得到的主要结论如下。

第一,社会责任信息强制披露能够降低企业的融资成本,提高企业的融资增量和融资存量。影响机理在于,社会责任信息强制披露能够提升被强制披露企业的社会责任表现,进而通过减少代理问题、降低企业风险、提高信息透明度、提高企业合法性,形成对企业融资能力的影响效应。此外,社会责任报告强制披露对于企业融资能力的提升作用主要在非国有企业、具有实质性的社会责任履行成效的企业,以及资本密集程度较高、客户集中度较低、所处制度环境较好的企业中有所体现。

第二,社会责任信息强制披露会降低企业的总投资规模,使企业更注重内部拓展式的投资战略(研发投资),并减弱外部投资动机。机制检验表明,社会责任信息强制披露通过降低管理层道德风险与信息不对称程度、提高投资者关注度,进而对企业的投资战略产生影响。同时,社会责任信息强制披露对企业投资战略的作用效果会在企业面临现金压力以及较高的政策外部性时体现。此外,社会责任信息强制披露下主导的投资战略能够提高企业的投资效率,并提升企业的财务业绩。

第三,社会责任信息强制披露能够提升企业员工增长幅度。社会责任信息强制披露对企业员工增长的影响,主要集中于人力资本密集型企业、高科技行业和国有企业中。此外,社会责任信息强制披露虽然促进了本企业的员工增长,但对同侪企业的员工规模产生了挤出效应,这意味着社会责任信息强制披露有助于实现劳动力资源的再分配。

第四,社会责任信息强制披露能够提升企业的创新产出数量和质量。本书主要讨论了四种影响路径:首先,社会责任信息强制披露可以降低企业的股权资本成本,使得企业有能力获得更多外部融资,从而促进企业创新;其次,社会责任信息强制披露使得企业更可能履行企业社会责任,进而吸引到更多的研发人员,提升研发人员的创新效率,从而促进企业创新;再次,进行社会责任信息披露的企业更容易获得政府的支持,进而获得更多政府科研补贴,从而提升创新实力;最后,进行社会责任信息披露的企业为降低成本、节约能源,其环保型专利水平会提高,总体创新产出水平也会相应提高。

第五,社会责任信息强制披露能够提升企业的"卡脖子"技术突破能力。本书探讨了三种影响机制:其一,社会责任信息强制披露显著降低了企业的融资成本,提升了企业的融资能力,进而提高了企业的"卡脖子"技术突破水平;其二,社会责任信息强制披露能够为企业吸引研发人员加入,从而提高企业的"卡脖子"技术突破水平;其三,社会责任信息强制披露有利于企业的治理水平提升,通过改善企业的内外部治理情况,提升企业的"卡脖子"技术突破水平。本书还进一步揭示了社会责任信息强制披露之所以具有创新效应,是因为其提高了企业的自主创新能力。

综上,本书从微观层面评估了中国制度背景下的社会责任报告强制披露政策的实施效果,证实了社会责任信息强制披露对企业融资能力的提升作用,对企业投资战略的完善作用,对企业劳动力资源配置的促进作用,对企业创新绩效以及核心技术突破的推动作用。

第二节 研究启示

社会责任报告强制披露是中国信息披露政策的重要制度变迁,本书的研究结论对于监管部门、企业以及投资者都具有重要的管理实践意义和政策启示。

对于政府监管部门来说:本书的研究表明政府可以通过强制企业披露社会责任报告,促进企业提高社会责任水平,从而推动企业长期竞争力的提升。政府作为监管角色的介入能够影响企业决策,为资本市场监管部门制定和完善关于企业社会责任履行和披露的政策法规提供决策依据和参考。

对于企业而言:本书对社会责任信息强制披露与企业融资能力、投资战略、劳动力资源配置、创新绩效、技术突破实力之间关系的揭示,有助于企业全面认识承担社会责任并进行披露的经济后果。虽然一些研究表明强制披露社会责任报告短期内对企业盈利能力有不利的影响(Chen et al.,2018),但本书的研究结论说明社会责任信息强制披露有助于提升企业的长期竞争力,因此在长期内很可能有助于企业绩效的提升。这一结论为企业提供了优化融资环境及投资战略、制定投资决策、提高企业价值的新思路。

对于投资者来说:本书的研究结论有助于投资者更全面地理解和评估企业社会责任及其披露行为与企业价值之间的关系。本书的研究发现,社会责任信息披露能够积极影响企业的投融资行为、劳动力行为决策和技术创新实力,进而提升企业的长期竞争力。因此,风险投资者和机构投资者在选择目标投资公司时,企业的社会责任信息披露情况是其重要的参考因素之一。此外,本书的研究也有助于个人投资者更全面地理解社会责任信息披露的意义,并为其评估企业价值以及参与股票市场交易提供参考意见。

第三节 研究展望

本书考察了中国制度背景下的社会责任信息披露政策对企业长期竞争力的影响,有助于学术界更好地理解企业行为与公司绩效的影响因素,也有利于更全面和客观地探讨社会责任信息披露对企业价值的影响。然而,本书只是进行了探索性的考察,不可避免地会存在一些不足之处,对于社会责任信息披露在公司财务领域中产生的真实效应还有待更加深入和系统的研究。

首先,对社会责任信息披露真实效应的综合评估有待更深入的探讨。本书已证实了社会责任信息强制披露具有"倒逼效应",能够促使企业加大社会责任活动的投入。但是,社会责任型投入的加大对其他投资项目产生了资金挤出效应,这也是本书第五章得出的结论。因此,如何综合评估社会责任信息强制披露政策的净效应有待进一步思考。

其次,社会责任信息披露质量的衡量标准有待完善。本书对于企业社会责任信息披露行为的探讨仅停留在企业是否(被强制)披露的层面上。有别于企业的财务报告,现有法规尚未要求第三方机构审验企业的社会责任报告,这导致企业社会责任报告数据的可比性、可靠性以及可信度都值得深究。因此,如何合理评估企业社会责任报告的披露质量是未来的研究需要做进一步探讨的方面。

再次,未来的研究需要结合中国制度因素进一步探究企业社会责任信息披露的社会政治效益。如前所述,有别于财务信息披露和其他非财务信息披露,社会责任信息披露具有独特性,因为目前我国尚出台统一和具体的披露标准,这就导致企业社会责任信息披露的社会政治效益在中国的制度背景下可能更加突出。一般来说,根据经济学和社会政治的披露理论(Clarkson et al.,2008),企业社会责任信息披露具有经济效益(例如本书所揭示的对企业融资的正向效应)和社会政治效益(例如本书所证明的对员工增长的正向效应)。然而,本书尚未对社会责任信息披露的社会政治利益做充分的挖掘。这是十分具有现实意义的研究问题,因为在中国的制度背景下,可以对社会责任信息披露的社会政治利益进行更多探究。因此,未来的研究需要利用与中国相关的制度因素,进一步深入挖掘企业社会责任信息披露的真实效益。

最后,社会责任信息强制披露对企业长期竞争力的影响还有待更全面的考察。已有文献表明社会责任信息强制披露短期内对企业盈利能力会产生不利影响(Chen 等,2018),但本书的研究发现强制披露社会责任信息有助于提升企业的创新绩效与核心技术突破实力,因此从长期来看,社会责任信息强制披露很可能有助于提升企业的绩效。未来的研究可以进一步关注社会责任信息强制披露对企业长期绩效的影响,如对企业有形资产、无形资产的长期投资,以及对企业人力资本长期投入等方面的影响。

上述问题的研究有助于学术界更加全面和系统地理解和评估社会责任信息这一非财务信息的披露对企业行为的影响,进而为公司财务领域的跨学科研究作出重要贡献。

参考文献

安铁雷,2010.企业扩张方式分类及比较研究[J].经济师(4):53-54.

才国伟,吴华强,徐信忠,2018.政策不确定性对公司投融资行为的影响研究[J].金融研究(3):89-104.

曹亚勇,王建琼,于丽丽,2012.公司社会责任信息披露与投资效率的实证研究[J].管理世界(12):183-185.

曾爱民,傅元略,魏志华,2011.金融危机冲击、财务柔性储备和企业融资行为:来自中国上市公司的经验证据[J].金融研究(10):155-169.

曾爱民,魏志华,张纯,等,2020.企业社会责任:"真心"抑或"幌子"?:基于高管内幕交易视角的研究[J].金融研究(9):154-171.

曾颖,陆正飞,2006.信息披露质量与股权融资成本[J].经济研究(2):69-79.

陈冬华,陈信元,万华林,2005.国有企业中的薪酬管制与在职消费[J].经济研究(2):92-101.

陈国辉,关旭,王军法,2018.企业社会责任能抑制盈余管理吗?:基于应规披露与自愿披露的经验研究[J].会计研究(3):19-26.

陈劲,阳镇,朱子钦,2020."十四五"时期"卡脖子"技术的破解:识别框架、战略转向与突破路径[J].改革(12):5-15.

陈峻,王雄元,彭旋,2015.环境不确定性、客户集中度与权益资本成本[J].会计研究(11):76-82.

陈友银,2016.企业社会责任信息披露、融资约束与R&D投资的关系研究[D].福州:福州大学.

陈玉清,马丽丽,2005.我国上市公司社会责任会计信息市场反应实证分析[J].会计研究(11):76-81.

程新生,谭有超,刘建梅,2012.非财务信息、外部融资与投资效率:基于外部制度约束的研究[J].管理世界(7):137-150.

窦欢,陆正飞,2017.大股东代理问题与上市公司的盈余持续性[J].会计研究(5):32-39.

段云,李菲,2014.QFII对上市公司持股偏好研究:社会责任视角[J].南开管理评论(1):44-50.

冯丽艳,2017.社会责任表现对权益资本成本的影响机制研究[D].北京:北京交通大学.

高勇强,陈亚静,张云均,2012."红领巾"还是"绿领巾":民营企业慈善捐赠动机研究[J].管理世界(8):106-113.

何贤杰,肖土盛,陈信元,2012.企业社会责任信息披露与公司融资约束[J].财经研究(8):60-71.

贺远琼,刘路明,田志龙,等,2022."政产学用"如何驱动"卡脖子"技术的双核创新?:基于华中数控的纵向案例研究[J/OL].南开管理评论(9).

洪道麟,刘力,熊德华,2006.多元化并购、企业长期绩效损失及其选择动因[J].经济科学(5):63-73.

洪敏,张涛,张柯贤,2019.企业社会责任信息披露与资本配置效率:基于强制性信息披露的准自然实验[J].哈尔滨商业大学学报(社会科学版)(4)：54-64.

胡登峰,黄紫微,冯楠,等,2022.关键核心技术突破与国产替代路径及机制:科大讯飞智能语音技术纵向案例研究[J].管理世界(5)：188-209.

黄世忠,2021.支撑ESG的三大理论支柱[J].财会月刊(19)：3-10.

江轩宇,申丹琳,李颖,2017.会计信息可比性影响企业创新吗[J].南开管理评论(4)：82-92.

姜付秀,张敏,刘志彪,2008.并购还是自行投资:中国上市公司扩张方式选择研究[J].世界经济(8)：77-84.

姜付秀,张敏,陆正飞,等,2009.管理者过度自信、企业扩张与财务困境[J].经济研究(1)：131-143.

姜付秀,支晓强,张敏,2008.投资者利益保护与股权融资成本:以中国上市公司为例的研究[J].管理世界(2)：117-125.

殷格非,于志宏,管竹笋,2021.金蜜蜂中国企业社会责任报告研究[M].北京:社会科学文献出版社.

鞠晓生,卢荻,虞义华,2013.融资约束、营运资本管理与企业创新可持续性[J].经济研究(1)：4-16.

李磊,蒋殿春,王小霞,2017.企业异质性与中国服务业对外直接投资[J].世界经济(11)：47-72.

李善民,黄志宏,郭菁晶,2020.资本市场定价对企业并购行为的影响研究:来自中国上市公司的证据[J].经济研究(7)：41-57.

李善民,朱滔,2006.多元化并购能给股东创造价值吗?:兼论影响多元化并购长期绩效的因素[J].管理世界(3)：129-137.

李姝,谢晓嫣,2014.民营企业的社会责任、政治关联与债务融资:来自中国资本市场的经验证据[J].南开管理评论(6)：30-40.

李姝,赵颖,童婧,2013. 社会责任报告降低了企业权益资本成本吗?: 来自中国资本市场的经验证据[J]. 会计研究(9):64-70.

李维安,2005. 公司治理学[M]. 北京:高等教育出版社:306-307.

李云鹤,2014. 公司过度投资源于管理者代理还是过度自信[J]. 世界经济(12):95-117.

林钟高,郑军,卜继栓,2015. 环境不确定性、多元化经营与资本成本[J]. 会计研究(2):36-43.

刘启亮,罗乐,何威风,等,2012. 产权性质、制度环境与内部控制[J]. 会计研究(3):52-61.

刘姝雯,刘建秋,阳旸,等,2019. 企业社会责任与企业金融化:金融工具还是管理工具?[J]. 会计研究(9):57-64.

罗宏,曾永良,刘宝华,2015. 企业扩张、激励不足与管理层在职消费[J]. 会计与经济研究(1):24-40.

马胡杰,徐泰玲,石肖然,2013. 社会资本、制度环境与企业社会责任:基于2009—2011年A股上市公司面板数据[J]. 首都经济贸易大学学报(3):85-94.

马金城,张力丹,罗巧艳,2017. 管理层权力、自由现金流量与过度并购:基于沪深上市公司并购数据的实证研究[J]. 宏观经济研究(9):31-40.

聂力兵,龚红,赖秀萍,2024. 唤醒"沉睡专利":知识重组时滞、重组频率与关键核心技术创新[J/OL]. 南开管理评论.

潘越,戴亦一,林超群,2011. 信息不透明、分析师关注与个股暴跌风险[J]. 金融研究(9):138-151.

彭韶兵,高洁,王昱升,2013. 企业社会责任履行异象及其分析[J]. 财经科学(5):52-61.

钱明,徐光华,沈弋,等,2017.民营企业自愿性社会责任信息披露与融资约束之动态关系研究[J].管理评论(29):163-174.

钱明,徐光华,沈弋,2016.社会责任信息披露、会计稳健性与融资约束:基于产权异质性的视角[J].会计研究(5):9-17.

沈洪涛,王立彦,万拓,2011.社会责任报告及鉴证能否传递有效信号?:基于企业声誉理论的分析[J].审计研究(4):87-93.

沈洪涛,杨熠,吴奕彬,2010.合规性、公司治理与社会责任信息披露[J].中国会计评论(3):363-376.

石大千,丁海,卫平,等,2018.智慧城市建设能否降低环境污染[J].中国工业经济(6):117-135.

石晓军,王骜然,2017.独特公司治理机制对企业创新的影响:来自互联网公司双层股权制的全球证据[J].经济研究(1):149-164.

宋娟,谭劲松,王可欣,等,2023.创新生态系统视角下核心企业突破关键核心技术"卡脖子":以中国高速列车牵引系统为例[J].南开管理评论(5):4-17.

唐伟,沈田田,2017.基于产权性质的企业社会责任与财务绩效关系[J].同济大学学报(自然科学版)(7):1083-1090.

田利辉,王可第,2017.社会责任信息披露的"掩饰效应"和上市公司崩盘风险:来自中国股票市场的 DID-PSM 分析[J].管理世界(11):146-157.

汪炜,蒋高峰,2004.信息披露、透明度与资本成本[J].经济研究(7):107-114.

王凯,黎友焕,2007.国内企业社会责任理论研究综述[J].WTO经济导刊(Z1):102-105.

王立彦,林小池,2006.ISO14000环境管理认证与企业价值增长

[J].经济科学(3):97-105.

王立彦,袁颖,2004.环境和质量管理认证的股价效应[J].经济科学(6):59-71.

王小鲁,樊纲,胡李鹏,2019.中国分省份市场化指数报告(2018)[M].北京:社会科学文献出版社.

王晓祺,宁金辉,2020.强制社会责任披露能否驱动企业绿色转型?:基于我国上市公司绿色专利数据的证据[J].审计与经济研究(4):69-77.

王亚平,刘慧龙,吴联生,2009.信息透明度、机构投资者与股价同步性[J].金融研究(12):162-174.

温军,冯根福,2012.异质机构、企业性质与自主创新[J].经济研究(3):53-64.

温忠麟,张雷,侯杰秦,等,2004.中介效应检验程序及其应用[J].心理学报(36):614-620.

吴超鹏,吴世农,程静雅,等,2012.风险投资对上市公司投融资行为影响的实证研究[J].经济研究(1):105-119.

吴超鹏,严泽浩,2023.政府基金引导与企业核心技术突破:机制与效应[J].经济研究(6):137-154.

夏清华,乐毅,2020."卡脖子"技术究竟属于基础研究还是应用研究?[J].科技中国(10):15-19.

肖翔,孙晓琳,谢诗蕾,2013.企业社会责任对融资约束的影响[J].统计研究(6):106-107.

肖翔,赵天骄,贾丽桓,2019.社会责任信息披露与融资成本[J].北京工商大学学报(社会科学版)(5):69-80.

辛清泉,林斌,王彦超,2007.政府控制、经理薪酬与资本投资[J].经济研究(8)：110-122.

徐士伟，陈德棉，陈鑫，等，2019.企业社会责任信息披露与并购绩效：垄断度与组织冗余的权变效应[J].北京理工大学学报(社会科学版)(1)：74-80.

薛南枝，吴超鹏，2023.社会责任信息强制披露的自主创新效应[J].会计研究(10)，19-32.

杨金坤，宋婕，张俊民，2019.强制社会责任披露与企业投资不足：投资挤出抑或拉动[J].山西财经大学学报(10)：100-112.

俞红海，徐龙炳，陈百助，2010.终极控股股东控制权与自由现金流过度投资[J].经济研究(8)：103-114.

张超，刘星，2015.内部控制缺陷信息披露与企业投资效率：基于中国上市公司的经验研究[J].南开管理评论(5)：136-150.

张纯，吕伟，2009.信息披露、信息中介与企业过度投资[J].会计研究(1)：60-65.

张倩，2015.环境规制对绿色技术创新影响的实证研究：基于政策差异化视角的省级面板数据分析[J].工业技术经济(7)：10-18.

赵选民，李瑾瑾，2020.客户集中度、媒体报道与企业社会责任信息披露[J].西安石油大学学报(社会科学版)(2)：51-60.

钟马，徐光华，2015.强制型社会责任披露与公司投资效率：基于准自然实验方法的研究[J].经济管理(9)：146-154.

钟覃琳，陆正飞，袁淳，2016.反腐败、企业绩效及其渠道效应：基于中共十八大的反腐建设的研究[J].金融研究(9)：161-176.

朱冰，张晓亮，郑晓佳，2018.多个大股东与企业创新[J].管理世界(7)：151-165.

朱乃平，朱丽，孔玉生，等，2014.技术创新投入、社会责任承担对财务绩效的协同影响研究[J].会计研究(2):57-95.

朱松,2011.企业社会责任、市场评价与盈余信息含量[J].会计研究(11):27-34.

ACHARYA V,AMIHUD Y,LITOV L,2011. Creditor rights and corporate risk-taking[J]. Journal of financial economics,102(1):150-166.

ACHARYA V,BAGHAI R,SUBRAMANIAN K,2014. Wrongful discharge laws and innovation[J]. Review of financial studies,27(1):301-346.

ACHARYA V,SUBRAMANIAN K,2009. Bankruptcy codes and innovation[J]. Review of financial studies,22(12):4949-4988.

ADHIKARI B K,AGRAWAL A,2016. Religion, gambling attitudes and corporate innovation[J]. Journal of corporate finance,37(4):229-248.

ADRA S,BARBOPOULOS L G,2018. The valuation effects of investor attention in stock-financed acquisitions[J]. Journal of empirical finance,45(1):108-125.

AGARWAL V,VASHISHTHA R,VENKATACHALAM M,2017. Mutual fund transparency and corporate myopia[J]. Review of financial studies,31(5):1966-2003.

AGGARWAL R,EREL I,FERREIRA M,MATOS P,2011. Does governance travel around the world? Evidence from institutional investors[J]. Journal of financial economics,100(1):154-181.

AGHION P,BLOOM N,BLUNDELL R,et al.,2005. Competition and innovation:an inverted-U relationship[J]. Quarterly journal of economics, 120(2): 701-728.

AGHION P, TIROLE J, 1994. The management of innovation[J]. Quarterly journal of economics, 109(4): 1185-1209.

AGHION P, VAN REENEN J, ZINGALES L, 2013. Innovation and institutional ownership[J]. American economic review, 103(1): 277-304.

AGRAWAL A, JAFFE J F, MANDELKER G N, 1992. The post-merger performance of acquiring firms: a re-examination of an anomaly[J]. The journal of finance, 47(4): 1605-1621.

AHMED A S, DUELLMAN S, 2013. Managerial overconfidence and accounting conservatism: managerial overconfidence[J]. Journal of accounting research, 51(1): 1-30.

AHN S, DENIS D J, DENIS D K, 2006. Leverage and investment in diversified firms[J]. Journal of financial economics, 79(2): 317-337.

AKTAS N, BODT E, COUSIN J, 2011. Do financial markets care about SRI? Evidence from mergers and acquisitions[J]. Journal of banking and finance, 35(7): 1753-1761.

ALMEIDA H, CAMPELLO M, 2007. Financial constraints, asset tangibility, and corporate investment[J]. Review of financial studies, 20(5): 1429-1460.

ALMEIDA P, KOGUT B, 1999. Localization of knowledge and the mobility of engineers in regional networks[J]. Management science, 45(7): 905-917.

AL-TUWAIJRI S A, CHRISTENSEN T E, HUGHESⅡ K E, 2004. The

relations among environmental disclosure, environmental performance, and economic performance: a simultaneous equations approach[J]. Accounting, organizations and society, 29(5): 447-471.

AMORE M, SCHNEIDER C, ZALDOKAS A, 2013. Credit supply and corporate innovation[J]. Journal of financial economics, 109(3): 835-855.

ANG J, CHENG Y, WU C, 2015. Trust, investment, and business contracting[J]. Journal of financial and quantitative analysis, 50(3): 569-595.

ARAS G, CROWTHER D, 2009. Corporate sustainability reporting: a study in disingenuity? Journal of business ethics, 87 (Suppl 1): 279-288.

AROURI M, GOMES M, PUKTHUANTHONG K, 2019. Corporate social responsibility and M&A uncertainty[J]. Journal of corporate finance, 56: 176-198.

ARYA B, ZHANG G, 2009. Institutional reforms and investor reactions to CSR announcements: evidence from an emerging economy[J]. Journal of management studies, 46(7): 1089-1112.

ATANASSOV J, 2013. Do hostile takeovers stifle innovation? Evidence from antitakeover legislation and corporate patenting[J]. Journal of finance, 68(3): 1097-1131.

ATANASSOV J, LIU X, 2020. Can corporate income tax cuts stimulate innovation[J]. Journal of financial and quantitative analysis, 55(5): 1415-1465.

AUTOR D, DORN D, HANSON G H, et al., 2020. Foreign competition and domestic innovation: evidence from US patents[J]. The American economic review insights, 2(2): 357-374.

AYYAGARI M, DEMIRGÜÇ-KUNT A, MAKSIMOVIC V, 2011. Firm innovation in emerging markets: the role of finance, governance, and competition[J]. Journal of financial and quantitative analysis, 46(6): 1545-1580.

AYYAGARI M, DEMIRGÜÇ-KUNT A, MAKSIMOVIC V, 2014. Bribe payments and innovation in developing countries: are innovating firms disproportionately affected[J]. Journal of financial and quantitative analysis, 49(1): 51-75.

BAI J, CARVALHO D, PHILLIPS G M, 2018. The impact of bank credit on labor reallocation and aggregate industry productivity [J]. The journal of finance, 73(6): 2787-2836.

BAI J, FAIRHURST D, SERFLING M, 2020. Employment protection, investment, and firm growth[J]. The review of financial studies, 33(2): 644-688.

BAKER M, JEREMY S, JEFFREY W, 2003. When does the market matter? Stock prices and the investment of equity dependent firms [J]. Quarterly journal of economics, 118(3): 969-1006.

BALSMEIER B, FLEMING L, MANSO G, 2017. Independent boards and innovation[J]. Journal of financial economics, 123(3): 536-557.

BARANCHUK N, KIESCHNICK R, MOUSSAWI R, 2014. Motivating innovation in newly public firms[J]. Journal of financial economics, 111(3): 578-588.

BARON R, KENNY D, 1986. The moderator-mediator variable distinction in social psychological research: conceptual, strategic, and statistical considerations[J]. Journal of personality and social psychology, 51(6): 1173-1182.

BAYAR O, CHEMMANUR T J, LIU M H, 2016. How to motivate fundamental innovation: subsidies versus prizes and the role of venture capital[J]. Working papers.

BEATTY A, LIAO S, YU J J, 2013. The spillover effect of fraudulent financial reporting on peer firms' investments[J]. Journal of accounting and economics, 55(2): 183-205.

BEBCHUK L, COHEN A, FERRELL A, 2009. What matters in corporate governance[J]. The review of financial studies, 22(2): 783-827.

BECCHETTI L, CICIRETTI R, HASAN I, 2015. Corporate social responsibility, stakeholder risk, and idiosyncratic volatility[J]. Journal of corporate finance, 35: 297-309.

BEDENDO M, GARCIA-APPENDINI E, SIMING L, 2020. Cultural preferences and firm financing choices[J]. Journal of financial and quantitative analysis, 55(3): 897-930.

BÉNABOU R, TICCHI D, VINDIGNI A, 2022. Forbidden fruits: the political economy of science, religion and growth[J]. The review of economic studies, 89(4): 1785-1832.

BENFRATELLO L, SCHIANTARELLI F, SEMBENELLI A, 2008. Banks and innovation: microeconometric evidence on Italian firms[J]. Journal of financial economics, 90(2): 197-217.

BENLEMLIH M, BITAR M, 2018. Corporate social responsibility and investment efficiency[J]. Journal of business ethics, 148(3): 647-671.

BENMELECH E, BERGMAN N, SERU A, 2021. Financing labor [J]. Review of finance, 25(5): 1365-1393.

BERGER P G, OFEK E, 1995. Diversification's effect on firm value [J]. Journal of financial economics, 37(1): 39-65.

BERGER P G, OFEK E, 1999. Causes and effects of corporate refocusing programs[J]. The review of financial studies, 12(2): 311-345.

BERNILE G, BHAGWAT V, RAU P R, 2017. What doesn't kill you will only make you more risk-loving: early-life disasters and CEO behavior[J]. Journal of finance, 72(1): 167-206.

BERNSTEIN S, 2015. Does going public affect innovation[J]. The journal of finance, 70(4): 1365-1403.

BERNSTEIN S, GIROUD X, TOWNSEND R R, 2016. The impact of venture capital monitoring[J]. The journal of finance, 71(4): 1591-1622.

BERTRAND M, MULLAINATHAN S, 2003. Enjoying the quiet life? Corporate governance and managerial preferences[J]. The journal of political economy, 111(5): 1043-1075.

BHANDARI A, JAVAKHADZE D, 2017. Corporate social responsibility and capital allocation efficiency[J]. Journal of corporate finance, 43(4): 354-377.

BHATTACHARYA S, RITTER J, 1983. Innovation and communication: signaling with partial disclosure[J]. Review of economic studies, 50(2): 331-346.

BHATTACHARYA U, HSU P-H, TIAN X, et al., 2017. What affects innovation more: policy or policy uncertainty[J]. Journal of financial and quantitative analysis, 52(5): 1869-1901.

BLACCONIERE W G, NORTHCUT W D, 1997. Environmental information and market reactions to environmental legislation[J]. Journal of accounting, auditing and finance, 12(2): 149-178.

BLACCONIERE W G, PATTEN D M, 1994. Environmental disclosures, regulatory costs, and changes in firm value[J]. Journal of accounting and economics, 18(3): 357-377.

BLOOM N, DRACA M, VAN REENEN J, 2016. Trade induced technical change? The impact of Chinese imports on innovation, IT and productivity[J]. Review of economic studies, 83(1): 87-117.

BOCQUET R, BAS C L, MOTHE C, et al., 2013. Are firms with different CSR profiles equally innovative? Empirical analysis with survey data[J]. European management journal, 31(6): 642-654.

BORISOV A, ELLUL A, SEVILIR M, 2021. Access to public capital markets and employment growth[J]. Journal of financial economics, 141(3): 896-918.

BOTOSAN C A, PLUMLEE M, 2002. A re-examination of disclosure level and the expected cost of equity capital[J]. Journal of accounting research, 40(1): 21-40.

BOUCLY Q, SRAER D, THESMAR D, 2011. Growth LBOs[J]. Journal of financial economics, 102(2): 432-453.

参考文献

BOWEN H R, 1953. Social responsibility of the businessman[M]. New York: Harper & Row.

BRADLEY D, KIM I, TIAN X, 2017. Do unions affect innovation[J]. Management science, 63(7): 2251-2271.

BRAMMER S, MILLINGTON A, 2005. Corporate reputation and philanthropy: an empirical analysis[J]. Journal of business ethics, 61(1): 29-40.

BRAV A, JIANG W, MA S, et al., 2018. How does hedge fund activism reshape corporate innovation[J]. Journal of financial economics, 130(2): 237-264.

BREUER M, LEUZ C, VANHAVERBEKE S, 2020. Reporting regulation and corporate innovation[J]. Working paper.

BROWN J, EARLE J S, 2017. Finance and growth at the firm level: evidence from SBA loans[J]. The journal of finance, 72(3): 1039-1080.

BROWN J, FAZZARI S, PETERSEN B, 2009. Financing innovation and growth: cash flow, external equity, and the 1990s R&D boom[J]. Journal of finance, 64(1): 151-185.

BROWN J, MARTINSSON G, 2019. Does transparency stifle or facilitate innovation[J]. Management science, 65(4): 1600-1623.

BROWN J, MARTINSSON G, PETERSEN B, 2012. Do financing constraints matter for R&D[J]. European economic review, 56(8): 1512-1529.

BROWN J, MARTINSSON G, PETERSEN B, 2013. Law, stock markets, and innovation[J]. Journal of finance, 68(4): 1517-1549.

BROWN J, MARTINSSON G, PETERSEN B, 2017. What promotes R&D? Comparative evidence from around the world[J]. Research policy, 46(2): 447-462.

BROWN J, MATSA D A, 2016. Boarding a sinking ship? An investigation of job applications to distressed firms[J]. The journal of finance, 71(2): 507-550.

BUSHMAN R M, SMITH A J, 2001. Financial accounting information and corporate governance[J]. Journal of accounting and economics, 32(1): 237-333

CAHAN S F, CHEN C, CHEN L, et al., 2015. Corporate social responsibility and media coverage[J]. Journal of banking and finance, 59: 409-422.

CAI Y, XU J, YANG J, 2021. Paying by donating: corporate donations affiliated with independent directors[J]. The review of financial studies, 34(2): 618-660.

CAO J, LIANG H, ZHAN X, 2019. Peer effects of corporate social responsibility[J]. Management science, 65(12): 5487-5503.

CAPASSO M, TREIBICH T, VERSPAGEN B, 2015. The medium-term effect of R&D on firm growth[J]. Small business economics, 45(1): 39-62.

CARROLL A B, 1979. A three-dimensional conceptual model of corporate performance[J]. The academy of management review, 4(4): 497-505.

CASKEY J, OZEL N B, 2017. Earnings expectations and employee safety[J]. Journal of accounting and economics, 63(1): 121-141.

CEN L, DASGUPTA S, SEN R, 2016. Discipline or disruption? Stakeholder relationships and the effect of takeover threat[J]. Management science, 62(10): 2820-2841.

CERQUEIRO G, HEGDE D M, PENAS F, et al., 2017. Debtor rights, credit supply, and innovation[J]. Management science, 63(10): 3311-3327.

CHANG X, DASGUPTA S, HILARY G, 2006. Analyst coverage and financing decisions[J]. Journal of finance, 61(6): 3009-3048.

CHANG X, FU K, LOW A, et al., 2015. Non-executive employee stock options and corporate innovation[J]. Journal of financial economics, 115(1): 168-188.

CHANG X, FU K, LOW A, et al., 2015. Non-executive employee stock options and corporate innovation[J]. Journal of financial economics, 115(1): 168-188.

CHANG X, HILARY G, KANG J K, et al., 2015. Innovation, managerial myopia, and financial reporting[J]. Working paper.

CHAVA S, OETTL A, SUBRAMANIAN A, et al., 2013. Banking deregulation and innovation[J]. Journal of financial economics, 109(3): 759-774.

CHEMMANUR T J, KONG L, KRISHNAN K, et al., 2019. Top management human capital, inventor mobility, and corporate innovation[J]. Journal of financial and quantitative analysis, 54(6): 2383-2422.

CHEMMANUR T, GUPTA M, SIMONYAN K, 2022. Top management team quality and innovation in venture-backed private firms and IPO market rewards to innovative activity[J]. Entrepreneurship theory and practice, 46(4): 920-951.

CHEMMANUR T, SHEN Y, XIE J, 2023. Innovation beyond firm boundaries: common blockholders, strategic alliances, and corporate innovation[J]. Journal of corporate finance, 80: 102418.

CHEMMANUR T, TIAN X, 2018. Do antitakeover provisions spur corporate innovation? A regression discontinuity analysis[J]. Journal of financial and quantitative analysis, 53(3): 1163-1194.

CHEN C, YOUNG D, ZHUANG Z, 2013. Externalities of mandatory IFRS adoption: evidence from cross-border spill over effects of financial information on investment efficiency[J]. The accounting review, 88(3): 881-914.

CHEN Y Y, 2016. The research on relationship of corporate social responsibility information disclosure, financing constraints and R&D investment[D]. Fuzhou: Fuzhou University.

CHEN Y, HUANG J, LI T, et al., 2022. It's a small world: the importance of social connections with auditors to mutual fund managers' portfolio decisions[J]. Journal of accounting research, 60(3): 901-963.

CHEN Y, PODOLSKI E J, RHEE S G, et al., 2014. Local gambling preferences and corporate innovative success[J]. Journal of financial and quantitative analysis, 49(1): 77-106.

CHEN Y, PODOLSKI E, RHEE G, et al., 2014. Local gambling preferences and corporate innovative success[J]. Journal of financial and quantitative analysis, 49(1): 77-106.

CHEN Y C, HUNG M, WANG Y, 2018. The effect of mandatory CSR disclosure on firm profitability and social externalities: evidence from China[J]. Journal of accounting and economics, 65(1): 169-190.

CHENG B, IOANNOU I, SERAFEIM G, 2014. Corporate social responsibility and access to finance[J]. Strategic management journal, 35(1): 1-23.

CHENG M M, GREEN W J, KO J C W, 2015. The impact of strategic relevance and assurance of sustainability indicators on investors' decisions[J]. Auditing: a journal of practice and theory, 34(1): 131-162.

CHENG M, DHALIWAL D, ZHANG Y, 2013. Does investment efficiency improve after the disclosure of material weaknesses in internal control over financial reporting[J]. Journal of accounting and economics, 56(1): 1-18.

CHEUNG A, 2016. Corporate social responsibility and corporate cash holdings[J]. Journal of corporate finance, 37: 412-430.

CHIL H, SHEN C, KANG F, 2008. Corporate social responsibility, investor protection, and earnings management: some international evidence[J]. Journal of business and ethics, 79(1 2): 179-198.

CHKIR I, HASSAN B E H, RJIBA H, et al., 2021. Does corporate social responsibility influence corporate innovation?: International evidence[J]. Emerging markets review, 46: 100746.

CHRISTENSEN H B, FLOYD E, LIU L Y, et al., 2017. The real effects of mandated information on social responsibility in financial reports: evidence from mine-safety records[J]. Journal of accounting and economics, 64(2-3): 284-304.

CHRISTENSEN H B, HAIL L, LEUZ C, 2021. Mandatory CSR and sustainability reporting: economic analysis and literature review[J]. Review of accounting studies, 26(3): 1176-1248.

CHRISTENSEN D M, SERAFEIM G, SIKOCHI A, 2022. Why is corporate virtue in the eye of the beholder? The case of ESG ratings[J]. The accounting review, 97(1): 147-175.

CHUK E C, 2013. Economic consequences of mandated accounting disclosures: evidence from pension accounting standards[J]. The accounting review, 88(2): 395-427.

CLARK J M, 1916. The changing basis of economic responsibility[J]. The journal of political economy, 24(3): 209-229.

CLARKSON P M, LI Y, RICHARDSON G D, et al., 2008. Revisiting the relation between environmental performance and environmental disclosure: an empirical analysis[J]. Accounting, organizations and society, 33(4): 303-327.

COELLI F, MOXNES A, ULLTVEIT-MOE K H, 2022. Better, faster, stronger: global innovation and trade liberalization[J]. The review of economics and statistics, 104(2): 205-216.

COOK K A, ROMI A M, SÁNCHEZ D, et al., 2019. The influence of corporate social responsibility on investment efficiency and innovation[J]. Journal of business finance and accounting, 46(3-4): 494-537.

COOKE P, WILLS D, 1999. Small firms, social capital and the enhancement of business performance through innovation programmes[J]. Small business economics, 13(3): 219-234.

CORNAGGIA J, MAO Y, TIAN X, et al., 2015. Does banking competition affect innovation[J]. Journal of financial economics, 115(1): 189-209.

CUSTODIO C, FERREIR M, MATOS P, 2019. Do general managerial skills spur innovation[J]. Management science, 65(2): 459-476.

DAVIS S J, HALTIWANGER J, HANDLEY K, et al., 2014. Private equity, jobs, and productivity[J]. The American economic review, 104(12): 3956-3990.

DECHEZLEPRÊTRE A, EINIÖ E, MARTIN R, et al., 2023. Do tax incentives increase firm innovation? An RD design for R&D, patents, and spillovers[J]. American economic journal, 15(4): 486-521.

DECHOW P M, SLOAN R G, SWEENEY A P, 1995. Detecting earnings management[J]. The accounting review, 70(2): 193-225.

DEHAAN E, LI N, ZHOU F S, 2023. Financial reporting and employee job search[J]. Journal of accounting research, 61(2): 571-617.

DEHAAN L, HINLOOPEN J, 2003. Preference hierarchies for internal finance, bank loans, bond, and share issues: evidence for Dutch firms[J]. Journal of empirical finance, 10(5): 661-681.

DÉJEAN F, MARTINEZ I, 2009. Environmental disclosure and the cost of equity: the French case[J]. Accounting in Europe, 6(1): 57-80.

DENG X, KANG J, LOW B S, 2013. Corporate social responsibility and stakeholder value maximization: evidence from mergers[J]. Journal of financial economics, 110(1): 87-109.

DENIS D J, SIBILKOV V, 2009. Financial constraints, investment, and the value of cash holdings[J]. Review of financial studies, 23(1): 247-269.

DESMET K, ROSSI-HANSBERG E, 2012. Innovation in space[J]. American economic review, 102(3): 447-452.

DHALIWAL D S, LI O Z, TSANG A, et al., 2011. Voluntary nonfinancial disclosure and the cost of equity capital: the initiation of corporate social responsibility reporting[J]. The accounting review, 86(1): 59-100.

DHALIWAL D S, LI O Z, TSANG A, et al., 2014. Corporate social responsibility disclosure and the cost of equity capital: the roles of stakeholder orientation and financial transparency[J]. Journal of accounting and public policy, 33(4): 328-355.

DHALIWAL D S, RADHAKRISHNAN S, TSANG A, et al., 2012. Nonfinancial disclosure and analyst forecast accuracy: international evidence on corporate social responsibility disclosure[J]. The accounting review, 87(3): 723-759.

DIAMOND D, VERRECCHIA R, 1991. Disclosure, liquidity, and the cost of capital[J]. Journal of finance, 46(4): 1325-1359.

DIERYNCK B, LANDSMAN W, RENDERS A H, 2012. Do managerial incentives drive cost behavior? Evidence about the role of the zero earnings benchmark for labor cost behavior in private Belgian firms[J]. The accounting review, 87(4): 1219-1246.

DONG M, HIRSHLEIFER D, TEOH S H, 2021. Misvaluation and corporate inventiveness[J]. Journal of financial and quantitative analysis, 56(8): 2605-2633.

DOSHI A R, DOWELL G W S, TOFFEL M W, 2013. How firms respond to mandatory information disclosure[J]. Strategic management journal, 34(10): 1209-1231.

DU X, WENG J, ZENG Q, et al., 2017. Do lenders applaud corporate environmental performance? Evidence from Chinese private-owned firms[J]. Journal of business ethics, 143(1): 179-207.

DUTORDOIR M, STRONG N C, SUN P, 2018. Corporate social responsibility and seasoned equity offerings[J]. Journal of corporate finance, 50: 158-179.

DUTTA S, FAN Q, 2012. Incentives for innovation and centralized versus delegated capital budgeting[J]. Journal of accounting and economics, 53(3): 592-611.

DYRENG S D, HOOPES J L, WILDE J H, 2016. Public pressure and corporate tax behavior[J]. Journal of accounting research, 54(1): 147-186.

EDERER F, MANSO G, 2013. Is pay for performance detrimental to innovation[J]. Management science, 59(7): 1496-1513.

EDMANS A, 2012. The link between job satisfaction and firm value, with implications for corporate social responsibility[J]. Academy of management perspectives, 26(4): 1-19.

FACCIO M, HSU H, 2017. Politically connected private equity and employment[J]. The journal of finance, 72(2): 539-573.

FALATO A, LIANG N, 2016. Do creditor rights increase employment risk? Evidence from loan covenants[J]. The journal of finance, 71(6): 2545-2590.

FALEYE O, KOVACS T, VENKATESWARAN A, 2014. Do better-connected CEOs innovate more[J]. Journal of financial and quantitative analysis, 49(5-6): 1201-1225.

FANG L H, LERNER J, WU C, 2017. Intellectual property rights protection, ownership, and innovation: evidence from China[J]. Review of financial studies, 30(7): 2446-2477.

FANG L, LERNER J, WU C, et al., 2023. Anticorruption, government subsidies, and innovation: evidence from China[J]. Management science, 69(8): 4363-4388.

FANG V W, TIAN X, TICE S, 2014. Does stock liquidity enhance or impede firm innovation[J]. Journal of finance, 69(5): 2085-2125.

FAZZARI S M, HUBBARD R G, PETERSEN B, 1988. Financing constraints and corporate investment[J]. Brookings papers on economic activity, 1: 141-206.

FERRELL A, LIANG H, RENNEBOOG L, 2016. Socially responsible firms[J]. Journal of financial economics, 122(3): 585-606.

FIECHTER P, HITZ J-M, LEHMANN N, 2022. Real effects of a widespread CSR reporting mandate: evidence from the European Union's CSR directive[J]. Journal of accounting research, 60(4): 1499-1549.

FIRTH M, HE X, RUI O M, et al., 2014. Paragon or pariah? The consequences of being conspicuously rich in China's new economy [J]. Journal of corporate finance, 29: 430-448.

FLAMMER C, 2015. Does corporate social responsibility lead to superior financial performance? A regression discontinuity approach [J]. Management science, 61(11): 2549-2568.

FLAMMER C, 2018. Competing for government procurement contracts: the role of corporate social responsibility[J]. Strategic management journal, 39(5): 1299-1324.

FLAMMER C, KACPERCZYK A, 2016. The impact of stakeholder orientation on innovation: evidence from a natural experiment [J]. Management science, 62(7): 1982-2001.

FLAMMER C, KACPERCZYK A, 2019. Corporate social responsibility as a defense against knowledge spill overs: evidence from the inevitable disclosure doctrine[J]. Strategy management of journal, 40(8): 1243-1267.

FLAMMER C, LUO J, 2017. Corporate social responsibility as an employee governance tool: evidence from a quasi-experiment[J]. Strategic management journal, 38(2): 163-183.

FOUCAULT T, FRESARD L, 2014. Learning from peers' stock prices and corporate investment[J]. Journal of financial economics, 111(3): 554-577.

FRACASSI C, 2017. Corporate finance policies and social networks [J]. Management science, 63(8): 2420-2438.

FRANCIS J R, KHURANA I K, PEREIRA R, 2005. Disclosure incentives and effects on cost of capital around the world[J]. The accounting review,80(4):1125-1162.

FREEMAN R E,1984. Strategic management:a stakeholder approach [M]. Cambridge:Cambridge University Press.

GALASSO A,SIMCOE T S,2011. CEO overconfidence and innovation[J]. Management science,57(8):1469-1484.

GAO F,LISIC L L,ZHANG I X,2014. Commitment to social good and insider trading[J]. Journal of accounting and economics,57(2-3):149-175.

GAO L,ZHANG J H,2015. Firms' earnings smoothing, corporate social responsibility, and valuation[J]. Journal of corporate finance,32:109-127.

GARMAISE M J,2008. Production in entrepreneurial firms:the effects of financial constraints on labor and capital[J]. The review of financial studies,21(2):543-577.

GE W,LIU M,2015. Corporate social responsibility and the cost of corporate bonds[J]. Journal of accounting and public policy,34(6):597-624.

GEBHARDT W R,LEE C M C,SWAMINATHAN B,2001. Toward an implied cost of capital[J]. Journal of accounting research,39(1):135-176.

GELB D S,STRAWSER J A,2001. Corporate social responsibility and financial disclosures:an alternative explanation for increased disclosure[J]. Journal of business ethics,33(1):1-13.

GHOU L S E,GUEDHAMI O,KWOK C C Y,et al.,2011. Does corporate social responsibility affect the cost of capital[J]. Journal of banking and finance, 35(9): 2388-2406.

GIBBONS B, 2020. Environmental and social disclosure and firm-level innovation[J]. Working paper.

GIROUD X, 2013. Proximity and investment: evidence from plant-level data[J]. The quarterly journal of economics, 128(2): 861-915.

GIULI A D, KOSTOVETSKY L, 2014. Are red or blue companies more likely to go green politics and corporate social responsibility [J]. Journal of financial economics, 111(1): 158-180.

GODFREY P C, MERRILL C B, HANSEN J M, 2009. The relationship between corporate social responsibility and shareholder value: an empirical test of the risk management hypothesis[J]. Strategic management journal, 30(4): 425-445.

GOLDMAN J, PERESS J, 2023. Firm R&D and financial analysis: how do they interact[J]. Journal of financial intermediation, 53: 101002.

GOMPERS P, ISHII J, METRICK A, 2003. Corporate governance and equity prices[J]. The quarterly journal of economics, 118(1): 107-156.

GONG G, XU S, GONG X, 2018. On the value of corporate social responsibility disclosure: an empirical investigation of corporate bond issues in China[J]. Journal of business ethics, 150(1): 227-258.

GONZALEZ-URIBE J, XU M, 2015. Corporate innovation cycles and CEO contracts[R]. Working paper.

GOPALAN R, GORMLEY T A, KALDA A, 2021. It's not so bad:

director bankruptcy experience and corporate risk-taking[J]. Journal of financial economics, 142(1): 261-292.

GORDON E A, HSU H, HUANG H, 2020. Peer R&D disclosure and corporate innovation: evidence from American depositary receipt firms[J]. Advances in accounting, 49: 100471.

GORMLEY T A, MATSA D A, 2016. Playing it safe? Managerial preferences, risk, and agency conflicts[J]. Journal of financial economics, 122(3): 431-455.

GORODNICHENKO Y, SVEJNAR J, TERRELL K, 2015. Does foreign entry spur innovation? [R]. Working paper.

GOSS A, ROBERTS G S, 2011. The impact of corporate social responsibility on the cost of bank loans[J]. Journal of banking and finance, 35(7): 1794-1810.

GREWAL J, RIEDL E J, SERAFEIM G, 2018. Market reaction to mandatory nonfinancial disclosure[J]. Management science, 65(7): 3061-3084.

GRIESER W, LIU Z, 2019. Corporate investment and innovation in the presence of competitor constraints[J]. The review of financial studies, 32(11): 4271-4303.

GRIFFIN P, SUN Y, 2013. Going green: market reaction to CSR wire news releases[J]. Journal of accounting and public policy, 32(2): 93-113.

GROSSMAN S J, HART O D, 1980. Disclosure laws and takeover bids[J]. The journal of finance, 35(2): 323-334.

GU Y, MAO C, TIAN X, 2017. Banks' interventions and firms' innovation: evidence from debt covenant violations[J]. The journal of law & economics, 60(4), 637-671.

GUADALUPE M, KUZMINA O, THOMAS C, 2012. Innovation and foreign ownership[J]. American economic review, 102(7): 3594-3627.

HADLOCK C J, PIERCE J R, 2010. New evidence on measuring financial constraints: moving beyond the KZ index[J]. The review of financial studies, 23(5): 1909-1940.

HALL B H, 2002. The financing of research and development[J]. Oxford review of economic policy, 18(1): 35-51.

HALL B H, JAFFE A, TRAJTENBERG M, 2005. Market value and patent citations[J]. Rand journal of economics, 36(1): 16-38.

HALL B H, LERNER J, 2010. The financing of R&D and innovation [J]. Handbook of the economics of innovation, 1: 609-639.

HARJOTO M A, JO H, 2015. Legal vs. normative CSR: differential impact on analyst dispersion, stock return volatility, cost of capital, and firm value[J]. Journal of business ethics, 128(1): 1-20.

HARP N L, BARNES B G, 2018. Internal control weaknesses and acquisition performance[J]. The accounting review, 93(1): 235-258.

HASSEL L, NILSSON H, NYQUIST S, 2005. The value relevance of environmental performance[J]. European accounting review, 14 (1): 41-61.

HAYES R M, LEMMON M, QIU M, 2012. Stock options and managerial incentives for risk taking: evidence from FAS 123R[J]. Journal of financial economics, 105(1):174-190.

HE J, TIAN X, 2013. The dark side of analyst coverage: the case of innovation[J]. Journal of financial economics, 109(3): 856-878.

HE J, TIAN X, 2017. SHO time for innovation: the real effect of short sellers[R]. Working paper.

HE J, TIAN X, 2018. Finance and corporate innovation: a survey [J]. Asia-Pacific journal of financial studies, 47(2): 165-212.

HE Y, DING X, YANG C, 2021. Do environmental regulations and financial constraints stimulate corporate technological innovation? Evidence from China[J]. Journal of Asian economics, 72: 101265.

HEALY P M, PALEPU K G, 2001. Information asymmetry, corporate disclosure, and the capital markets[J]. Journal of accounting and economics, 31(1): 405-440.

HEMINGWAY C A, MACLAGAN P W, 2004. Managers' personal values as drivers of corporate social responsibility[J]. Journal of business ethics, 50: 33-44.

HILLMAN A J, KEIM G D, 2001. Shareholder value, stakeholder management, and social issues: what's the bottom line[J]. Strategic management journal, 22(2): 125-139.

HIRSHLEIFER D, LOW A, TEOH S H, 2012. Are overconfident CEOs better innovators[J]. Journal of finance, 67(4): 1457-1498.

HOLM C, RIKHARDSSON P, 2008. Experienced and novice investors: does environmental information influence investment allocation decisions[J]. European accounting review, 17(3): 537-557.

HOLMSTROM B, 1989. Agency costs and innovation[J]. Journal of economic behavior & organization, 12(3): 305-327.

HONG H, KACPERCZYK M, 2009. The price of sin: the effects of social norms on markets[J]. Journal of financial economics, 93(1): 15-36.

HONG M, DRAKEFORD B, ZHANG K, 2020. The impact of mandatory CSR disclosure on green innovation: evidence from China [J]. Green finance, 2(3): 302-322.

HOPE O K, THOMAS W, 2008. Managerial empire building and firm disclosure[J]. Journal of accounting research, 46(3): 591-626.

HOWELL S T, 2017. Financing innovation: evidence from R&D grants[J]. American economic review, 107(4): 1136-1164.

HSU P-H, TIAN X, XU Y, 2014. Financial market development and innovation: crosscountry evidence[J]. Journal of financial economics, 112(1): 116-135.

HU W X, DU J Z, ZHANG W G, 2020. Corporate social responsibility information disclosure and innovation sustainability: evidence from China[J]. Sustainability, 12(1): 409.

HUANG S, NG J, RANASINGHE T, et al., 2021. Do innovative firms communicate more? Evidence from the relation between patenting and management guidance[J]. The accounting review, 96 (1): 273-297.

HUANG Y, LI N, ZHOU X, 2022. Substitution between CSR activities: evidence from hiring and mistreating unauthorized workers and pollution[R]. Working paper.

HUGHES II K E, REYNOLDS J K, 2001. Uncertainty associated with future environmental costs and the market's differential response to earnings information[J]. Journal of business finance and accounting, 28(9-10): 1351-1386.

HULL C E, ROTHENBERG S, 2008. Firm performance: the interactions of corporate social performance with innovation and industry differentiation[J]. Strategic management journal, 29(7): 781-789.

HUNG M, SHI J, WANG Y, 2013. The effect of mandatory CSR disclosure on information asymmetry: evidence from a quasi-natural experiment in China[R]. Working paper.

HUTTON A, MARCUS A, TEHRANIAN H, 2009. Opaque financial reports, R^2, and crash risk[J]. Journal of financial economics, 94(1): 67-86.

IOANNOU I, SERAFEIM G, 2019. The consequences of mandatory corporate sustainability reporting: evidence from four countries [M]. Oxford: Oxford University Press.

JENSEN M C, 1986. Agency costs of free cash flow, corporate finance, and takeovers[J]. The American economic review, 76(2): 323-329.

JENSEN M C, MECKLING W H, 1976. Theory of the firm: managerial behavior, agency costs and ownership structure[J]. Journal of financial economics, 3(4): 305-360.

JI H, XU G, ZHOU Y, MIAO Z, 2019.The impact of corporate social responsibility on firms' innovation in China: the role of institutional support[J]. Sustainability, 11:63-69.

JIA N, TIAN X, ZHANG W, 2016.The holy grail of teamwork: management team synergies and firm innovation[R]. Working paper.

JIANG F, KIM K, 2020. Corporate governance in China: a survey [J]. Review of finance, 24(4): 733-772.

JIANG G, LEE C M C, YUE H, 2010. Tunneling through intercorporate loans: the China experience[J]. Journal of financial economics, 98(1): 1-20.

JIAO Y, 2010. Stakeholder welfare and firm value[J]. Journal of banking and finance, 34(10): 2549-2561.

JIRAPORN P, JIRAPORN N, BOEPRASERT A, et al., 2014. Does corporate social responsibility (CSR) improve credit ratings? Evidence from geographic identification[J]. Financial management, 43(3): 505-531.

JUDD C M, KENNY D A, 1981. Process analysis: estimating mediation in treatment evaluations[J]. Evaluation review, 5(5): 602-619.

JUNG B, LEE W J, WEBER D P, 2014. Financial reporting quality and labor investment efficiency[J]. Contemporary accounting research, 31(4): 1047-1076.

KERR W, 2013. High-skilled immigration, domestic innovation, and global exchanges[R]. Working paper.

KIM J, MARSCHKE G, 2005. Labor mobility of scientists, technological diffusion, and the firm's patenting decision[J]. The rand journal of economics, 36(2): 298-317.

KIM J, VALENTINE K, 2021. The innovation consequences of mandatory patent disclosures[J]. Journal of accounting and economics, 71(2-3): 101381.

KIM O S, 2019. Does political uncertainty increase external financing costs? Measuring the electoral premium in syndicated lending[J]. Journal of financial and quantitative analysis, 54(5): 2141-2178.

KIM Y, LI H, LI S, 2014. Corporate social responsibility and stock price crash risk[J]. Journal of banking and finance, 43(6): 1-13.

KIM Y, PARK M S, WIER B, 2012. Is earnings quality associated with corporate social responsibility[J]. The accounting review, 87(3): 761-796.

KOH P S, QIAN C, WANG H, 2014. Firm litigation risk and the insurance value of corporate social performance[J]. Strategic management journal, 35(10): 1464-1482.

KONG L, 2020. Government spending and corporate innovation[J]. Management science, 66(4): 1584-1604.

KRAFT AG, VASHISHTHA R, VENKATACHALAM M, 2018. Frequent financial reporting and managerial myopia[J]. The accounting review, 93(2): 249-275.

KRÜGER P, 2015. Corporate goodness and shareholder wealth[J]. Journal of financial economics, 115(2): 304-329.

LAGARAS S, 2019. Corporate takeovers and labor restructuring[R]. Working paper.

LAMBERT R, LEUZ C, VERRECCHIA R E, 2007. Accounting information, disclosure, and the cost of capital[J]. Journal of accounting research, 45(2): 385-420.

LANIS R, RICHARDSON G, 2015. Is corporate social responsibility performance associated with tax avoidance[J]. Journal of business ethics, 127(2): 439-457.

LE T, JAFFE A B, 2017. The impact of R&D subsidy on innovation: evidence from New Zealand firms[J]. Economics of innovation and new technology, 26(5): 429-452.

LERNER J, 2009. The empirical impact of intellectual property rights on innovation: puzzles and clues[J]. American economic review, 99(2): 343-348.

LI K, GRIFFIN D, YUE H, et al., 2013. How does culture influence corporate risk taking[J]. Journal of corporate finance, 23: 1-22.

LI X, LIN C, ZHAN X, 2019. Does change in the information environment affect financing choices[J]. Management science, 65(12): 5676-5696.

LI X, MOSHIRIAN F, TIAN X, et al., 2016. The real effect of financial disclosure: international evidence[R]. Working paper.

LIANG H, RENNEBOOG L, 2017. On the foundations of corporate social responsibility[J]. The journal of finance, 72(2): 853-910.

LINS K V, SERVAES H, TAMAYO A, 2017. Social capital, trust, and firm performance: the value of corporate social responsibility during the financial crisis[J]. The journal of finance, 72(4): 1785-1824.

LIU L, TIAN G G, 2021. Mandatory CSR disclosure, monitoring and investment efficiency: evidence from China[J]. Accounting and finance, 61(1): 595-644.

LIU T, MAO Y, TIAN X, 2016. The role of human capital: evidence from patent generation[R]. Working paper.

LU J, TAO Z, YANG Z, 2010. The costs and benefits of government control: evidence from China's collectively-owned enterprises [J]. China economic review, 21(2): 282-292.

LU T, SIVARAMAKRISHNAN K, WANG Y, et al., 2021. The real effects of mandatory corporate social responsibility reporting in China[J]. Production and operations management, 30(5): 1493-1516.

LU Y, ABEYSEKERA I, 2021. Do investors and analysts value strategic corporate social responsibility disclosures? Evidence from China[J]. Journal of international financial management & accounting, 32(2): 147-181.

LUONG H, MOSHIRIAN F, NGUYEN L, et al., 2017. How do foreign institutional investors enhance firm innovation[J]. Journal of financial and quantitative analysis, 52(4): 1449-1490.

LYANDRES E, MARCHICA M, MICHAELY R, et al., 2019. Owners' portfolio diversification and firm investment[J]. The review of financial studies, 32(12): 4855-4904.

MAKOSA L, YANG J, SITSHA L, et al., 2020. Mandatory CSR disclosure and firm investment behavior: evidence from a quasi-natural experiment in China[J]. Journal of corporate accounting and finance, 31(4): 33-47.

MALMENDIER U, TATE G, 2005. CEO overconfidence and corporate investment[J]. Journal of finance, 60(6): 2661-2700.

MALMENDIER U, TATE G, 2005. Does overconfidence affect corporate investment? CEO overconfidence measures revisited[J]. European financial management, 11(5): 649-659.

MANCHIRAJU H, RAJGOPAL S, 2017. Does corporate social responsibility (CSR) create shareholder value? Evidence from the Indian Companies Act 2013[J]. Journal of accounting research, 55(5): 1257-1300.

MAO C, ZHANG C, 2018. Managerial risk-taking incentive and firm innovation: evidence from FAS 123R[J]. Journal of financial and quantitative analysis, 53(2): 1-32.

MARQUIS C, QIAN C, 2014. Corporate social responsibility reporting in China: symbol or substance[J]. Organization science, 25(1): 127-148.

MARTIN P R, MOSER D V, 2016. Manager's green investment disclosures and investor reaction[J]. Journal of accounting and economics, 61(1): 239-254.

MATSUMURA E M, PRAKASH R, VERA-MUÑOZ S C, 2014. Firm-value effects of carbon emissions and carbon disclosures[J]. The accounting review, 89(2): 695-724.

MCLEAN R D, ZHANG T, ZHAO M, 2012. Why does the law matter? Investor protection and its effects on investment, finance, and growth[J]. The journal of finance, 67(1), 313-350.

MICHAELS R, PAGE T B, WHITED T M, 2019. Labor and capital dynamics under financing frictions[J]. Review of finance, 23(2): 279-323.

MINNIS M, 2011. The value of financial statement verification in debt financing: evidence from private U.S.firms[J]. Journal of accounting research, 49(2): 457-506.

MISHRA D R, 2017. Post-innovation CSR performance and firm value [J]. Journal of business ethics, 140(2): 285-306.

MISHRA S, MODI S B, 2013. Positive and negative corporate social responsibility, financial leverage, and idiosyncratic risk[J]. Journal of business ethics, 117(2): 431-448.

MOSHIRIAN F, TIAN X, ZHANG B, et al., 2021. Stock market liberalization and innovation[J]. Journal of financial economics, 139(3): 985-1014.

MUKHERJEE A, SINGH M, ZALDOKAS A, 2017. Do corporate taxes hinder innovation[J]. Journal of financial economics, 124(1): 195-221.

MYERS S C, MAJLUF N S, 1984. Corporate financing and investment decisions when firms have information that investors do not have[J]. Journal of financial economics, 13(2): 187-221.

NAHAPIET J, GHOSHAL S, 1998. Social capital, intellectual capital and the organizational advantage[J]. Academy of management review, 23(2): 242-266.

NAIR R, MUTTAKIN M, KHAN A, et al., 2019. Corporate social responsibility disclosure and financial transparency: evidence from India[J]. Pacific-Basin finance journal, 56: 330-351.

NANDA R, RHODES-KROPF M, 2013. Investment cycles and startup innovation[J]. Journal of financial economics, 110(2): 403-418.

NANDA R, RHODES-KROPF M, 2017. Financing risk and innovation[J]. Management science, 63(4): 901-918.

NI X, ZHANG H, 2019. Mandatory corporate social responsibility disclosure and dividend payouts: evidence from a quasi-natural experiment[J]. Accounting and finance, 58(5): 1581-1612.

NYBORG K, ZHANG T, 2013. Is corporate social responsibility associated with lower wages[J]. Environmental and resource economics, 55(1): 107-117.

OSWALD D, SIMPSON A, ZAROWIN P, 2022. Capitalization vs. expensing and the behavior of R&D expenditures[J]. Review of accounting studies, 27(4): 1199-1232.

PAN Y, ZHAO R, 2022. Does mandatory disclosure of CSR reports affect accounting conservatism? Evidence from China[J]. Emerging markets finance and trade, 58(7): 1975-1987.

PATTEN D M, 1992. Intra-industry environmental disclosures in response to the Alaskan oil spill: a note on legitimacy theory[J]. Accounting, organizations and society, 17(5): 471-475.

PATTEN D M, 2002. The relation between environmental performance and environmental disclosure: a research note[J]. Accounting, organizations and society, 27(8): 763-773.

PHAM H S T, TRAN H T, 2020. CSR disclosure and firm performance: the mediating role of corporate reputation and moderating role of CEO integrity[J]. Journal of business research, 120: 127-136.

PINNUCK M, LILLIS A M, 2007. Profits versus losses: does reporting an accounting loss act as a heuristic trigger to exercise the abandonment option and divest employees[J]. The accounting review, 82(4): 1031-1053.

PINTO J, 2023. Mandatory disclosure and learning from external market participants: evidence from the JOBS act[J]. Journal of accounting and economics, 75(1): 101528.

PIOTROSKI J D, WONG T J, ZHANG T, 2015. Political incentives to suppress negative financial information: evidence from state-controlled Chinese firms[J]. Journal of accounting review, 53(2): 401-459.

PITTMAN J, FORTIN S, 2004. Auditor choice and the cost of debt capital for newly public firms[J]. Journal of accounting and economics, 37(1): 11-136.

QI J, 2016. The threat of shareholder intervention and firm innovation[R]. Working paper.

QIAN C, GAO X, TSANG A, 2015. Corporate philanthropy, ownership type, and financial transparency[J]. Journal of business ethics, 130(4): 851-867.

RAUTER T, 2020. Disclosure regulation, corruption, and investment: evidence from natural resource extraction[R].Working paper.

REN S, WEI W, SUN H,et al., 2020. Can mandatory environmental information disclosure achieve a win-win for a firm's environmental and economic performance[J]. Journal of cleaner production, 250: 119530.

REVERTE C, 2012. The impact of better corporate social responsibility disclosure on the cost of equity capital[J]. Corporate social responsibility and environmental management, 19(5): 253-272.

RICHARDSON A J, WELKER M, 2001. Social disclosure, financial disclosure and the cost of equity capital[J]. Accounting, organizations and society, 26(7-8): 597-616.

RICHARDSON S, 2006. Over-investment of free cash flow[J]. Review of accounting studies, 11(2-3): 159-189.

ROYCHOWDHURY S, SHROFF N, VERDI R S, 2019. The effects of financial reporting and disclosure on corporate investment: a review[J]. Journal of accounting and economics, 68(2-3): 1-27.

SAIDI F, ŽALDOKAS A, 2021. How does firms' innovation disclosure affect their banking relationships[J]. Management science, 67(2): 742-768.

SAPRA H, SUBRAMANIAN A, SUBRAMANIAN K V, 2014. Corporate governance and innovation: theory and evidence[J]. Journal of financial and quantitative analysis, 49(4): 957-1003.

SAUERMANN H, COHEN W M, 2010. What makes them tick? Employee motives and firm innovation[J]. Management science, 56(12): 2134-2153.

SHLEIFER A, SUMMERS L, 1988. Breach of trust in hostile takeovers[M]. Chicago: University of Chicago Press: 33-67.

SHLEIFER A, VISHNY R W, 1994. Politicians and firms[J]. The quarterly journal of economics, 109(4): 995-1025.

SHROFF N, 2017. Corporate investment and changes in GAAP[J]. Review of accounting studies, 22(1): 1-63.

SPULBER D F, 2013. How do competitive pressures affect incentives to innovate when there is a market for inventions[J]. Journal of political economy, 121(6): 1007-1054.

STELLNER C, KLEIN C, ZWERGEL B, 2015. Corporate social responsibility and eurozone corporate bonds: the moderating role of country sustainability[J]. Journal of banking and finance, 59: 538-549.

STOUGHTON N, WONG K, YI L, 2017. Investment efficiency and product market competition[J]. Journal of financial and quantitative analysis, 52(6): 2611-2642.

SUNDER J, SUNDER S V, ZHANG J, 2017. Pilot CEOs and corporate innovation[J]. Journal of financial economics, 123(1): 209-224.

TADESSE S, 2006. Innovation, information, and financial architecture[J]. Journal of financial and quantitative analysis, 41(4): 753-786.

TAN Y, TIAN X, ZHANG X, et al., 2020. The real effects of privatization: evidence from China's split share structure reform[J]. Journal of corporate finance, 64: 101661.

TOMAR S, 2023. Greenhouse gas disclosure and emissions benchmarking[J]. Journal of accounting research, 61(2): 451-492.

TRAVLOS N G, 1987. Corporate takeover bids, methods of payment, and bidding firms' stock returns[J]. The journal of finance, 42(4): 943-963.

TRUONG C, NGUYEN T H, HUYNH T, 2021. Customer satisfaction and the cost of capital[J]. Review of accounting studies, 26(1): 293-342.

VAN DER LUGT C, VAN DE WIJS P P, 2020.Carrots & sticks-sustainability reporting policy: global trends in disclosure as the ESG agenda goes mainstream[R]. Global Reporting Initiative (GRI) and the University of Stellenbosch Business School.

WANG X, CAO F, YE K, 2018. Mandatory corporate social responsibility (CSR) reporting and financial reporting quality: evidence from a quasi-natural experiment[J]. Journal of business ethics, 152(1): 253-274.

WHITED T, 2019. JFE special issue on labor and finance[J]. Journal of financial economics, 133(3): 539-540.

WILLIAMS H L, 2013. Intellectual property rights and innovation: evidence from the human genome[J]. Journal of political economy, 121(1): 1-27.

WU W, JOHAN S A, RUI O M, 2014. Institutional investors, political connections, and the incidence of regulatory enforcement against corporate fraud[J]. Journal of business ethics, 134(4): 1-18.

XU H, XU X, YU J, 2021. The impact of mandatory CSR disclosure on the cost of debt financing: evidence from China[J]. Emerging markets finance and trade, 57(8): 2191-2205.

XUE J, 2021. The effect of mandatory corporate social responsibility on firm's cash holdings[J]. Asia-Pacific journal of accounting and economics, 30(2): 470-489.

YANG H, 2021. Institutional dual holdings and risk shifting: evidence from corporate innovation[J]. Journal of corporate finance, 70: 102088.

YANG M J, LI N, LORENZ K, 2021. The impact of emerging market competition on innovation and business strategy: evidence from Canada[J]. Journal of economic behavior & organization, 181: 117-134.

YEH C C, LIN F, WANG T S, et al., 2020. Does corporate social responsibility affect cost of capital in China[J]. Asia Pacific management review, 25(1): 1-12.

YIN J, WANG S, 2018. The effects of corporate environmental disclosure on environmental innovation from stakeholder perspectives [J]. Applied economics, 50(8): 905-919.

YUNG C, 2016. Marking waves: to innovate or be a fast second [J]. Journal of financial and quantitative analysis, 51(2): 415-433.

ZHANG Q, CHEN W, FENG Y, 2021. The effectiveness of china's environmental information disclosure at the corporate level: empirical evidence from a quasi-natural experiment. [J]. Resources conservation and recycling, 164: 105158.

ZHENG P, REN C, 2019. Voluntary CSR disclosure, institutional environment, and independent audit demand[J]. China journal of accounting research, 12(4): 357-377.

ZHONG R, 2018. Transparency and firm innovation[J]. Journal of accounting and economics, 66(1): 67-93.